村民日常生活矛盾化解的民间智慧

以鲁中晓村为例

赵淑红 著

中国社会科学出版社

图书在版编目（CIP）数据

村民日常生活矛盾化解的民间智慧：以鲁中晓村为例 / 赵淑红著.
—北京：中国社会科学出版社，2020.5
ISBN 978-7-5203-6159-0

Ⅰ.①村⋯　Ⅱ.①赵⋯　Ⅲ.①乡村—社会生活—研究—中国　Ⅳ.①D422.7

中国版本图书馆 CIP 数据核字（2020）第 047363 号

出 版 人	赵剑英
责任编辑	许　琳
责任校对	鲁　明
责任印制	郝美娜

出　　版	中国社会科学出版社
社　　址	北京鼓楼西大街甲 158 号
邮　　编	100720
网　　址	http://www.csspw.cn
发 行 部	010-84083685
门 市 部	010-84029450
经　　销	新华书店及其他书店
印　　刷	北京君升印刷有限公司
装　　订	廊坊市广阳区广增装订厂
版　　次	2020 年 5 月第 1 版
印　　次	2020 年 5 月第 1 次印刷
开　　本	710×1000　1/16
印　　张	17.5
字　　数	252 千字
定　　价	98.00 元

凡购买中国社会科学出版社图书，如有质量问题请与本社营销中心联系调换
电话：010-84083683
版权所有　侵权必究

目　　录

第一章　绪论　民间智慧：日常生活中的矛盾与矛盾化解 …………… 1
　第一节　矛盾与日常生活 ………………………………………………… 1
　　一　研究背景 …………………………………………………………… 1
　　二　研究问题与研究对象 ……………………………………………… 4
　　三　研究意义 …………………………………………………………… 5
　　四　创新点与难点 ……………………………………………………… 8
　第二节　矛盾及矛盾化解 ………………………………………………… 9
　　一　日常生活中的矛盾问题研究 ……………………………………… 9
　　二　日常生活矛盾化解的相关研究 …………………………………… 19
　第三节　矛盾及其化解的研究视角与方法 ……………………………… 25
　　一　理论视角 …………………………………………………………… 25
　　二　研究方法 …………………………………………………………… 28
　第四节　矛盾、日常生活与民间智慧 …………………………………… 31
　　一　核心概念 …………………………………………………………… 31
　　二　研究思路 …………………………………………………………… 33
　第五节　从书斋到田野 …………………………………………………… 33
　　一　田野点的确立 ……………………………………………………… 33
　　二　田野历程 …………………………………………………………… 35

第二章　晓村及晓村的日常生活 …………………………………………… 38
　第一节　走进晓村 ………………………………………………………… 38
　　一　晓村的地理环境 …………………………………………………… 39

二　村庄家族与基层组织……………………………………… 42
　　三　村民的生计…………………………………………………… 44
　　四　村民的居住环境…………………………………………… 47
　　五　村庄传说…………………………………………………… 50
第二节　晓村的日常生活………………………………………………… 52
　　一　红白喜事：悲欢有常……………………………………… 52
　　二　市井小肆：人情百态……………………………………… 57
　　三　赶集：调通与"晃晃"…………………………………… 62
　　四　"过节"：和乐祝祭……………………………………… 66
　　五　家常串门：问候拉呱……………………………………… 72
本章小结…………………………………………………………………… 77

第三章　村民日常生活中的主要矛盾案例举隅…………………………… 81
　第一节　家家有本难念的经……………………………………………… 81
　　一　婚姻生育不遂心…………………………………………… 82
　　二　分家养老不称心…………………………………………… 107
　　三　育子教人不省心…………………………………………… 131
　第二节　村村都有难唱的曲……………………………………………… 143
　　一　邻里小摩擦………………………………………………… 143
　　二　个体与集体不协调………………………………………… 156
　　三　个体与村庄权威不合拍…………………………………… 167
　本章小结………………………………………………………………… 174

第四章　村民日常生活矛盾化解的智慧……………………………… 178
　第一节　日常生活矛盾化解的手段揭示………………………………… 178
　　一　暗示与内化………………………………………………… 178
　　二　圆融与变通………………………………………………… 183
　　三　阶段性化解………………………………………………… 188
　　四　相机而行…………………………………………………… 190
　第二节　日常生活矛盾化解的资源分析………………………………… 194
　　一　家族权威…………………………………………………… 194

二　乡村精英……………………………………… 198
　　三　外力援引……………………………………… 200
　　四　内力萌生……………………………………… 206
第三节　日常生活矛盾化解的伦理基础………………… 213
　　一　积善之家，必有余庆………………………… 213
　　二　德不孤，必有邻……………………………… 217
　　三　礼之用，和为贵……………………………… 225
第四节　日常生活矛盾化解的行为逻辑分析…………… 229
　　一　大事化小，小事化了………………………… 229
　　二　人情留一线，今后好相见…………………… 232
本章小结……………………………………………………… 233

第五章　结论与思考……………………………………………… 237
第一节　结语：日常生活意义的变与不变……………… 237
第二节　讨论……………………………………………… 243
　　一　民间智慧与乡村和谐………………………… 244
　　二　民间智慧与理性选择………………………… 253
　　三　日常生活中的难题分析……………………… 255

参考文献……………………………………………………………… 258

后　记………………………………………………………………… 273

第一章

绪论 民间智慧：日常生活中的矛盾与矛盾化解

第一节 矛盾与日常生活

一 研究背景

早在两千五百多年前，荀子就已提出"人生不能无群"。人既是群体动物，则群体何以维持和发展也就关涉到群体生活秩序之问题。良好的社会秩序、和谐的社会生态是社会运行与发展的基础，一定意义上说，自中华元典时代[①]至今，社会思想家、社会学家们无不为如何建立和维护规范运行的社会生活秩序而奔走。在转型时期的社会背景下，不同的社会阶层、社会群体分别有着不同的生活现状、生活期待以及不可避免的生活焦虑。而对于普通村民来说，日常生活就是居家过日子，就是奔波忙生计，每一个看似平凡的日子背后往往隐藏着无数的酸甜苦辣。当我们真正"目光向下"，把村民真实而琐碎的生活细节放大化、清晰化以后，或许原本种种乍看不可理解的日常举动将会变得合乎情理，日常生活从来不是静态和僵化的，而是鲜活灵动又充满魅力的，只有在每一个充满意义的日常生活图景中，我们才能够体味他们的行为逻辑以及背后所蕴含的文化机制。日常生活本身的价值与意义就在于它是实践主体之间构

---

① 元典时代：冯天瑜先生将奠定中华文化之主要基础的先秦时代称为中华文化之元典时代，见《中华文化史》《中华元典精神》等。

筑生活意义和社会秩序的熔炉,在这样的生活场域中,人们在柴米油盐酱醋茶中触摸有血有肉的生活脉搏,在人情往来婚丧嫁娶中建立适宜自治的村落秩序,这种踏实感与安全感是实实在在的,同样亦是无可替代的。

20世纪90年代,费孝通(1992)以世界性、全局性的广阔胸怀和视野提出中国的"文化自觉"问题,并倡导不仅要关注社会的"生态",更要关注社会的"心态",实质上这仍是一个将"人"作为核心关切的问题。那么具有各自独立主体性的人究竟依循怎样的规则以维系共同体的生活,换言之,当人们面临日常生活中人、事、物之间的种种矛盾、尴尬、难题时是如何化解的,人们在化解这些矛盾问题的过程中体现和应用了怎样的民间智慧?

相对于精英阶层的"显学",民间智慧发轫于民间社会,是由广大普通民众创造的生活智慧,而与此同时,民间智慧亦深受主流精英文化之影响,或可说,古代先贤为后人留下的文化遗产尤其影响着民间智慧的发生发展。例如,之所以有"半部《论语》治天下"之说,其原因主要在于《论语》中包含了无数待人处世之道理:"弟子入则孝,出则弟,谨而信,泛爱众而亲仁。行有余力,则以学文"(《论语·学而》),是告诫人们德育先于知识,极言品德修养之于做人做事的重要性;"礼之道,和为贵。先王之道,斯为美,小大由之"(《论语·学而》),是将"和"作为人际和谐、减少矛盾的基本准则;"夫子之道,忠恕而已矣"(《论语·里仁》),是劝导人们宽以待人,不必过于纠结他人的过失;"里仁为美"(《论语·里仁》),点明了邻里和谐之于人的生活的重要性;"道听而涂说,德之弃也"(《论语·洋货》),是告诫人们避免口舌是非;"己所不欲,勿施于人。在邦无怨,在家无怨"(《论语·颜渊》)是提醒后人消解矛盾的原则。而道家思想亦与儒家相辅相成:"天下莫柔弱于水,而攻坚强者莫之能胜"(《道德经·第七十八章》)揭示了以弱胜强的道理;"祸莫大于不知足,咎莫大于欲得"(《道德经·第四十六章》)则告诫人们知足常乐;"无为无不为"(《道德经·第四十八章》),则提示人们遵循事物的自在规律,顺其自然。而进退从容的佛家亦劝导人们"万法随缘"的生活真谛。以上列举的甚或算不上先贤智慧之九牛一毛，足以见得传统文化中的处世智慧比比皆是。这些极富哲理意味的精英智慧往往通过士林阶层的社会流动，或社会政策的大力倡导等途径传播流散于民间社会。以受儒家思想浸染颇深的传统家训为例，在家国同构的传统社会，家训即可看作是儒家思想通向民间社会之桥梁。家庭作为社会的基本单位，在传统社会，统治阶层、士林阶层将儒家主流意识形态触及至每个社会成员的一条重要途径就是将儒家思想及其理论以简单明了、通俗易懂的方式体现在家训中。作为古代家庭教育之典范，家训遂在日常潜移默化中使社会成员将精英思想自觉地内化于心并外化于形。精英文化与民间智慧正是以这种相互影响、互为补充的方式，从不同维度、不同层次阐释着广阔而鲜活的社会生活。

随着社会的进步，人们的生活方式已经发生了不同程度的变化，这既是顺应时势的必然，也是人们对文明的不断追求使然。转型时期的社会背景下，城镇化、市场化强有力地持续渗透进农村基层社会，不断加速改变着村民的生活方式、思维方式，积极推动着村民日常生活各个层面的现代化转向。然而，看似柔弱无依的广大村民在平凡的日常生活中并不总是消极被动的，他们是自己生活中的主人，在面对自我与自我、自我与他人、自我与社会的种种矛盾与尴尬时他们的日常行动和行为选择常常于不经意中显示出某种超凡的智慧，这种智慧往往不是学院式的知识获得，而毋宁是日复一日年复一年的日常生活经验的沉淀，也或许是代际之间的口传心授和耳濡目染。这些日常生活智慧甚或已经完全消融在现实的日常生活场景中，并成为一种潜在不易获得却又实实在在发挥着作用的默会知识[①]。可以说，这些独到的民间智慧和默会知识构成了

---

① "默会知识"（tacit knowledge）这一概念是由英国学者迈克尔·波兰尼1958年在《个人知识——迈向后批判哲学》中首次提出。这一概念的提出是波兰尼在反思和批判现代实证主义所认为的所谓"明确知识的理想"（the ideal of wholly explicit knowledge）基础上而提出，简单说指的是一种与明确知识相对的难以言传的知识，默会知识重视"人"作为行动主体的重要作用，本质上可以看作是一种理解力。在《社会学之思》中，作者指出，"我们所有人都生活在与他人的共处之中，都会彼此发生互动。在这个

普通村民生活的法则，正是因为现实的生活实践中隐含了诸多或现或隐的处世智慧，才使得人们的生活有章可循，也才使各个不同社会群体、社会阶层有着不同的生活轨迹。

民俗学以研究民众的生活文化为己任，从民俗学的学科视角出发，以村民的日常生活为分析文本，考察村民在化解日常生活矛盾中的态度和行为，以进一步感受和理解村民的价值世界与精神世界，提取矛盾化解中的隐含智慧，这是从微观视角出发理解乡村社会生活的一种可行路径。认知、体会和理解社会变迁中的乡村社会，对于从具体实际出发推动乡村文明的进步具有一定的积极作用。

二 研究问题与研究对象

本研究希望通过对村民日常生活的考察和研究，以村民化解日常生活矛盾为切入点，以此体会并理解他们的日常生活状态，并从矛盾化解中提取潜藏在他们生活中的智慧。本研究认为，这些生活智慧既是他们日常生活经验的内化，又深受外部环境变化的影响，从中可以勾勒出他们对生活乃至对生命的认知和感悟，同时亦深深地体现着他们对现实生活的理解、态度和期望。就此而言，需要通过对村民日常生活的深入观察和体验，考察他们当下的生产生活状况，摸清他们在生活中常常面临哪些问题与矛盾，以及他们对此的态度和行为，与此同时，注重分析农村基层社会对外部社会力量的回应。

过程中，我们展现出数量惊人的默会知识（tacit knowledge），这些知识使我们有能力应对日常生活中的事物，我们每个人都是富于技能的行动者。"受迈克尔·波兰尼、哈耶克、奥克肖特等"默会知识"或"实践性知识"的影响，为了推进"中国经验"领域的深度研究继而建构出"生存性智慧"这一概念。邓正来在很大程度上否弃唯"知识导向"的研究，转而开启"智慧导向"的智性研究，他撰文指出，"生存性智慧即人们在日常生活实践中习得并用于应对生活世界各种生存挑战的'智慧'"，这一智慧，既是传统的，又是当下和未来的。可参见郁振华《波兰尼的默会认识论》，《自然辩证法研究》2001年第8期；[英]齐格蒙特·鲍曼，蒂姆·梅《社会学之思》，李康译，社会科学文献出版社2010年版；以及邓正来《"生存性智慧"与中国发展研究论纲》，《中国农业大学学报》（社会科学版）2010年第4期。

有鉴于此，本研究拟从两个方面对村民日常生活矛盾化解的民间智慧进行研究：一是以民俗学的视角为基点，将对日常生活本身的理解和体验作为一个深描的对象而不仅仅是种种生活事件发生的客观研究背景；二是从日常生活的微观视域出发，从村民的行动策略和行为选择中，考察并分析其化解矛盾的行动实践背后所隐含的日常生活理性，及由此凸显的自洽生活逻辑。具体来说，本研究提出三个基本研究问题：首先，村民在日常生活中常常面临哪些矛盾；其次，村民如何化解日常生活中繁杂琐碎的矛盾；再次，村民在矛盾的化解中体现了怎样的生活智慧。在研究对象上，本研究以村民日常生活中的种种矛盾为切入点，考察村民化解矛盾背后所体现的民间智慧。因此，本研究以村民的日常生活为研究主题，以村民的日常生活矛盾为研究对象。

针对以上研究问题、研究对象，在对已有文献的把握和反思基础上，立足田野调查资料，本研究试图达到的研究目标有两点，一是尽力充分捕捉村民在日常生活中所面临的种种矛盾，解读村民在化解日常生活矛盾时的不同行为选择，分析行为背后所体现的生活智慧及其隐含逻辑，努力勾勒出村民所思、所想、所盼的大致轮廓。二是考察并分析村民日常生活中的交往与行动策略，以揭示其民间智慧中的独特理性，尝试以此为契机，为社会转型时期如何维护农村基层社会的生活秩序和进一步推动乡风文明建设做一点有益的探索。

三 研究意义

村民在日常生活中常常面临的矛盾问题以及矛盾的化解往往与乡村社会生活秩序、乡村精神文明以及乡村和谐息息相关。村民的矛盾化解逻辑既可以展现其对现实生活的态度和理解，又可以在一定程度上折射出民众的社会心态。农村建设和发展问题在我国整体社会发展和现代化建设中具有举足轻重的作用，是事关国家发展大局的基本问题，对此，近年来多领域的跨学科研究分别从不同视角、不同立场对此进行研究和探讨，已有的相关研究充分说明了围绕乡村社会生活这一研究范畴进行多角度分析的现实意义。就本研究来说，该选题在理论与实践两方面均有一定的研究价值与意义。

首先，研究日常生活矛盾的意义。赫勒（1990:3）指出，"如果个体要再生产出社会，他们就必须再生产出作为个人的自身。我们可以把'日常生活'界定为那些同时使社会再生产成为可能的个体再生产要素的集合"。由此可知，个体乃为日常生活之主体，个体的生存与发展的基础条件就在日常生活中。日常生活并不是循环往复、毫无波澜的事件流，人们之所以能在日常生活中感到安定和踏实，正因为日常生活具有稳定的结构，并赋予人们以价值感和意义感。人，作为现实生活的行动主体，正是在日常生活中得以体现其本质和实质。日常生活带给人的体验往往是平实却深刻的，看似微不足道甚至不言自明的生活事件却暗含着村民鲜活的日常生活图谱。正如学者所言，研究日常生活的意义就在于从平凡琐碎中看到伟大、丰富的一面（吴宁，2007:42）。归根到底，人是"日常生活中的凡夫俗子"（刘怀玉，2006:35）。

农村社会问题和社会矛盾一直以来都是学界关注的焦点。同时应当看到的是，村民的日常生活在很大程度上是由更加繁杂细小的矛盾所组成。而这些微观层面的细小矛盾，或许可以更好地反映出社会底层"小人物"的生活方式、生存状态和生活理想。本研究以民俗学的研究视角为主，侧重通过对村民日常生活的把握，从民众的话语系统、行为方式、心理变化等多个方面展示民众现实中的多元生活体验。同时，辅以社会学、人类学等角度进行相关探讨，将个体层面的"人"本身作为探讨主体，以常见的日常生活矛盾为研究对象，将民众鲜活的生活本身纳入到研究视野中来，观察和把握人与人、人与家庭、人与社会的调适和互动。社会学的本土化既是适应现实国情发展、推进对社会发展现实认识的需要，又是加强学科自身的影响力与竞争力、形成特色性社会学理论与方法的需要。本研究希望通过尽可能翔实的田野考察资料，在充分分析与研究的基础上增进对已有社会学理论的认识，尤其在具体的乡村场域中，发掘、完善、修正相关理论，增强社会学理论对现实问题的解释力。同时，将民众的日常生活世界纳入研究视野，对民众的生活情状和生活意义进行深入挖掘，这本身就是实现民俗学学科转向的一种可行路径，对拓宽学科发展思路、丰实学科研究视角具有一定意义。

再次，研究村民日常生活矛盾化解的意义。如果说种种矛盾构成了人们的生活，那么某种程度而言，与之相应的矛盾化解则成为人们日常生活的主题。日复一日、年复一年的寻常日子里往往潜藏着种种人与人、人与物的矛盾与冲突，正是这些大大小小的日常生活矛盾构成了村民真实而鲜活的日常生活，而村民化解这些矛盾的智慧亦同样弥散在现实的日常生活当中。这些化解智慧的显著特点就在于，它们几乎已经作为一种潜在的文化精神蕴藏在村民的生活里，潜移默化地引导着村民做出相应的生活选择。正因为这些生活智慧往往早已内化于心，故而村民面对各类的日常生活矛盾时，不论是人际交往上的，还是生活追求上的，既能够自然而然地听从本心，又能够积极汲取社会进步所带来的营养。这一方面使这些潜在的精神在某种程度上已内化成为一种不言自明的默会知识，另一方面也使得这些具有稳定性和传承性的智慧在社会发展、时代变迁的背景下更加弥足珍贵。

该选题不仅可以了解普通乡村民众在日常生活中是如何调适自身与他人的交往关系、处世之道及种种丰富的生活情境和行动逻辑，还可以据此在一定程度上真正体悟与之相关的民族心理、文化机制，理解人们的行为、态度如何受他们所处的社会、经济、文化等环境背景的影响，从而更好地把握基层民众的生活状况和生活愿景，了解村落精神文明建设情况，反思现代社会建设中出现的种种问题之原因。对把握社会转型时期的民众社会心理，制定基层治理的相关政策、法律法规，建立完善的矛盾纠纷化解机制以及构建公平公正、以人为本的和谐社会有所裨益。同时，本研究通过从村民化解日常生活矛盾入手，考察村民的日常生活实践，进而折射出其生活中面临的方方面面的已有问题和潜在问题，这对充分发挥内力、外力的多元共治起到一定的推动作用，对激活农村社会内生性秩序，重塑社会转型背景下的新型乡村社会秩序具有一定启发性。

此外，本研究注重挖掘乡村社会日常生活矛盾化解的自有惯习和自在力量，以及村民个体矛盾化解的内在动力和需求，这对于立足本土并借助外力，以充分培植和发展乡村振兴的内在作用机制具有一定的探索作用。

四　创新点与难点

（一）研究创新点

本研究的创新点主要体现在三个方面，一是以平凡琐碎的日常生活为分析主体，试图揭示村民在村落日常生活中所面临的矛盾尴尬及其化解之道，目的在于通过村民的生活之道映射出村民的"活法"，而"活法"一说对丰富民俗学学科的本土化话语体系有所裨益。二是尝试从民俗学视角出发强调对日常生活和行动主体的研究，并认为村民化解日常生活矛盾的方式是一种潜在地弥散于生活中的生活智慧，而种种理性行为背后则潜藏着村民对生活的感受、体验等多种深层文化与心理机制。三是重视田野过程中的身心感触和经历，尝试在一定程度上将作为研究者自身的声音[①]融入其中，以进一步挖掘和阐释村民的生活意义与处世逻辑，这对于多角度地对研究的问题进行深挖有所启发。

（二）研究难点

本研究的研究难点主要体现在两点，第一，在家乡进行田野调查有利有弊。一方面，在家乡做田野容易因太过熟悉而导致"身在庐山而不自知"，尤其对村民行动选择背后所隐含的深层文化意涵难以敏锐捕捉和把握。与此同时，身处在生活了二十几年的家乡，与研究对象天然的血缘、地缘关系增添了对研究者与局内人的双重身份的平衡难度和角色转换，这使本研究可能存在解读和阐释研究对象的误差。然而另一方面，本研究以村民在日常生活中的矛盾化解为切入点，这一研究问题本身带

---

① ［美］玛乔丽·肖斯塔克：《妮萨：一名昆族女子的生活与心声》，杨志译，中国人民大学出版社2017年版，第14—17页。叙事学对人类学的影响（尤其是苏联文艺理论家巴赫金的"多声部叙事"），人类学家们基于对田野调查的反思，认为研究者的声音在人类学田野调查中容许出现，以展示人类学家制作的"后台车间"。

有一定的私密性,对该问题的探讨必须与研究对象建立良好的信任关系,而在家乡对此进行调查的优势则显而易见,主要体现于对语言、环境、人脉关系等的熟悉程度这几个方面,因此可以利用熟人关系、亲密关系等显在优势展开调查。第二,本研究以民众日常生活实践中矛盾的自洽调适为切入点,试图借此揭示社会底层民众的生活概貌,即他们的"活法"。然而,社会生活是一个纷繁复杂的有机整体,撷取民众日常生活中某一个断面或无法全面、准确地理解并描述民众的生活情感及其背后所蕴含的理性逻辑。因此,如何在有限的田野工作中尽力完整地诠释和科学地分析还有待进一步的深入研究和探讨。

第二节 矛盾及矛盾化解

一 村民日常生活中的主要矛盾问题

根据学界已有的研究,村民家庭生活中的主要矛盾集中围绕在分家析产、赡养老人、宅基地矛盾以及婚姻生育矛盾等四个方面。

(一)有关分家析产的相关研究

通常,人们认为分家是指父代与成年子代分家析产的过程,这一过程往往意味着父子代际之间的财产传递以及兄弟横向之间对家庭财产的分取,也就是从原有的大家庭中获得独立的经济资本和生产生活能力。按照许琅光(2001)的观点,夫妻纽带与父子纽带的强弱差距往往影响着代际间的分家实践,同时,相对富裕的家庭比相对贫困的家庭能够更大程度上实现累世同堂。在传统的农村家庭中,分家在一定程度上预先化解了家庭生命周期中由人口增加而频繁出现的摩擦与争执,并日益成为一种人们的默会共识。

学界对分家问题的研究往往与代际责任及义务问题的相关研究紧密关联,此外,已有研究较多集中在影响发生分家行为的因素、分家的影响以及分家所具有的文化意义、社会意义等三个方面。

首先,影响分家行为的因素方面。王跃生(2002,2003,2008)考察了分家行为的影响因素并认为，分家行为是导致家庭结构变动的主要影响因素之一，这一行为受到家庭制度、经济以及社会与人口这四类因素的制约。通过对不同历史时期（传统私有制、集体经济时代、集体经济解体后）的考察，王认为在历史不断的发展变化过程中家长权力逐渐下移，子代在分家中的作用越来越强烈。龚为刚（2012）通过20世纪90年代以来近十年的全国人口普查数据考察了分家模式所发生的历史变化，并从妇女地位、打工经济、土地制度等不同角度分析分家模式发生历史变化的原因，研究结果认为，独子家庭在未来仍然将强化与父母的分家趋势，而直系家庭也将进一步转化为空巢家庭、核心家庭。其次，分家所造成的影响或后果等方面。王磊（2014）通过数据分析发现，分家将对老年人的生活产生重大影响，尤其提高了男性老人因分家而造成的死亡率，但另一方面，儿子越多越能降低老年人的死亡性，也就是说，儿子为老年人提供的赡养资源对老年人而言至关重要。李楠、甄茂生（2015）通过对分家制度与生育行为之间关系的考察发现，分家对兄弟间的生育行为产生影响，越能享受分家前大家庭财富支持的兄弟越能养育更多子女，而越未能享受到大家庭财富支持或越受分家后小家庭财富约束的兄弟则越不能生育更多子女。再次，分家所具有的文化意义、社会意义方面。麻国庆（1999）于20世纪末关于中国分家的研究表明，分家对家庭成员而言既包含着对父母赡养义务和祖先祭祀的继承，又是在日常生产实践的现实需求基础上代际之间、同辈之间不可分离的相互合并；通过分家以实现家庭的不断再生产既是村民现实的生产生活的需要，其具体的运作又体现了中国村民独特的生活智慧。高永平（2006）围绕"家系"这一概念对分家实践进行考察，认为家系主义是传统社会人们处理家庭财产问题及宗祧问题所遵循的原则，而中国传统家庭制度所暗含的文化逻辑就在于家系主义。作者指出，随着分家实践的完成，由父代作为主体的老家系随着新家系的诞生而逐渐消亡，而家庭财产安排在家系主义原则下往往成为老年人出现赡养问题的条件性因素。姚俊（2013）以结构二重性为分析视角，认为新老农民工的持续性大规模流动不仅使农村原有的社会运行机制发生改变，同时两代人在分家实践中掌握的资源与规则发生了重大变化，而年轻一代往往从自身利益出发，在代际资源不平衡的情况下做出两代人均认同的理性选择，即"不分家"的主体实践。其研究表明，"不分家现象"是农村流动家庭发生结构性变化的重要表现。龚继红等（2015）从发生学的视角探讨农村家庭代际关系的新形态，其研究表明，子代在分家实践中越来越占据主导权的有利位置，由于生产、生活的必然联系，往往在分家后与父代保持"分而不离"的新型代际关系。作者提出，这种新型代际关系的实质是一种代际剥削，而其形成的基础乃是由于村庄社会中的相互竞争。龚文描述的新型代际关系的形成在很大程度上仍是基于传统家庭伦理上的延伸，以及村庄场域受市场经济影响的作用，与姚俊的结论有相似之处，一定程度上说均是子代从自身出发而做出的理性选择。

从以上可知，学界对分家析产行为产生的原因、后果及其意义方面均有较为深入的研究，为相关的后续研究奠定了坚实基础，本研究试图在此基础上结合案例对家庭成员分家析产过程中产生的矛盾以及矛盾的化解进行相关探讨。

（二）有关养老问题的相关研究

随着现代社会的发展，人们的生活方式和意识观念相较传统社会已经发生了不同程度的变化，赡养老人作为家庭生活中的重要组成部分，不论在社会运行的系统层面还是社会成员的个体生活层面均有重要的现实意义。学界对养老问题亦较为关注，并从不同视角、不同层面形成了丰富的研究成果。

社会学视角下的相关研究。王跃生（2006）指出，20世纪90年代后期，由于多数农村老年人尚未享受到健全的社会保障，故对子女家庭养老存在较强的依赖关系；而农村大量青壮年劳动力的转移使农村隔代直系家庭比例上升，并间接造成家庭养老资源的进一步减少。在另一篇文章中，王跃生（2008）认为，代际关系的内容随制度变迁、社会转型而发生变化，代际之间义务与责任的传统平衡关系已经打破，其后果将造成代际之间更多的矛盾甚至冲突。可以看出，代际之间情感、义务、责任的不平衡越来越为学界所注意，这种代际之间责任与义务的不平衡尤其体现在子代建立小家庭后的分家以及伴随而来的对父母赡养义务的分配，常常造成代际剥削的社会事实。贺雪峰（2009，2012）的研究同样表明了代际关系失衡的现状，其研究表明，代际关系关联到代际关系的平衡性、交换的程度、关系的紧张性以及代际关系的价值基础这四个维度，不同区域间代际关系的差异较大。哺育责任与养老义务的不对称作为代际失衡的主要表现之所以广泛存在，其原因一方面在于父母将传宗接代作为重要的人生价值意义；而另一方面，父代以日渐理性化的态度调适和化解代际之间的失衡，从而使失衡现状有所缓解。范成杰（2012，2013）从代际关系的角度考察了家庭养老存在的矛盾或困境，认为目前农村家庭养老的困境不仅在于所需养老资源的不足，还在于代际之间原有的传统价值基础正在弱化；对江汉平原农村代际状况的考察使作者进一步指出，传统社会的代际双向平衡关系已经被打破。范文再次验证了王跃生等学者的已有结论。李婉予等（2014）的研究表明，随着时代的发展和社会的变迁，城市中年子女目前已经接受了居家养老与机构养老两种孝行的并存，同时城市中年子女通过采取补偿、获益方面的努力以平衡与其他同龄人的横向比较标准，也就是试图在传统家庭养老与现实养老行为之间进行矛盾的调和。从另一方面来说，其研究显示，人们对传统家庭养老方式的态度和认知虽然经历着一定程度的改变，但传统孝道观念依然在人们的观念意识和行为方式中发挥重要作用。

文化与伦理视角的相关研究。姚远（1998）从文化的角度考察中国家庭养老，认为崇老文化的弱化导致了中国家庭养老从文化模式主导转而演变为行为模式主导。杨善华等（2004）提出用"责任伦理"来解释传统家庭养老在我国长期实行的现实基础，作者指出，正是老年人出于对自己"责任伦理"的践行，使他们在生活上尽可能地自立而不愿增加子女的负担，由此，"责任伦理"不仅减轻了社会的负担，同时因为老年人对子女给予了更多的理解和宽容，也就减少和化解了老年人在家庭生活中与子女的矛盾，家庭养老遂具备了继续实行的可能性及必然性。唐灿等（2009）在浙东农村的考察深入分析了女儿这一角色在家庭养老中所承担的特殊职能和身具的特殊义务，不同于儿子对赡养父母的"协商式责任"，女儿的赡养行为是一种"累积性责任"，通过细致分析女儿赡养的伦理基础以及伦理建构过程，作者认为，农村社会女儿赡养父母的行为折射出农村家庭对传统与现代既有冲突又有互补的赡养现状。

家庭养老的影响因素方面的相关研究。鄢盛明等（2001）从居住安排对子女赡养行为的影响进行探讨，研究表明，与父母同住能够给父母提供赡养的可能性最大。胡仕勇等（2012）的研究发现，家庭成员间的代际合作以及社会舆论、村委会干预等对老年人家庭养老满意度均具有正面影响。田北海等（2012）的研究表明，农村老年人的生活境遇与养老意愿有关，其养老意愿并不是出于完全的"经济理性"，更是一种在具体生活情境中的"情境理性"。石智雷（2015）对农村家庭生育决策、家庭养老以及老年人生活质量之间的关系进行研究，结果表明，子女受教育水平对农村父母的生活质量有正面影响，女儿的受教育水平对提高老年人生活质量所具有的影响作用尤甚，而这一结果将逐步改变农村社会"多子多福"和重男轻女的传统思想。万江红等（2015）的研究显示，子女的赡养行为受到多重因素的制约，子女对赡养父母进行着综合性的调适，传统的反馈模式依旧有稳定的现实基础。许琪（2017）的研究注意到了父母对成年子女提供的帮助与子女奉行赡养义务之间的关系，研究表明，父母对成年子女在经济方面、照料孙代子女方面所给予的帮助和支持与其享受子女的赡养及赡养水平等方面呈现显著影响，因此作者指出，传统社会代际之间的反馈模式已然发生变化，父母对成年子女的帮助已成为实现子女对父母养老的重要环节。

养老实践方面的相关研究。代际关系的平衡与否已经不仅仅关乎老年人的晚年生活质量问题，更关涉到老年人的生命尊严问题。张友琴（2002）运用社会网络分析法从城市化对家庭养老的影响这一视角对养老问题予以关注，其研究表明，城市化对传统的家庭养老造成一定冲击，对老年人的生活支持、精神照料等方面造成影响，经济支持方面则有所提高。穆光宗（2004）对精神赡养问题予以关注，认为应当从人格尊重和成就安心以及情感慰藉等三个方面重视满足对老人的精神赡养需求。陈柏峰（2009）认为，代际关系的失衡与老年人自杀有密切关系，而自杀类型的变化折射着代际关系的变化。李永萍（2015）在江汉平原的调查结果表明，对农村老人而言，"以地养老"是比"养儿防老"更有意义的养老方式，作者认为，当前国家主导的土地流转政策与农村老年人的生计方式、生活意义存在张力，冲击了农村"以地养老"的现实，从而加剧了家庭养老的危机。刘燕舞（2016）认为，导致农村老年人自杀的直接原因在于老年人所面临的生存困难、疾病折磨以及精神寂寞。而老年人选择自杀行为的根本原因则在于老年人缺乏外界主体权威力量的支持。

家庭养老是村民日常生活的重要组成部分，不仅关涉代际关系，还与家庭人力、物力、财力等现实生活条件密切相关，因此也常常是村民日常生活矛盾的产生源起。本研究试图通过实地考察，探讨村民如何看待和化解由养老问题所关涉的日常生活矛盾。

（三）有关宅基地问题的相关研究

宅基地是村民日常生活中的重要生产和生活阵地，学界对宅基地问题以及围绕宅基地问题所产生的日常生活矛盾多集中在法学或法社会学领域，并多从宅基地问题的类型、产生的原因、对策等方面予以探讨，形成了一定的研究成果。朱冬亮（2003）探讨了农村土地纠纷问题产生的原因、现状、类别以及不同类别的纠纷解决方式，作者认为，农村土地制度的实施过程中民间习俗以及民间惯例等民间传统因素在化解农民的土地矛盾问题中发挥了重要作用，国家正式制度与民间非正式力量相互补充同时又存在相互冲突。蔡虹（2008）对农村土地纠纷以及解决机制的优缺点进行分析和整合，作者指出，和解、调解等都是解决农民土地纠纷的主要方式，调解在我国农村社会因其对农村社会特有乡情和习俗、道德、村规民约等的熟悉，故作为一种化解民间矛盾的传统方式一直发挥着重要功能。郭亮（2009）认为，农村土地纠纷的实质是基于由于国家农业政策调整以及土地开发等因素而致使的土地升值所引发的利益之争，故土地纠纷的化解需要相关法律法规的完善以及建立有利于各主体平等协商对话的利益协调机制。黄家亮（2009）从法社会学视角对农村宅基地纠纷产生的社会基础进行考察，作者认为，法律既具有一致性、标准化的一面，同时又是一种地方性知识，农村宅基地矛盾问题具有繁杂性。董立山（2013）通过分析农村土地纠纷问题的类型，同样指出应整合各种不同纠纷化解机制，以实现多种化解机制的良性协调。

（四）有关婚姻矛盾的相关研究

有关婚姻问题的相关研究往往集中在婆媳关系、夫妻关系这两个方面，下面本研究将学界已有的相关成果加以梳理。

一方面，有关婆媳矛盾的相关研究。婆媳关系是广受社会关注和争议的社会现象之一，"微妙""难处""戏剧性""复杂""剪不断，理还乱"等经常是人们用以描述婆媳相处之道的常用语。婆媳之间之所以容易产生矛盾与冲突，建立在姻亲关系上的非血缘关系以及由此而带来的情感联结的脆弱性往往被认为是一个显性的诱因之一。在此基础上，学界对婆媳矛盾的分析主要有两种解释框架：冲突论视角下的权力、资源争夺说；社会、文化变迁视角下的角色预期与角色互动说。

冲突论视角的研究焦点集中于女性在家庭生活中所处的地位、权力、资源的竞争方面，尤其对家庭事务的管理权力以及养老资源的争夺上。费孝通（2014:130）在《生育制度》中曾提到女性在从夫期间所形成的"女性情结"，并认为婆媳冲突很有可能正是这种女性情结的社会根基。在另一篇文章中，费孝通（1983）指出，生产关系的变革引发了家庭结构的变化，从而使婆媳关系从传统尊卑礼教中解脱出来，在一定程度上转而更加"合作互惠"。李博柏（1992）对婆媳之间的矛盾与冲突作了理论上的诠释与说明，作者将婆媳矛盾与家庭微型结构、社会宏观结构结合起来，指出婆媳矛盾是中国传统家庭制度的具体体现，是一种难以避免的制度性冲突，是现实性与非现实性冲突的结合，婆媳对家庭中有限权力的争夺形成对抗。刘应杰（1996）在研究中指出，婆媳关系是影响家庭生活幸福感的一大原因，是基于夫妻婚姻关系而间接建立的一种姻亲关系，婆媳之间容易引发矛盾的原因主要在于这种关系具有情感联结的脆弱性、考虑问题的不同参照系、两代人的代沟、聚焦在儿子身上的竞争性心理等因素。在此基础上作者提出了解决婆媳关系的主要路径在于和平相处、相互理解以及儿子作为家庭安全阀的重要功能。崔应令（2007）将婆媳关系置于父、母、子和子、媳、孙的多元关系格局中予以考察，认为媳妇的进入使父、母、子所构成的稳定的三角关系成为具有不稳定性的四边形关系，而孙代的抚育及公公的在场分别成为"弹性稳定"的平衡杆和影响平衡的附加砝码，也就是说，家庭内的多元因素共同制约和影响着婆媳稳定。笑冬（2002）在研究中指出，传统的家族等级制度主要由性别、辈分、年龄三个原则构成，而妇女的生育则决定了妇女在婚姻生活中的地位和利益。笑文认为，由分家可以看出，婆媳分别为各自的"母体家庭"争取有限的养老资源是婆媳矛盾的实质所在，而这种竞争和控制养老资源的方式得到了男性占据统治地位的家族体制的默认支持，并被普遍化、不断再生产化。分析婆媳问题离不开对男权社会背景的涉及，正如左际平（2012）指出，女性在家庭中所占据的位置需要将其放置在纵（父权）横（夫权）两个轴心中予以考察，才能通观他们的生活历程。因此，这一类的研究可看作是社会性别分工体制下婆媳之间争夺优势生存资源的同性抗争。

此外，在角色理论视角下，朱东丽（2007）认为，婆媳冲突主要是由于婆媳双方对对方角色理解与角色预期的偏差，以及家庭权力、利益的争夺，作为婆媳中介的儿子所应发挥的功能失衡以及长久以来社会历史的积淀因素所造成。王德福（2011）提出运用"角色预期—人生任务—生命周期"的解释框架来理解婆媳关系与时代变迁及所在生活场域的密切关联。其研究表明，不同年龄阶段的妇女在家庭生活中有着不同的角色预期，不同时期人生任务的压力深刻影响到婆媳各自的行为逻辑以及强工具性的评价与互动，因此，处于不同年龄阶段的婆媳关系呈现差异性。

婆媳关系的变迁是社会经济、文化不断向前发展的缩影，传统社会制度和伦理要求创造了长者为尊的社会氛围,这种社会氛围虽然扼杀了人与人的平等与自由,但不可否认的是,这种带有社会控制色彩的伦理制度在客观上维持着传统家庭的和睦和稳定,或使原有的矛盾得以淡化。现代社会随着市场经济理性的发展,尤其女性在取得经济独立之后自觉以一种更加自信自立的态度面对家庭生活,她们有能力在家庭事务中拥有话语权和抗争意识,某种程度上说,婆媳之间的矛盾可能因此更加显性化,但值得注意的是,伴随社会不断进步和发展的是社会成员个体道德素质及内在修养的不断提高。因此,婆媳矛盾的调适尚需要结合实证,具体问题具体分析。

另一方面,有关夫妻矛盾的相关研究。在《生育制度》中,费孝通用由夫妻和子代来表示家庭结构的特征,并指出,子代还将在此基础上不断产生新的稳定的三角,从而实现家庭的再生产。夫妻关系是构成稳定的家庭三角之核心,某种意义上说,和谐的夫妻关系是家庭幸福、社会稳定的保障。目前,学界关于影响夫妻和睦、造成夫妻矛盾,甚至造成家庭暴力或离婚等恶劣后果的研究主要集中在矛盾与纠纷产生的原因分析上:一则社会变迁视角下的传统家庭伦理的嬗变与个人理性的自觉,二则社会结构视角下的人口流动与竞争压力,三则国家法律的调整及社会舆论对夫妻关系的容忍度提高。很多学者从这三个方面出发,综合探讨夫妻关系在当下发生的变迁。

刘燕舞(2009)认为,随20世纪90年代中期的外出打工经济而来的是农民通婚圈的扩大,而女性在通婚圈中的优势地位带来了夫妻矛盾的增多和夫妻关系的脆弱化,此外,个人本位的兴起及家庭观念、伦理观念的变化反过来也促使着农村家庭结构的变动以及夫妻关系的解体。李萍(2011)从宏观上分析了当前农村离婚率持续走高的原因,受社会结构变动的影响,作者认为,女性独立自主意识的增强、社会流动性的不断提高、国家对婚姻法的调整、离婚成本的降低等使传统婚姻观念、婚姻模式发生变迁,同时,夫妻间信任问题频发,种种原因导致了农村夫妻关系面临危机并极易走向解体。莫玮俏(2015)的研究数据表明,在城乡二元社会结构下，流动人口的婚姻稳定性堪忧，夫妻双方或一方的流动都会显著提高离婚率。张雪霖（2016）从阶层分化的视角对农村呈现的女性主导的离婚秩序进行分析，认为农村婚姻秩序的系统性嬗变主要表现在婚姻性质与功能的变化、婚姻冲突与修复机制的内在转变以及婚姻关系的解体对男性与女性所造成的不同影响这几个方面。陈锋等（2017）通过对农村青年夫妻家庭暴力问题的研究，认为农村青年夫妻间家庭暴力问题的产生是在个体、家庭以及村庄逐步从传统向现代社会嬗变的结果，婆媳之间的代际冲突也是引发年轻夫妻矛盾加剧的重要因素之一。陈辉（2017）认为，家庭的"不和"往往是生活的常态，建立稳定夫妻关系的前提通常是形成稳定性的强弱对比关系：男强女弱或是女强男弱。作者认为，"权威—服从"的两性关系是化解日常生活矛盾的基础，对整合家庭秩序具有重要作用。

阎云翔（2006:202—203）在下岬村的研究表明，新中国成立以来的政策引导以及土改、新《婚姻法》（1950年），以及1980年代的市场化进程等强力助推了私人生活的变革及权利意识的进一步觉醒；传统的以父母为权利中心的家庭已经发生权利重心的下移，夫妻关系继父母权利逐步走向衰落后成为家庭新的中心。传统家庭在由纵向"父子轴"向横向"夫妻轴"转变的过程中，受市场经济和社会价值观念的多元化影响，在家从父、既嫁从夫、夫死从子的传统道德观念在构成对女性心理、行为的约束上业已"失灵"，追求个人价值与个体生命意义逐步成为人们在新的历史时期中的理性选择，这在一定程度上造成了传统的家庭本位与个人本位在某种程度上的共存。

从这些研究来看，学界对夫妻关系的关注主要立足于从宏观性的分析视野对农村夫妻离婚这一社会现象进行分析和解释，社会与家庭存在动态的互构关系，婚姻关系的稳定与否折射出社会经济、文化、价值观念的不断变化。这一研究现状对了解夫妻关系的变迁、预测夫妻关系的走向，以及及时采取积极的社会行动引导建构适宜时代和社会发展的新型婚恋观等有所裨益。然而，对该论题的研究存在的不足主要体现在两个方面：一是无论从学理层面还是经验层面，对微观的夫妻互动中产生的具体矛盾以及化解之道研究明显不足。刘娟（1994）将关注点放到夫妻之间的日常生活交往中，如考察夫妻情感交流、家务分配、家庭决策权等对婚姻满意度的影响因素，对微观的家庭矛盾研究提供有益启发，但也仅仅停留在提出问题的层次上，对于如何解决、促进夫妻关系的和睦还有较大研究空间。二是大部分有关夫妻关系的论题着重探讨宏观社会结构的变动对人的内在心理、价值观念变迁等的多方面影响，一定程度上忽视了人本身的主体性与能动性的反作用。换言之，人对外在社会环境的主观调适作用没有凸显。潘鸿雁等（2006）的研究认为，夫妻关系受到其各自所占有的资源、社会结构以及传统文化等的多元影响，夫妻权力的分配从自身位置、社会角色等角度出发，适应了作为家庭发展策略的外出打工，而夫妻间的相互理解和信任作为一种家庭资源维护了家庭的稳定与和睦。换言之，夫妻对客观条件的相互调适仍体现出家庭的利益至上。总体上看，现有研究对夫妻关系、夫妻矛盾的主动或被动化解与调适研究不足，或对此缺乏更加深入的探讨的分析。本研究认为，夫妻关系的变迁是在社会转型时期多种社会矛盾、家庭矛盾、个体理性矛盾的具体体现之一，是一种特殊时期的特殊样态，能否将这种特殊性用于预测未来婚姻、家庭关系的发展走势尚不可知。在经历过社会转型期以及经济、社会、文化的进一步发展后，物质需求与情感需求、个人本位与家庭本位能否重新进行一番新的博弈亦未可知。因之，当下来看，考察和分析夫妻矛盾与困境的化解之道及其对现实生活的具体调适具有重要的现实意义。

二 日常生活矛盾化解的相关研究

（一）国家法与民间法、正式制度与非正式制度对矛盾的化解与调适

遵循前人研究脉络，强世功（1998）的研究表明，国家法在浸入乡土社会并发挥功能的过程中，必须将其置于国家、法律和乡村社会的互动关系中，形式理性的法律逻辑需要嵌套在日常生活的具体实践以及真

实的"地方性知识"中,才能具有法律所具有的"实际效果"。换句话说,乡土社会矛盾、纠纷的解决往往体现出国家法律—民间调解、国家—社会的冲突与妥协、调适与互动。谢晖(2011)的观点与此类似,谢文指出,法律的建立根基是现代市场经济下的陌生人交往,而乡土社会的熟人交往则建立在情感理性之上,"无讼"的乡土社会中矛盾或纠纷的化解在更大意义上是为了平息矛盾,在这样的场域中,判断谁是谁非并不是最重要的,最重要的是如何维持乡土社会中人与人之间长久的和睦、融洽关系,因此,国家法律的施行在一定程度上无法回避乡土社会有关人情、面子等交往艺术和种种生活策略。此外,民间法作为地方社会规范,参与到矛盾与纠纷的化解与解决中,具有快捷、经济、人性化等多种特点,在实际的社会生活中,法律常常有触及不到或缺位的地方,因此民间法常常作为司法调解的重要依据,在民间矛盾的化解中占据重要地位。赵旭东(2003:2—10)在李村通过考察人们的日常生活和多种制度之间的相互矛盾与冲突、联系与互动,按照是否制度化的判断标准,将李村的权威类型分为制度化的政府权威和乡镇法庭权威、非制度化的村庙权威及民间权威,指出村落社区矛盾与纠纷的解决方式是"多元权威"的并存。田成有(2005:2—27)认为,农村习惯法具有乡土性、地域性、自发性与内控性,解决问题要从现实中"事物的逻辑"而不是书本中"逻辑的事物"出发,针对种种不和谐、不平衡的现象与矛盾,要积极动员包括国家法在内的所有有效的社会因素,充分认识到国家法与民间法之间既有矛盾与冲突,又有相互转化与消解的条件。陈玉玲(2007)通过对事实婚姻的考察,揭示出礼治秩序、法律秩序的内在矛盾和冲突,并认为两种秩序应当相互融合和互补,以共同发挥其应有的功能。谭万霞(2013)通过对融水苗族之村规民约的研究表明,国家法与少数民族习惯法相互调适的重要模式就是村规民约,同时,村规民约亦在现代化的影响下不断调适自身以适应实际生活的需要。吴秋菊(2015)的研究表明,村庄内生性权威化解矛盾时基于不同的阶段会与国家法产生不同程度、不同意义的互动,其案例表明国家法事实上已经通过这种不断的互动渗透进村庄中。陈翠玉（2015）指出，国家法和习惯法具有跨界合作的必要性和必然性，故要积极利用习惯法中的民间智慧，积极整合现有法律资源，构建完善的矛盾化解机制。温丙存、陈霄（2016）通过对梧镇的研究发现，在新型城镇化农村中，四种常见的解纷方式即人民调解与行政调解，诉讼与信访，在实际纠纷化解过程中各自对应着相应类型的纠纷，其中人民调解主要用于化解村庄内部与家族内部的日常生产生活类的传统型纠纷。高其才（2017）通过对金秀瑶族石碑习惯法的现状考察，指出该习惯法通过村规民约等方式在稳定和调解当地社会秩序方面依然发挥着积极功能并得到了传承，作者指出，应当积极吸收习惯法之精华，坚实现代法治建设中的本土基础。同时，作者对"乡土法杰"与瑶族习惯法之间的当代传承做出分析，充分肯定了这类乡土精英对地方治理与国家法治建设的积极功能。

此外，一部分学者的关注焦点在于矛盾化解机制及具体的解决办法上。田成有（2001）认为，要"积极构建顺畅的社会流动机制、合理的利益协调机制、安全的社会保障机制和有效的矛盾疏导制度、村民自治组织以及群众中有威望的一些民间团体的作用"，如此才是化解矛盾、解决问题的有效之举。胡海鹏等（2010）提出以制度化的方式保障农民对村庄事务的参与，让农民自己构建符合实际的农村公共文化生活，从而调适公共文化生活与私性文化生活之间的矛盾，并促进村庄的公共认同。陆益龙（2011，2013）从社会运行论的角度认为乡村社会生活性矛盾的化解需要"基层—调解—化解"的策略，社会转型时期的多元矛盾需要建立多元化的矛盾化解机制，也就是具有调适功能与化解功能的综合性社会调适系统。朱兵强（2012）将传统社会纠纷的解决模式分为纠纷解决的国家理性模式、纠纷解决的民间理性模式，认为民间理性可以对多种矛盾纠纷的化解提供多元化的解决方案与依据。也有部分学者将关注焦点集中在化解矛盾的具体生活场域中。史向军等（2013）指出，社会变迁引起的文化失调是导致社会问题、社会矛盾的重要原因，因此要加强对农民婚姻价值观念的正确引导，注重法律与民俗的契合，以及制度设计的科学化和人性化，以此来调适社会变迁中农民婚姻生活中所产生的矛盾。赵旭东、张洁（2017）通过梳理不同历史时期社会秩序的嬗变、礼治秩序与法治秩序的并存以及文化转型背景下乡土社会秩序的进一步变迁与文化调适，提出以理解、包容的心态考察和分析乡村社会问题，注重传统与现代的"黏合"，充分发挥乡土社会秩序的自我调适功能。还有学者关注精神文化之于矛盾化解的功用问题。李宁（2017）认为，乡贤文化对于促进乡村社会的稳定以及有序发展具有重要作用，乡贤文化可以视为乡村发展的智慧与经验结晶。

这些学者观点给本研究带来的启示主要在于：乡村社会是多元力量共存的生活场域，乡村生活矛盾的化解要结合具体的生活环境，矛盾的化解离不开来自国家与社会的外部力量以及乡村本身的内在运行逻辑，即某种程度上而言，外部力量与乡土力量形成了某种程度的互补。

（二）乡土礼俗、民风民俗对矛盾的化解与调适

市场经济和现代化的潮流正以势不可当的强势力量渗透进广大的乡土社会，使乡土社会人们的生活方式、生活观念、价值追求不断发生着改变。然而，不可否认的是，中国依然是农业大国，农为邦本，传统的血缘、地缘关系仍然在广大农村地区发挥着强大的惯习影响，这在一定程度上就决定了在"低头不见抬头见"的熟人社会中，乡土礼俗及民风民俗等地方性社会规范仍旧发挥着维护乡土社会秩序之功效。

这一部分的相关研究多散见于部分人类学、民俗学的学科视域中。仪式研究常常是人类学和民俗学共同关注的领域，从某种程度上说，仪式可以使人认识人们的共同心理以及文化因素，而仪式对于化解日常生活矛盾同样发挥着作用。涂尔干（2011:45）认为，宗教即由信仰与仪式两部分组成，信仰是一种舆论的状态，而仪式则是某些明确的行为方式，它们的功能在于激发、维持以及重塑群体中的某些心理状态。拉德克利夫·布朗（2009:159）认为仪式的特定社会功能就表现于它对社会情感的作用方式上，即仪式可以对社会情感起到调节、维持、代代相传的功能。马林诺夫斯基（1987:51—53）则从文化功能论的视角指出，满足人

们生活中的基本性需求正是巫术、仪式的功能，或者说，人们在生活中所面临的不幸和困境往往都能与巫术发生关系，从巫术中得到调适，巫术帮助人们实现在现实中难以完成的愿望。特纳在范热内普的研究基础上，发展出了"阈限性"概念，不过，特纳所强调的阈限是一种先于正式的确定生活类属的模糊状态，范热内普关注的则更多是阶段之间过渡性的模式性关系（阿诺尔德·范热内普，2010：3—4；维克多·特纳，2006：94—96）。郭于华（2000:1—2）认为，仪式可视为一套具有象征性、表演性及文化传统性的行为方式，并具有在特定的群体、文化中进行沟通、过渡、强化秩序和整合社会的功能。罗红光（2000:57—103）对黑龙潭人的仪礼研究在一定程度上也反映出，人们在日常生活中通过超自然的方式赋予历史以新的精神，并通过与历史的对话得以宣泄现实生活中的种种矛盾问题，实现内心的情感寄托，一定程度上化解了日常生活中的难题和矛盾。朱炳祥（2008）在大理周城白族村的田野调查中发现，白族村民具有一种"惠及凶神恶煞"的民间宗教态度，他们将看似凶险的事物化作积极的、有利于社会文化向前发展的积极事物，这种"驭恶之道"或说"用恶之道"，是一种"假恶为用"的民间智慧，给人以重要的启示。柴楠（2006）从功能主义着手，通过列举民俗节日、人生礼仪与游戏娱乐中所体现的民俗宣泄功能，作者认为，中国民俗文化能够对人们日常生活中的矛盾、不满、郁积等多种负面情绪进行有效的调适、补偿和平衡，从而使人们的心理和情绪得以宣泄与化解。杨冰（2007）在对一个鲁中山村进行有关当地民间信仰的田野考察中，涉及多处农民日常生活中的矛盾及其化解之道。如提到家族成员之间在遇到红白喜事时须互相帮忙，通过仪式活动增强凝聚力，生活中的矛盾也得以化解；在村落政治格局中，势单力薄的几个小姓家族常常联合起来与大家族对抗，处于危机中的家族甚至采取过继、认干亲等措施；针对村庄面临的主要自然灾害，人们往往通过求助神灵赐福的方式化解难题；人们往往在春节张贴蓝色对联以提示和预警家中增添亡人的事实；而为了防止出嫁的闺女败娘家或是败婆家，人们往往事先禁止出嫁的女儿在七月十五、春节期间回娘家；

以及人们常常祭拜神灵以求心安等等生活细节均可看作是人们在日常生活中面临的种种矛盾及其化解智慧。王新民（2011）以陕西岐山为田野点，考察了岐山地区的民间信仰、仪式与当地民众的日常生活的重要关系，认为人们将现实生活中的种种灾难、风险以及种种不确定性寄托于鬼神信仰中，鬼神信仰充当了缓解和化解人们心理承受力的"减震器"，借助当地的信仰习俗、仪式，人们得以构建出当地独特的日常生活世界。总之，人类学领域的仪式研究从不同角度强调了仪式作为一种表达人类内在心理诉求的行为方式所具有的重要意义。

其实，在现实生活中人们常常通过许多自觉不自觉的手段和方式化解日常生活中的种种大小矛盾，从文化功能主义的角度看，在一定的社会条件之下，村民将根据现实需要创造出多样化的制度文化以满足生活所需，比如为了避免出现没有儿子顶立门户的风险，在过去，收养义子、招赘、过继就常常成为人们化解生养矛盾的计策。费孝通（2005:69）在《乡土中国·血缘和地缘》中曾提到一个例证，讲到云南乡下的一种互助组织，参加这种组织有两点注意，一是避免同族的亲属，二则侧重在没有亲属关系的朋友方面。其原因是同族亲属本身天然带有互帮互助、共渡难关之责任，若有能力施以帮助，不必入赛亦可，而倘若强拉其进入，当其未按期交款时，碍于情理，则难免在亲戚间出些岔子，所以说到底，还不如不找同族的亲属。在这里，尽量避免与亲属发生金钱上的往来以"减轻社会关系上的担负"不可谓不是一种民间智慧。与此类似，项晓赟（2016）通过对"做会"习俗的研究表明，人们通过互帮互助不但可以帮助他人解决日常生活中常常面临的经济拮据问题，同时制约自身勤俭节约，积攒钱财，这种互利互惠的民间融资方式无疑是一种具有创造性并不断创新发展的民间智慧，整个过程彰显着民间社会独有的道义、情感与伦理性特征。作者在做会过程中还提到摇骰子、抓阄、会头以酒宴答谢会友以象征利息等多种乡土社会的运行规则与实践交往，同样也是弥散于人们日常生活中的智慧体现。

当将目光停留在村民真实而具体的日常社会生活实践中时，会发现不论是宏观层面的相关法律调适，还是微观下的日常行为主体行动，民众都不是被动地简单接受和运用，而是充分将自己融入到现实情境中，积极发挥主体性和创造性，从实际出发，选择并做出最适宜的社会行动。综合以上研究可以看出，学界从不同视角、不同领域，并将共时性研究与历时性研究相结合，对村民在日常生活中常常面临的矛盾及化解方式做出探讨，为本研究进一步了解和分析村民日常生活中的种种矛盾问题奠定了坚实基础。将村民的日常生活矛盾置于现实生活语境中进行深入细致的考察无疑具有重要的现实意义，而在这方面的研究明显还有较大提升的空间。

鉴于此，本研究希望在两个方面对已有研究进行补充：第一，深入挖掘村民日常生活中的琐事、小事、司空见惯的平凡事，以民俗学为研究视角，捕捉习焉不察的生活智慧。本研究希望通过对常见的生活事件的描述和分析，考察村民对这些矛盾的化解蕴藏了哪些潜在的智慧。第二，如何理解村民对待矛盾的态度和化解矛盾的逻辑。本研究试图通过村民对矛盾的化解考察在社会转型期的背景下村民如何回应时代的变迁，以及这种能动性的反应如何对乡村社会的生活秩序起到作用。

第三节 矛盾及其化解的研究视角与方法

一 理论视角

（一）理性选择理论

理性选择理论（rational choice perspective in sociology）是社会学借鉴经济学的方法研究社会问题的重要社会学理论之一，该学派的主要代表人物是美国社会学家 J. 科尔曼。该理论最初源自新古典经济学的基本假设，认为人是理性的行动者，人以理性行动来满足自身偏好，并使其效用得以最大化。霍曼斯对社会交换行为的研究以及布劳对非正式组织交换行为的研究等为社会学理性选择理论奠定了重要基础。该理论从个人主义的立场出发，强调对有目的的个体行动之研究。其具体假设是：首先，人是自身最大利益的追求者；其次，在特定的情境中有不同的行为策略可供行动者选择；再次，行动者在理智上相信不同的选择将会导致不同的结果；第四，行动者在主观上对不同的选择结果将有不同的偏好排列。简言之，每一个理性的行动者在面临不同选择时将倾向于以付出最小的代价而获取最大的利益。

  自孔德以后，西方社会学理论界长期以来受哲学二元思维方式的影响，一直存在宏观与微观、结构与行动的对立研究脉络。20世纪50年代以后，帕森斯的宏观社会系统理论因过分注重社会作为一个有机整体的功能与结构，忽视了具体的社会事实之间的矛盾与冲突而遭诟病。自20世纪50年代至80年代，许多社会学家纷纷从各自的研究旨趣出发探索社会学理论的统一与整合，科尔曼的理性选择理论就是这一尝试的杰出代表。科尔曼于1990年出版的《社会理论的基础》被誉为是继帕森斯《社会行动的结构》（1937）之后的又一部重要的社会学理论著作。理性选择理论将宏观的社会结构与微观的交往实践相结合，为社会学的理论发展与实际应用指明了新的方向，并被广泛应用于社会学、政治学等学科领域。这一理论所具有的两个基本出发点一则其运用的是个体行动往往具有一定的目的性的行动理论，二是它以最大限度获取效益的概念去说明"有目的的行动"。该理论在得以应用的同时也引起了一些学者对该理论的质疑，质疑的焦点多集中在认为该理论过分重视经济因素，忽视了人作为拥有复杂社会心理的行为主体之能动性和反思性，简化了纷繁多变的社会环境以及处于此环境之中的人在面临不同选择时的情感性、习惯性等非经济因素。尤其是该理论在解释中国人的行为表现时必须注意的中国社会的传统文化背景，在此背景下民众的行为方式可能区别于一般意义上的理性选择。本研究要探讨的是在特定的熟人社会中，乡村民众的行为方式、处世态度等在多大程度上可被理解为是理性选择，抑或是何种类型的理性选择，以及理性决策的动因机制，村民的理性选择是否受到具体的时空、条件、识见等诸多因素的限制，希望本研究在对村民行为选择进行理解与解释的过程中能够弥补或进一步推动理性选择理论在乡土社会场域中的解释力。

（二）场域与惯习视角

布迪厄认为，人们对社会世界的认识往往以与这个世界保持一定距离的方式来对这个世界加以说明，然而据此得出的知识是非实践性的，也就是说，此种方式、理念、规范、价值等，不能指导人们现实生活的实践，也并非对实际社会生活进行的有效描述。布迪厄试图克服主观主义和客观主义的各自局限，提出对社会世界的社会学认识在于将自己与对象的惯习原则带入对象之中。实践正是在这种对象化的过程中展开的。在实践中，主观与客观、理性与经验、逻辑与想象都有自己的位置。在布迪厄看来，实践一方面涉及个人的决定，另一方面又是由超越个人结构所得的决定，故他提出了"惯习"。"惯习"是人的一种性情的分类图式，亦即一种精神的或认知的结构。人们正是通过这种图式对社会世界进行感知、理解、欣赏和评价。惯习具有三层含义，一是从微观上看，惯习存在于人的"头脑之中"；二是从经验上看，惯习是人们的实践，人与人的互动以及人与环境的互动是分不开的，惯习是行为的一部分；三是从感知上看，惯习具有一种发生性的分类功能，这种功能又是植根于实践的经验之中的。并非每一个人都有相同的惯习，而那些在社会世界中占据相同位置的人们会具有相似的惯习，因而惯习也是一种集体现象。惯习具有持久性和传递性，既由社会世界所产生，又产生着社会世界。

场域是各种客观位置的惯习网络，这种惯习是存在于个人意识和意志之外的，它并非人们之间互动或主体间的纽带，位置的占有者可以是个人，也可以是机构，他们都受到场域结构的制约。每一个场域依据其特定的资本而形成特定的内容，由此而具有特定的逻辑和被认可的结构，这种结构既是惯习的产物，又是惯习的生产者，这样，场域与惯习彼此适应，相互关联，为了强调惯习和场域的重要性，布迪厄拒绝方法论的个体主义和方法论的整体主义之间的分裂，转而采取一种"方法论的关系主义"，这表明布迪厄关心场域与惯习之间的联系，他以两种主要方式来看待这种惯习运作。一方面，场域为惯习提供条件，另一方面，惯习又建构场域，而场域是有意义的，具有意识和价值并且值得投入精力。

本研究关注在特定的乡村生活场域中，潜藏在村民身体和心理中的惯习如何影响村民的行为选择，尤其关注在乡村生活场域中，村民文化惯习是如何随时代发展而变迁的。

二 研究方法

依据本研究要研究的三个问题，结合已有文献研究，本研究主要采用田野调查方法，在田野调查中通过参与观察、深度访谈等获取田野资料，并在此基础上进行理解和解释。此外，本研究还借助叙事分析法，以及民俗志的诠释方法进行研究。

（一）田野调查

一般认为，20世纪初以英国功能学派人类学家马林诺夫斯基的《西太平洋的航海者》为标志，真正奠定了田野调查法的基础，使田野调查广泛应用于人类学、民俗学、社会学等具有强实践性的社会科学中。尤其对于民俗学来说，田野调查乃为是民俗学学科中至关重要之研究方法。田野调查要求民俗学者深入民间社会，针对所要研究的民俗事象获取一手调查资料，从而弥补现有文献研究的不足，完善现有研究。早在1925年，顾颉刚、孙伏园、容肇祖等人就曾深入妙峰山作田野调查，可以说，扎实有力的田野调查是保障研究的科学性与真实性的重要保证。

要深入了解村民在日常生活中常常面临的矛盾与尴尬问题，深入田野点与村民同吃同住无疑是有必要的，尤其对于本研究的主题，除了充分地"听"，还要仔细地"看"。因为即便是村民一个嗤之以鼻的表情，一个嘘声嘘气的动作，甚至一个眼神都可能传达出丰富的生活信息，并隐含着村民在日常生活中的微妙情感。村民的日常生活看似平淡无奇，甚至每天简单重复，但用心感受可能会体察到隐藏在平静外表下的许多难以用言语道破的矛盾线索。这些线索的获得无疑将对之后进行深入访谈的对象选择、访谈内容等产生一定的导向作用。此外，正如学者（菅丰、邢光大，2017）所言，田野调查具有一种研究者与当地人合作协同以再建构现实的特征，观察和体会到的信息无论正确与否，都将属于笔者对田野点及研究对象日常生活意义的感受和理解，在后续的深入了解和研究过程中，记录这种感受的变化和理解的变化将有助于真正挖掘研究对象的生活世界和生活意义。

如果说参与观察可以获得对研究对象直观的印象和把握，那么深度访谈则是在此基础上通过语言的沟通和交流而获得的研究对象对自身生活经历与生活体验的理解与诠释。深度访谈作为一种了解事件发生背景及研究对象行为表现和心理机制的调查手段，使研究者可以通过与被研究者有目的性和针对性的谈话中获得无法直观看到和了解的研究内容，从而通过交谈使新的现实得以建构出来，这种新的见解也可能印证或颠覆对被研究对象的初步认识和理解，从而使研究本身更具有吸引力。有学者（杨善华、孙飞宇，2005）指出，访谈不仅仅是一种搜集所需资料的过程，其本身更是一个研究的环节。对于村民日常生活中的矛盾调适，也就是村民如何化解种种矛盾，直观的观察只能获得一个相对粗略的生活概观。而真实的日常生活往往隐藏着无数难以察觉的矛盾问题，必须通过深度访谈唤起民众的生活记忆，在他们的叙事中分析话语之外的意义表达。同时，不同的研究对象对同一矛盾事件往往有着不同的情感体认和评判标准，因而他们不同的叙事策略和行为表现往往无形地形塑着村落共同体的地方性知识，而这无疑将影响着人们的价值取向和行为选择。

因此，本研究需要在田野调查过程中与村民进行充分的交流和互动，在获得一手的调查材料之后，还须根据相关理论与已有研究进行深入分析，不断总结、归纳、提升研究问题。这种不断的认知是一个循环往复的过程，是对其生活面貌的感性认识与理性分析的相结合，只有在乡村社会的现实场域中，才能身临真实的民俗语境，才能在鲜活的生活情境中捕捉村民细致入微而又有深刻文化意涵的生活感受。

（二）叙事分析

叙事分析是一种重要的跨学科研究取向，源自于索绪尔的结构主义语言学，即叙事学。叙事分析自20世纪70年代起逐渐在社会研究领域获得相当的发展,相对一般性的访谈而言,其关注焦点在于更为重视讲述者讲述内容的方式,即叙事方式,而不仅是谈话内容。换句话说,叙事分析尤其关注讲述者讲述事件的叙事脉络和叙事结构,而研究者所要做的就是在讲述者对事件进行有选择、有策略地讲述基础上进一步诠释,实际上是一种"对叙事者诠释的再诠释"(葛忠明,2007)。

深入了解村民在日常生活中如何化解种种生活矛盾是本书研究的重点问题之一,而在有限的时间内笔者或许只能亲历极为有限的矛盾化解事件,因此必须借助其他村民的讲述才能获得较为丰富的田野调查材料。之所以强调叙事分析而不仅是田野调查过程中的访谈,原因在于对该主题的把握不仅需要依靠片段式的访谈内容,更需要深入了解村民在语言表述背后的深层意义。换句话说,研究者需要通过被研究者的经验图式来理解其生活史或生命历程中所隐含的故事。比如对同一事件不同的人是基于何种立场、何种态度、何种场合中讲述的,他们在讲述中如何建立自己的身份,讲述过程中他们的眼神、动作等肢体语言反映和传达出哪些信息,他们的讲述如何体现了村民之间的微观人际互动,他们针对同一事件在不同的叙事措辞上的变化透露出哪些地方性知识等等。村落社会是一个熟人社会,或者至少是半熟人社会,在这样的场域中除非是各个小家庭里鸡毛蒜皮的小事,但凡是稍具影响的事件很快就会不胫而走,也很快会成为村民们茶余饭后的谈资。然而,不同的场合、不同的讲述者、不同的倾听者都将造成事件信息获取的差异,这关涉到讲述者与具有不同文化和生活背景的交往对象的相互认知与理解问题,而这本身就是一个很有意思的现象,这其中往往也能体现村民在日常生活中的一些不同的处世逻辑和生活智慧。

(三)民俗志的诠释方法

刘铁梁(1998)指出,民俗志指的是一种用于记录、描述以及说明、解释某些民俗现象的成果形式,是民俗学家较为独特的研究和写作方式。因此,民俗志既是一种民俗学研究的研究方法,也是一种研究成果的呈现方式。这种研究方式注重将"民"与"俗"真正置于同一的研究空间,从而避免将独立的民俗事象游离于现实生活之外,以及因此而造成的对生活整体的肢解。民俗志研究直面日常生活,以生活现场为文本,对生活的感受、体验和理解成为民俗志之所以不同于民族志的重要原因(蔡磊,2009)。

本研究的田野点选在笔者成长的家乡,某种意义上说这个论题的民俗志研究带有安德明所提出的"家乡民俗学"性质,因此,对家乡村民矛盾化解智慧的探讨除了一般意义上研究者与被研究者之间的理解、解释与呈现关系外,不可避免还将带有天然的血脉亲情与故园意识。笔者认为这对民俗志的撰写具有多重优势,就本书的研究主题来看,以村民在日常生活中化解矛盾所体现的生活智慧为切入点来研究村民的"活法",这一论题本身就需要深入感知和体会田野点的风土人情和地方惯习,同时应当能够做到与当地民众共享日常生活实践的逻辑。尤其应当清楚村民与村民之间只可意会不可言传的默会知识,领会日常生活中有关矛盾化解机制和行为选择策略的背后故事,这对于研究问题的把握,尤其是村民们究竟是如何形塑又如何被村落共同体的日常生活秩序所影响将大有益处。与此同时,带着研究问题重回这个充满归属感和地方认同感的地方,笔者既要出乎其外,又要入乎其内,带着更深的文化自觉寻找和反思自我的"他性",既要将家乡对象化、客体化,同时又将充满个人感受和理解,因之这已经不是单纯的对家乡一草一木总关情的原初体验,而是尽己所能地诠释并客观地呈现普通村民们的生活以及他们对生活的理解。

第四节 矛盾、日常生活与民间智慧

一 核心概念

(一) 日常生活

本研究认为,对于城郊村的村民而言,与外部世界的交往互动和生活实践固然存在,但对于大部分村民而言,其生活意义和人生价值的实现几乎都是在家庭内、村庄内实现。正如学者所言,"中国人的生活有百分之九十是用在此高级生命的培养与怀念,都是家庭与家族中之事。

其中家庭或家族以外之用心与行动，也直接或间接为维护家庭与家族，为助成其培养与怀念高级生命的功能。因此，自古至今，绝大多数的中国人都倾全力以建立发展家庭与家族，维系其继续存在，使其完成延续与怀念家中人高级生命的功能"（李亦园，2012:115）。

故本研究将关注点主要集中在村庄内的日常生活。在具体的做法上，将日常生活划分为三个维度，分别是：家庭生活、邻里交往和村庄生活。本研究主要从这三个维度考察村民面临的日常生活矛盾以及化解。

（二）日常生活矛盾

本研究所提到的日常生活中的矛盾，是广义上既有统一性又有对立性的矛盾，而并不只强调狭义上实践主体之间具体化的矛盾冲突，即只体现对立性、斗争性而忽略统一性。日常生活矛盾的化解则是指村民对矛盾的解决与调适，是村民在面临生活矛盾时所达到的身心舒畅、和谐平衡的最优生活状态。

矛盾是事物发展与变化的内在动力，老子说，"有无相生，难易相成，长短相形，高下相赢，音声相和，前后相随"；王阳明说，"破山中贼易，破心中贼难"。村民日常生活中面临种种或显或隐的大小矛盾，这些矛盾有的可解，有的无解，但均是真实存在于日常生活中的，人们正是在矛盾的不断产生、无奈悬置和积极化解中形成了立身、行事与处世的人生经验与智慧。

（三）民间智慧

民间智慧关涉两个关键词，一是"民间"，二是"智慧"。所谓"民间"，亦可以从两方面进行把握，一则从主体对象上看，"民间"指涉的是相对于主流、精英阶层而言的广大平民群体，指的是如"老百姓""民众""农民"等集体概念。二则就社会空间、生活世界而言，民间体现的是民众日常化的社会空间、精神领域、生存方式，是一个自在自为的广阔领域（陈映婕，2012:3）。而本研究中的"智慧"，指涉的则是使人们的日常生活顺利开展和平稳进行的潜在能力，这种能力既受到传统一以贯之的影响，同时亦自觉接受着现代社会的熏陶，是一种传统惯习的不断实践与再生产。总体来说，民间智慧，是指广大普通人在日常生活中不断总结、摸索和发现并代代相袭的知识、经验、规则的生活文化。

民间智慧固然发轫于民间社会，且早已渗透进民众的心理文化深层，但其发展壮大却离不开主流文化和精英文化的推动和影响，尤其是儒、释、道等主流文化之影响，更以儒家思想为甚。与此同时，民间智慧亦通过种种手段对主流文化发生作用，因此，主流精英文化与民间智慧往往是互动互补的，雅与俗的互通互变在一定程度上正构成了中国文化之整体。当然，民间智慧丰富多彩，包罗万象，本研究只是在田野点中以部分村民日常生活中较具典型性和代表性的矛盾案例为基础，以尽力揭示村民化解日常生活矛盾中的民间智慧。

二 研究思路

围绕村民在日常生活中的矛盾化解智慧，本书的研究思路拟定如下：

首先，将对田野点的村庄概况作出全景介绍，即对当地的人、事、物以及三者之间相关联系作出情境交代。具体来说，包括对村庄全景介绍、村落共同体的形成以及村庄日常生活等几个方面来描述出当地村民的生产生活等情况；其次，将村民的日常生活操作化为家庭生活、邻里交往及村落生活三个维度，通过田野调查，了解和掌握村民在日常生活中常常面临哪些矛盾；再次，考察村民如何应对和化解这些日常生活矛盾，并提炼他们在矛盾化解中所彰显的生活智慧。

第五节 从书斋到田野

一 田野点的确立

本研究的主题，是有关村民的日常生活智慧，尤其关注村民化解日常生活矛盾过程中所体现出的民间智慧。满足这个论题的田野点，在我看来，大致应当满足这样几个条件：首先，这个村子要具备传统性，尤其具有民间"小传统"要素。其原因在于，本研究关注的是底层民众的日常生活，着眼点是那些琐碎松散甚至看起来有些微不足道甚或稍显零乱的日常生活事件，正是想从这些不起眼的小事、杂事中于细微处见精神。因为在笔者看来，对于广大底层民众来说，真实的日常生活正是由"一地鸡毛"的小事构成，这才是他们生活的常态。恰恰在这些小事当中，体现着他们对待人、事、物的看法和感受。其次，这个村子要带有一定的现代性。这是因为，市场化、城镇化的步伐已然深入到许多地区的农村当中，并深深影响着村民的思想观念和行为逻辑，村民的日常生活及其背后所隐藏的村民对日常生活的态度已经发生不同程度的改变，因此，村民的生活智慧也不是一成不变的，如何在变动中把握不变，从而探索出时代变迁下的底层民众的所需所愿，是本研究希望达成的一个目的。再次，这个村子对于笔者而言应当比较好介入。换言之，在风土人情、地方特色、村落环境等方面应当基本没有介入的障碍，以便能够更加顺利地参与到村民的日常生活当中。由于村民的日常生活矛盾是本研究的重要切入点，不可否认的是该论题具有一定程度的私密性，如何在较短的时间内融入进村落的日常生活是一个难点。在论文开题前期，笔者曾在老师们的带领和推荐下走访过华中地区的几个村子，硕士阶段也曾在江汉平原一带有过数十个村庄的短期田野考察，但真正要做这篇论文的时候，为了减少当地村民语言沟通和交流上的障碍，也为了更好地理解当地村庄的乡土风情，思前想后，最终决定回到自己的家乡，希望在这片熟悉的土地上完成这篇论文。

晓村于明初建村，位于鲁中 A 市 B 区北郊，坐落在河流两岸，南邻泵都市场，北邻金村，辖区总面积达 106.25 公顷，晓村的户籍人口截至 2017 年 1 月约有 3560 人，常驻人口则有 4800 人左右。晓村是典型的近郊村，紧邻 205 国道，从村南乘坐 40 路、117 路、18 路等公交车，十分钟之内就可到达城区。正是因为晓村距离城区较近，加之晓村村民自古种菜不种粮，在晓村村民看来，晓村并不是一个"纯农村"，直至现今，更是有多数村民以经营小生意或在村内、城区打工营生，越发让村民觉得他们与城市并无两样。很显然，晓村受城区发展影响较大，村民在思想上、生活方式以及行为方式上都不同程度地倾向城区。但同时，不可否认的是，晓村又的的确确生活在农村的传统当中，这一点，在村民的日常生活以及思想观念上也不时体现出来。因此，应该说，晓村村民的日常生活兼具城区与农村的双重气质，这使得晓村具有了不同于一般农村的特殊性。再加上对自己家乡各方面的熟悉和了解，介入这里的生活已经不成为问题，综合考虑，最终决定以晓村为田野点。

二 田野历程

细想起来，这大概是第一次独自一人深入田野，虽然田野点选择的是笔者成长的地方，但坦白地讲，考虑到这次回来肩负着如此重大的任务，心里还是不免有些忐忑。既为熟悉这里的一草一木而暗自欢喜，又担心因太过熟悉而不自觉地过滤掉那些眼前值得多加注意的线索。总之，在晓村做田野，常常会感到一种甜蜜的忧愁。

前前后后曾几次在开学或放假的时间回到晓村，当笔者回去的日子不逢假期时，亲戚朋友以及左邻右舍都对此表示不解，在他们看来，学校在千里之外，对于一年到头几乎只在寒暑假回来的我来说，不在该回家的假期回来，而在开学时间突然从几千里之外的学校回家，一定是有原因的。有的问我是不是已经毕业了，有的问我是不是家里有事情，甚至有的调侃道是不是女博士受不了学校里的压力所以跑回来了。在晓村，熟悉的人之间因为太熟悉了，所以往往对相互之间的日常了如指掌，偶尔对方有不按"规矩"出牌的情况，大家一定会积极地猜想一番。就像我所知道的，常常有邻居来家里串门的时候讨论一番在他们看来村里谁谁谁做了什么与往常不一样的事，或是有了怎样不合常理的举动一样。在这样的熟人社会中，人们相互之间往往既熟知又了解，很多村民的家事，常常不知不觉就不胫而走。从某种程度上说，这或许对我的田野也有一定的帮助。

最初回来的这段时间，笔者像往常回来一样，顺其自然地感受着晓村的生活，并没有急于抱着明确的目的去询问什么。笔者希望能从这一段真实的生活体验里，连同这二十几年在这里的生活经验中获取某些有助于思考的感受点。笔者希望将来呈现出的这篇论文，能够鲜活地描绘出这个地方的人和事，以及在这些人和事背后的那些与他们的生活有关的感受和态度。这样的想法时而让笔者觉得村民的日常生活中随时随地都有如此多的可以挖掘的事情，但时而又让笔者觉得困惑，不知道对我而言究竟最应该抓的是哪些问题。与其被这个问题困扰，索性什么都不要想了，就当是给自己补过几个往常的假期了。

乍看起来村民每天的生活平淡如水，大伙每天定时定点地做着该做的事，就如上了发条一般，几乎没有某些新鲜的，或是笔者觉得可以算作问题或矛盾的事件发生。打个比方，家门前是晓村的一条东西走向的水泥路，虽然这个路段算不上晓村最繁华的路段，但由于在村桥西边，联结了晓村东西二庭，而且又贯通一所小学与初中，因而也常常是人来人往。天气逐渐转凉了，每天早上七八点钟是这条路最忙碌最热闹的时间点，上班的上班，上学的上学，村里做环保的大妈挥舞着大笤帚扫起一堆堆的梧桐树叶，桥头边几家卖火烧馄饨的早点铺子这个点往往是一天当中的生意高峰，晨起上山的大爷们也是这个点回来，还有三三两两跑来跑去的狗。来往的村民这个点最行色匆匆，这时候村民之间打招呼最为干净利落，往往彼此点个头就擦肩而过。按照经验，过了八点半，这条路便会安静许多，早点铺子那儿很少有人在排队，坐在那里吃饭的已经不是着急上学上班的学生和青年，而是奶奶们耐心地喂孙女孙子吃早点。直到中午十一二点放学下班之前，这条路几乎一直都这般平静。路过的村民如果有时间，有时候也会跟站在家门口的村民聊上几句，如果不是家里忙着做家务的主妇，这样的聊天往往是受欢迎的，夏天的时候主人家甚至会从家里拿出个板凳让路过的村民坐下来聊天。等到天气逐渐转凉，白天越来越短的时候，夜晚显得更加漫长，几乎过了傍晚六点半，这条路便会重新安静下来，一直到第二天天亮，六点多钟的时候才逐渐重复着昨天的景象。这条路似乎天天如此，年复一年。虽然这只是晓村的一条路，但整个晓村似乎也如同这条路一样，一切看起来有条不紊，毫无波澜，这样的情况曾一度使我觉得甚至并没有记录田野笔记的需要。

然而，笔者却又能明显地感觉到村民的生活并不能算作风平浪静，更谈不上是一帆风顺的。比如两个在村桥头聊天的妇女，聊着聊着其中一个可能会小声抽泣；比如笔者去买早点的时候，会碰到一个喂孙女的奶奶在跟另一个村民抱怨什么；比如路上偶然发现两个沾亲带故的村民互相不搭理；再比如七十几岁的村妇在路口烧纸，嘴里还念叨着什么。还有，在笔者所在场的村民之间的聊天过程中，笔者发现他们的话语里常常在影射什么，即便在有的事情上他们确实是"心直口快"的，但在另一些事情上，很明显他们有着很深的顾虑，以至于如果没有一点地方性知识，单凭他们的讲话内容常常会让人觉得云里雾里。老话说"听话听音"，这个"音"往往才是他们真正想表达的。街坊四邻也会经常到家里串门，尤其是女性村民，说的无非也是一些家长里短的琐事，或是自己家的，或是别人家的，虽然他们的话语有时候很散乱，甚至很多时候话说到一半被什么给耽误了一下就没有再提，但他们反复提到的一个道理，就是我们所熟知的"家家有本难念的经"，有时候他们也会给自己家的日子打气，比如说自己家是"比上不足比下有余"。这些乍看零散的各种信息，在以后的田野中无疑给了我方向，真实的生活如此琐碎，眉毛胡子一把抓毕竟不是明智的选择，那么他们关心的，似乎也应当是我所关心的。因此，我所听来的这些真实的"生活素材"，常常成为以后我在与别人聊天接触中的重要信息。

集中在晓村做田野的时间主要在 2017 年 1 月、2 月，6 月、7 月以及 2018 年 1 月、2 月。访谈主体即为晓村村民。

第二章

晓村及晓村的日常生活

在中华文明的诸属系当中，齐文化作为中华文脉的重要一支，以其善谋略、重商工、尊礼义和重传统而别具一格。作为齐文化的发祥地，Z市是一座国家历史文化名城，这里既有孝妇信仰的孝德熏陶，又有自中古以来伴随炉（琉璃）、窑（陶瓷）、炭（煤炭）三大产业发育而成的产业型城镇文化，[①]并在此基础上形成了工人匠作对饮食享用的要求与特色。一方水土养一方人，种种特点最终形成了这里的人们独特的生活方式与思维逻辑，辐射并深深影响着位于城区近郊的晓村生活。

第一节 走进晓村

一般而言，大部分村民进入晓村常常从三个路口进，三个路口依次紧邻205国道，从南往北走，进村的第一个往东的岔口最隐蔽，村民把从这条小路进村称为"走后河边"；继续往北，路过一个批发市场后，这个往东的岔口比前一个宽阔多了，从这里走，经过一个平缓的下坡，笔直往前走，就进入了晓村，村民把从这里叫作从"公路边过来"；再继续往北，也还有个路口可以进，村民称为"走村门"。虽是叫村门，但门已经没有了，据了解，名副其实的"村门"大概在十几年前只存在

---

① 资料来源王颜山：《地域文化与博山饮食》，《博山饮食》，淄博市出版物准印证，2013年，第1页。

过几年，后来也因改建拆掉了。当然，除了这三个村民常走的路口，更小的街道胡同也能七拐八拐进入晓村，可见，从地界上看，晓村是一个开放的村庄。

一 晓村的地理环境

对于村落来说，边界的意义往往是双重性的，对外而言，边界意味着区分，或者说意味着差异性的身份认同、文化认同和社会认同，对内而言，边界又意味着同一，或者说意味着联结。随着城市化进程的加快，村落共同体的边界即使有时候会被模糊化，但却仍然是一种现实的社会存在。从地理边界上看，晓村位于 B 区北部，距离城区仅有两公里左右。进城的公交车辆很多，大概每十分钟就会有一趟，村民通常会到马路边搭乘 40 路、117 路或 18 路公交车，都可以在城区相应的站点下车，乘车时间基本在十分钟左右，比如在邮电局、地方医院或家电商场等这几个站点下车都是较为中心的城区地段。城区的百货广场或是其他相对大型一些的超市等经常会有打折的活动，有的是不定期的，每每此时，在这些大小商场做售货员或是打工的村民就会把消息带回来告诉左邻右舍的村民们，到了某个规定的日子，这些村民就会三三两两结伴而去，他们不会忘记从家里拿个塑料袋装回买到的"战利品"，这倒不是因为他们有强烈的环保意识，而是在他们看来，塑料袋也收钱实在是"不划算"。回来的时候常常是满载而归，多是买些生活必需品，比如打折的面粉、肉类、鸡蛋等，对他们来说，买这些生活必需品是最划算的生活支出。当然，这些商品的折扣要足够大，价格必须要比他们在集市上买到的价格还要便宜才会吸引他们去一趟城区的商场或超市，否则，不仅仅是这些物品的支出，"来回坐车还要两块钱哩"。也有时候商场或超市有固定的折扣日，比如有些超市将每个礼拜三作为"回馈日"，这一天超市里一定是人山人海，日子久了村民也都知道这是个买东西更实惠的日子，于是他们可能在心里琢磨好最近要买的东西，积攒着等到这个固定的日子，去这些打折的地方排很长的队一次性地买回来。在村民看来，日常生活的意义就体现在这一分一角的精打细算里。

　　汽车客运站在晓村的西南方向，距离晓村很近，如果从晓村打的士去客运站，只需支付7.5元的起步价就可以了。这里每天发往济南、青岛、烟台、日照、潍坊、临沂等山东其他地市的车辆很多，同样也不断地有车辆进站，即使不是年节，有时候很多车上也是座无虚席，常常让人感叹来往于小城内外的人口之多。这里也有发往全国的长途汽车，但相比发往本省的车辆，这样的车要少了许多，毕竟，去往全国的长途路程还是坐火车更为便捷一些。如果要乘坐火车，则需要先乘坐一个小时的公交去市火车站。去火车站的这趟公交主要是2路、13路车，票价十元，这趟车基本每十分钟就有一趟，也很方便。但如果是周末乘坐这辆车，则须尽量在下午两点之前出发，因为一般来说周末下午两三点钟是此地与火车站之间的往来高峰，许多上班族或上学的学生通常在周末这个时间段往返。他们就像周期短暂的候鸟，不断地穿梭在两地。

　　晓村的北面与王家村毗邻，两个村之间形式上以石碑为界，但两个村的村民来往频繁。王家村有一个专门制作加工酱料的作坊，叫做"王家村酱园"，因为两个村子距离很近，因此许多村民平时打酱油、醋、甜面酱或是购买酱菜时都会去这个酱园。比如酱油，酱油每斤大概2.5元，食醋每斤大概2.2元，许多村民去打酱油或者打醋时会带着一个大号的油桶，一打就是一大桶。因为对于村民来说，这些不可或缺的生活用品买够足量用很久要比一瓶瓶地零买方便也划算得多。另外，镇上有些相关的惠民政策或通知下来的时候，两个村之间也常常相互比较各自落实的情况，有时候村民在言语中通过对王家村的羡慕来表达对晓村某项工作的不满，晓村做得好的时候也对晓村流露出深深的认同。还有，两个村子的村民之间有不少存在姻亲关系，男孩女孩们到了适婚年龄时通常就会有热心的村民在两个村子之间为青年男女们说合。不管是晓村的婆家，还是王家村的婆家，对大部分村民来说，子女留在父母身边，或是相隔不远总是一件好事。

　　晓村的东面是侯家庄，侯家庄与晓村的东庭有相交的部分，因此，两个村子之间也往来密切。在侯家庄的不远处有几座山,村民叫作"石头山"。当然,山的海拔并不高,与南方某些地区的山相比,这几座山或许只能叫做小土包。虽然山不高,但这并不影响晓村的村民们上山乘凉或是爬山健身。每到夏天,傍晚六七点的时候,太阳还没有完全落山,村民们吃过晚饭常常会到山上散步。沿途会有许多卖蜂蜜的人,用一个硬纸板写上"纯蜂蜜"三个字,在一个小木桌子上用罐头瓶子摆上几罐蜂蜜,来往过路的村民有的会停下来问一句怎么卖,卖蜂蜜的喊一声"十五块钱一斤",村民瞄一眼走了,卖蜂蜜的可能跟上一句"你先看看再走吧",但多数时候村民还是会扬长而去。也有村民停下来仔细看的,但即便最后双方成交,多半也不是按照原价,村民总要砍下几块钱才会带走一些蜂蜜。沿着这条路继续往前走,渐渐地就上了山,不少村民上山是为了吼上两嗓子,在山顶上朝着山下尽情喊出来,这是村民们排解情绪的好方法。

村委会在晓村的西北边,紧邻公路,办公区域前是一个停放车辆的院子,但是这里的车辆除了村委会工作人员的车辆,外来车辆一般不多。多数村民只在有事的时候才会来到这里,尤其过端午、中秋或者春节的时候。因为过这些传统节日的时候,村委会常常要向村民发放一定的米、面、油、蛋等日常生活用品,而购买这些物品的钱多是来自于村委向租用村集体用地的业主收取的土地使用费。村委的斜对面,也就是公路西方向,是晓村的菜市场,也是村民们几乎天天光顾的地方。每天早上六七点钟是这里最忙碌的时候,不仅是晓村的村民来这里购买新鲜的蔬菜瓜果,还有不少王家村的村民也来这里选购食品。这些商贩的蔬菜多是从邻近的村庄或是更远一点的地方批发来,然后在这里租下一个摊位零售。卖菜的商贩只有少数是晓村村民,大部分是邻村或者外地的商贩。村民进了这个菜市场,问一圈价格,货比三家以后才决定买哪个摊位的菜。有时候问完价格,抬头一看,如果恰好是村里的熟人,这个情况下通常就不得不买了,用村民的话说,"认过人来了,谁还好意思不买?"

二 村庄家族与基层组织

晓村辖区总面积约 106.25 公顷，据统计，截至 2017 年 1 月份，晓村的户籍人口有 3560 人，共 1200 户，常住人口则达到 4800 人，在户籍人口中，60 岁以上的老人约占 22%。晓村在 2003 年以及 2007 年以后的连续 7 年内被区委、区政府评为"经济强村"，正如学者调查所发现的那样，在鲁中的农村地区，村民在本地务工即可获利，因此大多数的村民不必外出（贺雪峰，2017:14）。在晓村，极少部分村民去往外地打工谋生，据了解，绝大多数村民在村内的民营企业或城区内打工。

虽然不似福建、江西等南方地区具有较为强大的家族力量，但村民的家族精神尚存。赵氏、李氏、王氏三大姓氏是晓村的主要三大姓氏，三大姓氏中以赵氏家族人数为最，约占到全村人口的 35%，李氏约占 12%，王氏约占 10%。但赵姓并不是同宗同源的，晓村的赵姓可分为三支。应当说，晓村并不存在哪个家族独大的情况，在村委换届选举中，村干部的当选并不完全与家族姓氏挂钩，因为在晓村，有志于竞选村干部的村民多是当地开办工厂、企业等经济实力较为雄厚的村民，也就是富人治村。此外，还有刘氏、胡氏、孙氏、梁氏、张氏等小姓，是一个多姓组成的杂姓村[①]。据了解，这些姓氏中有不少姓氏是由古时战乱迁移至此，比如王氏最初是由淄川崔津一地迁来，至今第六代已经成人；笼水赵氏始祖赵平则是明洪武初年为躲避战乱，举家由蒙阴薄板台（现蒙阴县常路镇西下庄）迁居至颜神镇落户马行街，并在此繁衍为一个偌大的家族（李福源，2016:1）。晓村各家族并没有常设的组织团体与其他机构，虽然没有祠堂或其他族产，但红白喜事为家族成员联络情感提供了机会，有时在参加其他家族的盛会时，家族成员若不能一一到访，往往会由家族代表出面参加。此外，在每年清明、七月十五、十月一或腊

[①] 为符合学术伦理以及保护被研究对象的隐私，本研究对村名、人名等容易辨别的信息进行了相应处理，请勿按图索骥，特此说明。

月三十（二十九）这天，一般而言，各家族的家族成员会相约祭祖，当然，参加祭祖的成员人数根据各家情况而定。有的家族兄弟之间在祭祖结束后会借机举行家族聚餐，联络感情，增强凝聚力。而在不同家族之间，姻亲联结广为村民所重视。比如据笔者所知，有姻亲关系的村民可以合作经营一家餐馆，或当一方生日做寿时，另一方通常会积极赠送礼品或礼金，并参加姻亲的寿宴。由于多姓并存，老人们说，晓村较少发生家族或宗族间的矛盾或冲突，各个家族往往相安无事。

晓村的基层组织结构由村党支部、村委会组成。村党支书记一人，支部委员两人；村主任一人，任期三年一届，村委委员四人，村委委员有一人担任妇女主任，其余人员分管卫生等各项事务。步入晓村村委会大院，迎面大门左边的门垛上悬挂着"晓村村委会"的牌子，右边高挂的牌子上写着"晓村村民调解委员会"几个大字。一进门，右手边是一间警务办公室，办公室设有16个监控视频正时时监控着村庄治安。左手边是一条走廊，走廊的墙上分别张贴着有关晓村网络平面图、村规民约、村民议事会制度、道德评议会章程、禁毒协会制度以及村委会各项工作制度的相关规定。其中，"晓村调解组织网络"明确划分了村级调委会的工作任务。具体来说，晓村村级调委会主要由三名成员组成，一名主任（村委委员）、两名成员。村级调委会的调处范围主要为村内矛盾纠纷。调委会下设5个调解小组，每个调解小组设两名成员。同时，按照家族也设5个调解小组，分别是赵家、李家、王家、梁家、胡家，每个家族调解小组分别设两名成员。由此可见，晓村的家族组织虽不存在华南宗族通常所具有的宗祠、族谱、族产等，但在晓村的特定地域生活环境当中，家族力量，或说家族精神依然在维持村落生活秩序方面发挥了制约和监督性的作用。总起来说，村级调委会和各小组的调解人员共16人。其中年龄最大的71岁，最年轻的40岁，学历最高为中专，最低为初中。据了解，这些调解委员会的成员有的是曾担任过村委委员或担任现任村委委员的村民，有的是开办工厂的民营企业家，有的是经营其他个体生意的村民，有的曾是晓村红白理事会成员，有的是村里文化程度较高的村民等。可见，在这个调解组织网络中，担任成员的村民多是在文化、经济、政治等方面较有能力的村民，某种程度上，这个调解组织网络可看作是晓村多元精英的集合。

三 村民的生计

直到 20 世纪 80 年代以前，晓村一直是该区重要的蔬菜生产基地，主要种植黄瓜、茄子、芹菜、萝卜、西红柿等多种蔬菜。告别了计划经济以后，当地的蔬菜公司不再收购晓村种植的蔬菜作物，蔬菜种植量遂逐渐减少。改革开放以后，人们开始将发展重点由种植蔬菜转移到发展工业上来，许多原有的蔬菜种植基地被改造为厂房、车间等。20 世纪 90 年代以来，晓村以发展乡镇企业为主，村里有多家专业生产压力机、破碎机等建材设备的民营企业。近几年来，随着国家产业结构的调整，晓村积极响应，重点转向以发展商贸、房地产等第三产业为主。

不依靠土地过活的村民，他们的生计自然要向别处去寻。因为位于近郊，交通较为便利，村民很早便有经营各种小生意的传统，该区第一个小商品市场便落户在晓村。这个兴建于 20 世纪 90 年代的小型批发市场紧邻公路，主要经营日用百货、奶品酒水、纸张文具、食品饮料、各类土特产品等各类商品，种类丰富且价格实惠。每到年节，这里总是人头攒动，许多店铺常常挤得水泄不通。因为是个小型批发市场，故来这里买东西的人有不少是从这里批货。对于那些熟悉这里买卖交易的人来说，通常他们不会跟这里卖东西的村民讨价还价，因为双方都较为了解，拿货的价格已经压得很低，再讲价反倒是显得没有诚意，因此，时间长了，这里售卖商品的老板与经常惠顾的客人之间逐渐也建立了私人感情。将陌生人之间的商品交易赋予私人之间的情感维系是村民所重视的，在村民看来，这既是增强和巩固双方经济关系的手段之一，同时亦是扩大人际交往的方式之一。在这个小商品市场做生意的人不光有晓村村民，邻村各地也有不少村民在这里谋生。不过，这里虽是该区第一个小商品市场，但随着时间的流逝，该区许多其他地方也纷纷建立了各种大大小小的商品市场，因此，这个小商品市场现今正在走下坡路，属于这里最辉煌的年代大概只维持了十年左右。

晓村一带自古便是工业重镇，20世纪60年代时许多村民在耐火厂、压力机厂等工厂打工，现在，依旧有不少村民在从事加工车床、配件、车轴、电气焊等机械行业。这一类工作不仅需具备专业的技术素质，体力、身体素质也要过硬，因此从事这部分工作的村民以男性居多。有一定技术优势和经济资本的村民，有的会组织三四个或四五个村民合资办厂，或者共同创建一个机械加工类的专业车间作为他们的工作场所。在村民看来，这类工作是能够赚到不少钱的，虽然累是肯定的，但只要有钱赚，村民的字典里是没有"嫌累"这一说的。因此，在晓村，开工厂、开车间的村民也是村子里的富裕户了。但毕竟，这样的工厂在晓村为数不多，且随着国家产业转型步伐的加快，这类工厂近几年的生产效益日渐低下。尤其这次回到晓村，常常听到村民们议论说这几年做机械行业的效益不好，用他们的话说，就是"总是没活干"。可见，国内外市场的发展形势，亦深刻影响着这里的村民，如何结合自身的实际情况做出相应的调整，就成为从事这类行业村民的当务之急。

相比经营商品批发生意或从事机械加工的这部分经济条件较好的"小众"村民来说，大部分村民还是依靠打工来谋生。对于许多受教育年限较低且没有一技之长的村民来说，能找到一个合适的地方打工着实不易，而最容易让村民想到，或说门槛最低的大概就是餐饮服务业了。不过，这一带的餐饮业的确较为发达，在城区，各类餐馆饭店数量众多，店门口常会贴着一张巨大的招聘启事，比如招聘酒店服务员、洗碗工、传菜员、厨师等。村民会根据自己的情况报名应聘，那些懂得一定烹饪技巧的村民可以成为这些餐馆的帮厨甚至厨师，其待遇要大大高于洗碗工或保洁员。比如我观察到的各饭店支付给保洁员的工资通常每月只在一千元左右，几乎很少有超过一千五百元的情况，当然，如果是从事这类工作的村民，通常都年龄较大，他们多数是为了尽量多赚取一些养老钱而不得不在五十几岁甚至六十几岁的时候依然出来打工，这部分村民在就业市场上基本没有任何优势。但对他们来说，只要还能干得动，就要干下去，这并不是他们对金钱的贪婪，更不是他们对自己身体状况的盲目自信，而是受制于现实生活所不得不做出的选择，这是他们的生存理性。对许多从事餐饮业的村民来说，饭店工作的好处也许主要在于两个方面，一是可以包吃包住，包住对于晓村村民来说没有太大的意义，因为城区距离晓村并不远，因此包吃的意义可能更大一些。二是时间相对较灵活，比如按照饭店的营业时间，他们可能每天早上只需八点半到九点左右到位就可以了，对村民来说，他们从早上起床到出发去打工，这段时间也足够他们忙活一些家务或者处理一些其他事情了。但不管怎样，餐饮业的工作无一不是琐碎辛苦的。

此外，除了在外打工或创业，还有不少村民发挥自己住宅的经济功能，将几间房屋作为自营或出租的门头房。比如在将军楼这一片，很多门头房就是村民将原来的门楼改造而成。这里的房租很便宜，原因一是因为这一块区域属于村内，用村民的话来说叫作"在庄里头"，人员流动量并不大，也就是说门面地段欠佳，市场没有被打开。二是因为晓村闲置的门头房太多，村民们似乎并不清楚究竟应该如何把这些门头房的价值发挥到最大，因而无法发挥集聚效应，难以吸引外人问津。就目前来说，有不少村民用一间门头房来经营早点生意，主要是卖些烧饼馄饨、油饼油粉[1]，或者豆浆油条、煎包、蒸包一类本地的寻常小吃。也有村民力求出新，比如卖些小米煎饼卷猪头肉，或者是牛杂汤、羊肉泡馍之类的"高档早点"。但这一类的早点通常并不能长久地营业，因为这一类餐点通常价格较高，而村民并不认为一顿早点花费这么高是一件经济的事，因而经常光顾这类早点的村民较少。还有在这些门面经营米面粮油或日常百货的村民，同经营早点生意的村民一样，这类生意通常只占用一间门头房。同时也存在一部分将原住宅改造成饭店、餐馆一类的村民，这一部分的故事，将在下文具体阐述。

---

[1] 油粉，一种咸粥，用醋、粉条、面粉、花生、芫荽等制成，当地人多在早餐食用。

对于不从泥土里讨生活的晓村村民而言，打工经济正深深地改变着人们的生产和生活，但他们并不在远处打工，他们在这里结婚，在这里生育，在这里终老，这使得他们生活的价值仍然体现在有限的村庄生活中。在将外部世界赚得的货币资本转换为村庄社会资本的同时，他们获得了来自村庄内部的评价，他们在意这些评价，他们的行事总会受到村庄内在规范的制约，他们"怕叫人笑话"。不管他们在村庄内部还是村庄外部，不管他们各自做着怎样的工作，他们的生活意义都在这个村庄里展开。

四　村民的居住环境

据村里老人回忆，20 世纪 90 年代以前，晓村现今村民居住较为集中的将军楼片区是一片菜园，至 90 年代初，村集体建造了这一片将军楼。这种楼是上下两层构造，有院子以及门楼，整个楼的总体建筑面积在 160 平方米左右。将军楼分坐北朝南和坐南朝北两个方向，一排排将军楼鳞次栉比，每一排约有十二三户人家左右，一家紧挨着一家，邻里之间有一堵共用的院墙，这堵院墙仅仅是空间上的分割物，只是一种作为两户人家的符号象征，几乎不对村民之间的日常生活交往产生影响。比如在一家的院子里说话声稍大时左右两边的邻居都能听得到，因此，正如村民所说，拆了这堵墙彼此就是一家人。在两个朝向的将军楼各自的第一排之间以一条约有宽二十米左右的水泥路相隔，两边的住户有不少把将军楼的门楼改造为门头房，用于自营或是出租，这已成为村民谋生的手段和资本之一。在 90 年代，将军楼可算是晓村较早且较"高档"的房屋建筑了，在村民看来，在那个年代可以住的上将军楼的家户一定是家境殷实的富裕村民，因此，在那一段时期，能够住在将军楼，这本身就是一种有关财富与能力的象征。尤其是许多原本与父母兄弟同住一个四合院的村民来说，住到这里，就意味着独门独户，脱离了大家庭的管束。毕竟，集体农业时代已经过去，收入来源的多元化以及生活方式的变迁使村民单独立户的生活需求日益强烈。20 世纪 80 年代左右多是村民自行建房盖屋，村民说，那个年代的房屋一定要与邻居的房屋保持一致，建房时稍微比邻居高一点甚至稍微遮挡邻居家的阳光都极有可能引起邻里的冲突和不满。因此，应当说，家庭结构的小型化以及生活方式的变迁同时也改变了村民的人际交往，村民的人际生活圈与以往相比更加的开放和自由。我在采访时，村民们曾多次强调，"现在都是各人住各人的，相互谁也碰不着谁，谁也碍不着谁，都没啥矛盾了"，言下之意是，脱离了父母、兄弟、妯娌的"包围圈"，他们的生活相比以往要自由、和谐得多了。

伴随着城市化的进程，近10年，旧村改造工程在晓村实施建设。在将军楼的西边，晓村村集体新建了一批楼房，共4栋，村民把这片楼房叫作"新楼"，与将军楼不同，新楼的楼房全部是坐北朝南。原先住在这片平房里的村民按照旧村改造政策被安置补偿到了这片新楼上，也有不少是卖给了晓村其他村民。相比城区，晓村新楼的房价很低，每平方米大概只在2000元左右，因此，晓村许多年轻的夫妇愿意在这里买房，他们也乐于以较低的成本接受近似城市化的生活方式。相比年轻人，年纪较大的村民或许并不那么乐意住楼房，有的老人常常拿楼房和将军楼对比，他们闲聊时总会说起住在将军楼里如何如何方便，尤其是家家户户都有个盛放各种东西的地下室和院子，话语中无不透露出对住将军楼的艳羡。对这些村民来说，他们并不习惯住在几层甚至十几层的楼房里，因为那是他们所不熟悉的全新的生活方式。他们需要院子，院子可以存放他们希望的各种东西，院子里的某一个角落可以为他们忠实的爱犬提供一个容身之地，他们需要串门，而住楼房则给他们带来困扰：上下楼成为每天出行的麻烦，防盗门一锁仿佛就与外界隔绝。对他们来说，他们可能不需要这么多城里人所看重的私人空间，他们需要的是"这边一喊，那边答应"的亲密和熟悉。

将军楼和新楼是晓村村民主要的两块居住区域，在新楼以南的方向，有一条南北走向的街道，这是晓村的中心路。以中心路为界，中心路以南全部是旧村棚户区，面积达一百余亩。虽是些老旧房子，但这些房子东邻孝妇河，西邻公路，地理位置优越，是晓村亟待开发为集商住一体的综合商贸区区域。在中心路中央，有一棵生长了百余年的老槐树，这棵百年古树见证了百余年来中心路的兴衰，也成为老村民们记忆中抹不掉的色彩。在老槐树以北百余米处，有一处房屋的大门紧锁着，整个房屋看起来破旧不堪，门上的大锁早已锈迹斑斑，而正是这个破败不堪的房屋，直到20世纪80年代以前，这里曾一直是计划经济时代满足村民们种种生活需求的百宝箱：供销社。在其东北五十米处，有一个面积较大的庭院，大门同样紧紧锁着，从门缝里往里看，隐约还能看到破败的儿童玩具，约在20世纪90年代中期，这个不起眼的庭院曾经是晓村唯一的幼儿园，村民习惯上叫"老托儿所"。那时候的托儿所不似今天城市里的幼儿园，没有高额的学费，也没有老师与孩子、家长之间种种的矛盾和冲突。在那个年代，来这里上学是免费的，虽然这里的玩具很少，少到大概只有几个滑梯和几个转盘之类，但确是孩子们的乐园，无数个晓村孩子的童年在这里留下了脚印。

中心路以北与新楼相对的街道是一条东西走向的街道，从这条水泥路向东走会一直走到孝妇河岸边，与河对岸相连的是晓村桥，联结了晓村东庭。东庭是晓村的一部分，面积约七十余亩。与桥西相比，这里是一条简易土路，天气晴好的日子里，道路状况或许不那么引人注意，但一下雨，这里总是坑坑洼洼泥泞不堪，走过这条路的村民总是一边踮着脚小心翼翼地趟水，嘴里一边不住地骂骂咧咧。事实上，很多现在住在将军楼或是新楼的村民最初就是住在东庭，这里的房屋多是老房子或是老院子，村民说的那些在这种老院子里才容易发生的生活故事，指的便是这里。这里有弯弯曲曲看不到头的胡同，胡同里有极其隐蔽的小卖部，对这里不熟悉的人，或许既找不到胡同的出口又找不到可以充饥的食物。抬头望去，四处都是高高的院墙，华北传统民居的厚实感扑面而来。胡同出口的地方是散发着恶臭的老式公共厕所，不是迫不得已，很少有人来这里方便。总之，比起桥西，东庭的居住环境差了很多，不过现在来说，这里的多半村民已经在桥西的将军楼或者新楼那里买了房子，不过，基于东庭有利的交通条件，这里也已经开始进行棚户区改造，人们要在两年之内把这里重新改造成功能齐全的综合性社区。

五　村庄传说

民间传说是描述某个历史人物和历史事件，解释某一风物或习俗的口头散文叙事，地方性色彩鲜明。人物传说是民间传说的一种，多是围绕有较高知名度的、历史和现实中的人物展开故事情节，这一类故事往往与人们的生产生活和社会斗争联系紧密，具有较强的社会意义（陈映婕，2012:50—53）。晓村既深受地方历史传说的熏陶，又有独特的村落传说，这些传说无不潜移默化地影响着村民的日常生活。

该地母亲河孝妇河流经晓村地界内，孝妇河全长11.7公里，是一条外流河。关于这条河，在当地世代流传着一个美丽动人的故事。《述征记》载，"齐有孝妇颜文姜，事姑至孝，远道取水，不以寒暑易心，感得灵泉生于室内，文姜常以缉笼盖之。姑怪其需水即得，值姜不在，入室发笼观之，水即喷涌成河，坏其居宅，故名'笼水'。"另据《颜氏陋巷志》载，"晋，烈女文姜，复圣后裔之女也，幼许聘青州李氏，未婚夫亡，悯翁姑失养，往事焉。尝远汲新泉，以奉姑嗜，诚感神明，泉涌室内，以缉笼覆之。家人待其出，发其笼，泉涌成河，故名'笼水'，一名'孝妇河'。"[1]事实上，对于颜文姜是何时人，以及身世背景如何，在不同的历史典籍中常常有不同文字记载，有学者认为，这一传说本身就是人们对孝道的崇拜或对水的崇拜而逐步演绎而来。[2] 孝妇颜文姜的传说有几个不同的版本，在具体的故事情节上稍有差异，但婆婆的百般刁难和颜文姜的善良孝顺却是共通的。颜文姜坐化成为当地地方神，人们称其为颜神奶奶，并为其修祠建庙，享祭祀。据资料记载，文姜祠始建于南北朝时期，更建于盛唐天宝五年，尤其在以孝治天下的宋代进行扩建，熙宁八年（1075）宋神宗敕封颜文姜为"顺德夫人"，并"赐灵泉为额"，元代时颜文姜

---

[1] 政协博山区委员会编：《博山民俗》，（内部资料）2013年，第192页。
[2] 同上书，第85页。

又被封为"卫国夫人",香火鼎盛。①B区因而成为孝乡,又称颜山,该河亦成为当地的重要地理标志。尽管史料不足,难以立说,但颜文姜勤劳善良、孝敬公婆,最终以孝行感天动地坐化为神的故事千百年来在这一带世代相传,妇孺皆知。

民间每年祭祀颜神的活动长达两个月之久,每每此时,周边地区的人们也纷纷前来"赶庙会"、"逛庙会",文姜庙会对该地区的孝德熏陶既深且远。据资料记载:

> 先是在农历五月二十六日给她送衣、送鞋、送香火钱,把她打扮一新走娘家(八陡),五月二十九(或三十)日晚上,青石关、阁子前、石炭坞等村便来迎接。仪式相当隆重(自古及今博山的大型民间活动以接送颜奶奶为最)。凤辇、红灯、彩旗、万民伞、花篮以及班朝銮驾,沿路设祭桌、燃香火鞭炮,秧歌队锣鼓队应有尽有。"娘家人"迎来后大设祭坛,轮流值班,日夜香火不断,让"奶奶"歇伏一个月。
>
> 到六月二十九(或三十)日晚上,又举行类似活动将"奶奶"送回"大庙"。七月初三是她诞辰,文姜庙会已是第四天达到高潮。连续的大祭之后,七月初六,"娘家人"再回访一次即"三日回銮",燃烧陪送的衣服和纸钱。至此,庙会算是结束了。
>
> 颜文姜的魅力在于"孝",迎送时,从八陡到神头20里路内,祭桌大约几百桌,香火烟雾影响交通,观送人数有时达十万以上。临近县中,临淄、淄川、莱芜、博兴、广饶等地香客搭车前来,抢占檐下走廊以露宿,这盛况远比元宵热闹,可见信仰的力量是无穷的。②

---

① 政协博山区委员会编:《博山民俗》,(内部资料)2013年,第192页。
② 同上书,第185页。

在当地，庙会早已成为融神灵祭祀、文娱休闲、经济贸易于一体的民间活动。文姜庙会在特殊的时空情境中满足各自不同的精神文化需求和物质文化需求。身处这样的孝文化环境中，人们的孝念孝行于无形当中得以滋养。

第二节　晓村的日常生活

一般来说，一年中晓村最热闹的一天大概要数每年的大年初一，村里的街道上行走着许多喜气洋洋走街串巷拜年的人，而一天当中街上人最多的时候大概要数孩子们上学放学和大人们上下班的时候，不过像阵风一样闹腾一下也就过去了。除了年节和一些特殊仪式或庆典，大多数时候，晓村是安静的，村庄生活也似乎是平静的，平凡而鲜活的日子在这里一天又一天地流淌着。

一　红白喜事：悲欢有常

范热内普（2010:3）曾指出，不论在何种社会当中，人的个体生活总是在一个年龄到另一个年龄，一种职业到另一种职业之间过渡。生老病死是人之常情，在传统时代的晓村，主持红白喜事的人主要由家族中德高望重的长辈担任，随着社会的变革，晓村的家族意识逐渐淡化，主持这些人生仪礼的人则多由本村红白理事会的村民出面主持，这些负责主持的人，在晓村被称为"大总"。如果在街上看到这些大总连个招呼都没来得及好好打便匆匆而过，就极有可能是村里谁家出了事，比如老人过世，需要大总及时赶到村民家里去做相关的后事安排。村里的红白理事会由三人组成，一人任理事长，另外两名是理事会成员。晓村有几家专门经营花圈、寿衣、纸扎等生意的小店，据说，经营这类店铺的村民与这几个大总走得很近，比如过年过节的时候请他们喝酒，或是大总家里有个孩子生日百岁的时候积极随礼等。原因很简单，村民家里如果有过世的人，事主从哪家店准备花圈等相关物品是由大总说了算的，当然，大总只是建议事主村民从哪买,并不强迫,但事主在那种情境下很少会自己考量比较其他的店,丧葬的一切事宜几乎都是听从大总的安排。所以在晓村,经营白事用品的这些店主都有意地与大总多些接触,以期待村里谁家有人过世的时候,大总能够想到自己的小店。这些小店之间的竞争由此可见一斑。不过近几年,据说红白理事会的人会有意"雨露均沾",也就是轮流照顾到每家的生意,以防止产生些不必要的矛盾或麻烦。

村民称呼去世的人为"老了",在晓村,人老了以后后辈们往往会在这个老人嘴里放个铜钱,然后请算命先生来家里算,这叫"掐时辰"。具体来说,就是这个算命先生来问老人走的时候是几时几分,并由他来计算老人走的时辰是否吉利,这个是否吉利主要是针对还在世的人而言。如果不吉利的话要告诉家人破解冲撞的方法。比如他提出要在房屋后面刨个坑,坑里埋上一块铁,这样做就会对另一个还健在的老人或是其他家属有益。不论是否有用,村民总会按照先生说的去做,以图个心安。儿子们把亡人从床上抬到灵床上,灵床一般比较简易,多是由一块大小长短合适的木板代替,也有的家户在面临这种状况时将大门卸下作为灵床。此外,家里人还要准备适量的小米,把煮的半生不熟的小米盛在碗里,碗里还要插上一双筷子,称为"倒头饭"。由此也可以理解,在村民看来,平日里吃饭时将筷子插在饭碗里是犯了大忌的,调皮的孩子这样做常常会受到父母长辈的责骂。再点上一盏长明灯,儿子跪在灯前,为亡父母守灵。在这几天里,家里会不停地有人进进出出,亲戚朋友以及左邻右舍的村民不用招呼就都会过来帮忙。

在晓村,丧葬礼仪还有"迎灵"的习俗。"迎灵"的意义就在于为了让两个老了的老人,能一起走,路上有个伴,这样老人的后人心理上也能感到宽慰。比如,如果母亲先走的,那么父亲走的时候,出殡以前就要先到村路口处把已经走了的母亲迎回来。其做法就是哭着喊着新过世的父亲走到路口去迎已经过世的母亲,在路口哭喊着母亲,然后回家,这象征着已经把母亲迎回家里,请母亲与父亲一起走。等出殡的时候要用黄表纸包上一半的倒头饭,剩一半留在碗里,这是为了让后人有饭吃,包好的饭就被埋在坟里，同样也是为了让去世的亲人有饭吃。等到下葬的时候有个垒坟的泥瓦匠，由他在坟里把骨灰盒放进去，按照仪式的习俗要求，泥瓦匠会当着后人们的面特意问一句"正不正"，后人们要高声回答一句"正"，以讨个吉利。接着，坟埋了之后亡者家属全体跪下痛哭。有村民告诉我，同样是家属，但村民们从这一声声哭声里就能看出这一家人的和睦关系。在晓村有句话说的是，"儿哭一声震天动地，闺女哭一声实心实意，儿媳妇哭一声虚声虚气"。在一般情况下，家里的姑娘知道父母老了的消息，会从她走出自己家门开始一直哭到父母家，而有些家户的儿媳妇在家里没了公公婆婆时有不少则是"哼哼哈哈"哭两句，村民说这是"哭给外人看的"。不过在多数村民看来，毕竟儿媳妇跟闺女不一样，因此，对儿媳妇的要求也就不那么高了。不过也有例外的时候，据村民说，有时候在出殡这天，老人出嫁的姑娘跟嫂子的矛盾会公开化，比如当众指责嫂子在父母在世的时候没有好好伺候老人，或是对老人不好等等，严重时甚至会打架。有时候去世村民的家人也会特别照顾"母族"家的亲属，也就是女性一方的亲属，特别是如果去世的是母亲，事主对母亲娘家来的亲属会格外重视，按照村民的说法，就是怕母族家的亲属指责男方家没有照顾好母亲，使母亲遭遇不测。当然，这只是一个说法，事实上在晓村，很少有母族家在女方家属出殡这天来到男方家闹事的，而男方家对母族的重视主要表现在一些较为客气的礼节上，比如有的家户为母族家置办的酒席会比一般性的亲属规格稍微高一些。不过在有些地区，应当确实存在母族家来男方家里闹事的事实，比如笔者随老师在湖北罗田走访时曾经参与观察过一个村民家的丧葬仪式，去世村民的家属曾明确表示过担心母族家的人来闹事，虽然后来的事实并非如此，但可以推测在那个村子可能发生过类似的矛盾。

  在晓村，从人去世至五七三十五天的时候，家里人要给亡人上五七坟。五七坟的意义在于村民认为人老了之后在一段时间内仍处于弥留状态，而五七的时间节点则是给亡人一个阴阳过渡的缓冲时间，用村民的话说，"上五七坟的时候咱已经老了的亲属才知道他已经没了，才知道他已经入土了，已经真正离开家人，离开孩子们了"。而俗语"望乡台上站一站，满堂儿女泪汪汪"，说的正是老人对自己已经离世的认识。这一天，儿女们会把老人的衣物用品等带过来一起烧掉，同时还要给老人做纸扎、摇钱树、楼房、橱柜等，也一并烧掉，其意义在于希望老人在彼岸世界衣食无忧。伴随烧衣物的过程，子女们嘴里念着"天上掉下把钥匙来，开天门开地门，死了爹爹死了娘，让他（们）出来拿钱"。此外，为老人上五七坟的时候，每人手里需要抓一把五谷杂粮，大家围着老人的坟地围成一圈，一般是左三圈右三圈地转，一边转一边把五谷扬撒在坟头上，五谷扬完了要捡瓦块、石块往坟头上垒，为的是用这些材料给老人盖房子，转的过程还要念叨着让老人有吃有喝有住，让他在那边好好过。村民觉得，这样做主要是为了让子女放心，让子女继续好好生活。

等到老人走了一百天时，子女要给老人上百日坟，这时候一般就是烧黄表、烧五色纸，也把事先用金纸叠好的金元宝给烧了，子女在这天还会再哭一场，到这里基本上老人走的这个过程就彻底结束了。再以后给老人上坟一般就是老人忌日，或者清明，七月半、十月一，以及大年三十来上坟。村民告诉我，按照晓村的习俗，给父母上坟的多半是儿子，女儿是不需要来给亡父母上坟的，因为这会引起儿子们的不满："闺女是泼出去的水，要是闺女上坟，就让人觉得好像家里没后了一样。"因此，给父母上坟的责任就自然而然落到了儿子们身上，为了化解对父母的思念，女儿有时候叠些元宝让兄弟带到坟上烧掉，表示对亡父母的孝心。

在晓村，婚姻习俗要比丧葬习俗简单一些。一般情况下，到了适婚年龄的男女请媒人帮忙留意有无合适的结婚对象，热心的媒人不仅将眼光局限在晓村，邻村通常也是他们考虑的范围。当一对青年男女在媒人的引荐下互相见面时，倘若见面结束时男方主动提出送女方回家，且女方欣然同意，则预示着二人愿意继续相处下去。等到两人感情稳定，男方会与女方商议订婚日期，双方互送礼品，礼品数禁用单数，寓意好事成双。选定婚期时，要将男女双方的生辰八字、生肖属相等一并送给算命先生计算，按照惯例，比较讲究的村民一般会避免在没有"立春"的年份办喜事，也就是民间常说的"瞎子年"，而尽量选择"双春双喜"的年份。当然，如果由于其他原因必须在这一年结婚，算命先生也会有相应的破解方法，比如有的会让男方在结婚时手上拿两个一直开着的手电筒，直到娶进门耗没电为止。在河南兰考一带也有这类风俗的遗留。在晓村，当地有"四月死，五月误，七月娶鬼"的说法，七月七结婚则暗示婚姻不团圆，七月十五是鬼节，四、五、七月在村民看来是为"恶月"，父母生日或本人生日、本命年等，这些日子按照当地习俗来讲都应当尽力避免。

据老一辈的村民说，在20世纪80年代以前，晓村新娘出嫁通常是在夜间，也就是半夜过门，那时候新郎会请专门的"接客"，即男方专门负责接亲的人去接新娘。为了防止夜路上遭遇邪魅捣乱，或是沾染不干净的东西，新娘在路上通常要披一件大皮袄以辟邪，如果在天气炎热的夏天过门，则只需要在路上带着皮袄即可。在那时，有时为了防止夜间新娘被精灵换取，人们也用铜镜、簸箕、马鞍、黑豆、生铁、红砖、红毡等物辟邪。这是因为，人们认为铜镜可以照妖，邪魔无法遁形，红布、经书也有此效。新娘在路上倘若碰到另外的新娘，则应以换手帕、换发簪、换腰带来解决，因为在那时的人们看来，"喜冲喜不吉利"。新娘过门后，在大门上放一对红纸包砖，使邪魔望门而退。新房的桌柜上挂红布以趋吉，被角床褥中放枣栗则寓意"立子早"，尿盆中放花生则是为了求早生。在过去，婚礼的前一夜要由兄长睡新床，这叫作"大伯子压床，子女成行"。[①]

在今天，晓村的婚礼则多由新郎亲自接亲，且多在早上六七点钟过门，到了男方家以后，由婚礼司仪主持一个简单的仪式即可。待到中午时，前来祝贺的客人则被邀往指定的饭店用餐，也有的家户直接将仪式放在酒店举行。婚礼第二天，男方的父母会一大早在家门口支起一口大锅，锅里煮的是热气腾腾的饺子，村民常常将"饺子"称作"包子"，因此，这锅饺子又叫"喜包子"，左邻右舍的邻居们以及前一天来到的或者没

[①] 政协博山区委员会编：《博山民俗》，内部资料2013年，第108—109页。

来到的亲朋好友都被邀请过来吃饺子，村民们一起帮忙，好不热闹。借着喜事，即便本来有些小矛盾的村民也会受邀过来一起吃饺子，在这样的热闹情境中，原有的不愉快通常也都自然而然地化解了。吃完饺子之后，这对新人要在家人的陪同下给已逝的先人上坟，这叫作上喜坟。上完喜坟等于正式进入了男方的家门，婚事礼仪至此也就基本结束了。

丧葬与婚俗在民间社会中多被称为白事、红事，两者都是村民日常生活的投影。在丧葬中，生者与死者的互动和交流淡化了神圣与世俗的界限，或是达到一种特纳意义上的"阈限"状态，仪式的每一个步骤几乎都表达了村民对待亡灵事死如生的情感，充分体现了村民对死亡的理解和态度。而在婚俗中，则处处显示着对生的期望和憧憬。《周易·系辞上》有云，生生之谓易，《太极图说》载，二气交感，化生万物，万物生生而变化无穷焉。世间万物生生不息，正如村民常说，"没有爹娘皱纹，换不来子女成人"，吐故纳新是生命的常态。在白事上，至亲的家属会为亲人离世而悲痛欲绝，却鲜少有因为亲人的离世而丧失对生活的信心，他们深知，生活没有暂停键，前进是唯一的选择；在红事上，娶亲的一方总是欢欢喜喜，父母为完成人生任务而欣慰，为家族兴旺而快乐，嫁人的一家却常常喜忧参半，喜的是女儿成人，从此迈向生活的新阶段，忧的是柴米油盐的日子里，女儿能否过得顺意。然而，不论是喜是忧，怀抱一颗平常心，淡然接受生活中的一切遭遇，便是掌握了生活的真谛。如郭于华（1992:103）所说，"红事与白事同为喜事以及它们的共通之处缘于二者都是人生周环上的过渡形式，是进入另一生命阶段的关口，它们共同表达了人们对于生命的信念，表达了生命与死亡的关系"。

二 市井小肆：人情百态

晓村的街道多是东西与南北走向，除了小胡同和巷子以外，较少有斜方向的街道。除了几个固定的上班上学和下班放学的时间点之外，村子里的街道多数时候都是安静的。在晓村偏北部、紧邻205国道处有一条街，这条街通向晓村主要的村民住宅区，村民把这一片叫作村门，这条街就叫作村门大街吧。由于紧邻公路，交通便利，这条宽约二十多米的街道就成为晓村最繁华的路段。虽然这不是一处公认的公交站，但只要乘客向司机表明要在晓村村门下车，那么司机是会在这一片区域停车的。"晓村村门"遂成为来往公交、客运车辆可以停车上下人的不成文站点。既然这里是晓村的繁华地段，自然也就有不少经营各种生意买卖的商贩，各类店铺不仅为村民提供了生活上的便利，同时也可以从这里一窥村民的日常生活和人情百态。

在这条街上，有一家开了二十几年的饭店，算得上是晓村的老字号饭店了。在晓村餐馆匮乏的年代，这家"聚香楼"承担着几乎所有晓村发生的红白喜事、大小宴会等各类酒席。村民们嘴里说的"去饭店吃顿好的"，就是指去这家饭店吃饭。至2000年左右，好多村民或是租用别人的房子，或是将自己的房子改造为家庭饭店，一时间，村子里各种大大小小的饭店餐馆陆续开办起来，在多家饭店的激烈竞争中，那些后起之秀努力更新菜品，提高优质的服务，价格也尽量公道，用村民的话来说就是实惠。村民说，这类饭店是"庄户饭店"，意思是饭店开在村子里，地段没有城区好，人流量也不大，就指望乡里乡亲有个大事小事的相互照顾，所以价格低。通常，这些在晓村做买卖的村民对人常常更加热情，比如他们积极参与到村民的人情网络中来，哪家哪户的事也都尽量了解一些，有村民说，他们这样是为了"攒人缘，拉买卖"。毕竟，"生意都不好做"，"都是吃的人情饭"。"人情饭"的意思，就是这些经营饭店的村民多是靠着其他村民的支持和信任才能经营下去。当然，这种照顾具有互惠性，比如经营饭店的村民也会常常到经营米面粮油的村民家里惠顾，作为其经常来店里吃饭的回报。渐渐地，这些饭店给村民带来的实惠成为他们的有力竞争力，作为晓村饭店里的"老大哥"，"聚香楼"难逃被挤压的命运。时至今日，"聚香楼"早已不是十几二十年前唯其独尊的盛景，它已成为晓村众多饭店餐馆里的平凡一员，但即便如此，"聚香楼"依然承载着村民们在那一段时期内的历史记忆。村民告诉我，现在晓村的餐馆确实不少,大概有七八家,走不了多远就能看见有吃饭的地儿。不过村民说,店多了,生意自然不好做,人工费又贵,老板挣不出工钱来就免不了辞人,所以这些店铺有不少是用自己家的将军楼改建而成,所以不用交房租,又是夫妻店,可以免去至少一个服务员的工钱,但总体上说,钱是越来越不好挣了。这位村民的妻子在城区的饭店里打工,短短三年时间,她已经换了四家饭店工作,因为城区饭店更多,竞争强,饭店的生意时好时坏,不好的时候老板就不需要那么多服务员,将近五十岁的她往往不如三四十岁的年轻服务员手脚麻利,因而裁员的时候她通常不能幸免,于是就只能在不同的饭店之间游离。

除了这家有年头的饭店,这条路上还有好几个村民自己开的小超市,主要经营一些日用百货、奶品酒水、零食小吃等,村民自己开的这些小超市不像城区的大超市,逢年过节有折扣和优惠,这些超市的商品价格一年到头通常不会有变动,但这依然为村民们的日常生活带来了诸多便利。虽然去城区的公交很方便,但与家门口的这些小超市相比,出去一趟毕竟有些麻烦,尤其对那些上了年纪手脚不那么灵便的老年人来说。平日里买块电池,换个灯泡,买包洗衣粉和肥皂、牙膏之类的,还是首选这些村民们自己开的超市。只是在这条路上,这样的小超市并不只有一家,两三个小超市常常只相隔几十米,有的甚至就在街道对面。其中有一家超市的老板告诉我,别看大家在这条路上做买卖相安无事,虽然做的是小超市的买卖,但也经常暗地里较劲,常常互相看着别人有什么货而自己没有的,下次进货就要进来卖,有时候卖的东西也偷偷便宜个三毛五毛的。还有的村民特别介意竞争对手有意无意来自己店门口聊天或是借着其他什么由头来自家店门口转悠,他们觉得,聊天不一定是真,借机窥视自家的商品却极有可能是真,尤其是没多久就发现对手正在售卖原先没有而自家有的商品时就更印证了这个推测,这时候难免对其憋了一肚子气,面儿上却还要嘻嘻哈哈一如往常。的确,这条路看似和和气气,事实却不尽然,同行之间常常为了生计各显神通。村门大街上经营水果买卖的店铺也是如此,只是有的在门头房里做生意,有的干脆就在这条街边上找个地方摆摊。来这里买水果的大都是附近居住的村民，也有公路上路过的行人。有门面的水果店看起来总是要更整洁一些，除了卖苹果、香蕉、橘子、梨等普通水果外，还会经营不少南方过来的水果，比如火龙果、榴莲、芒果等，这些当地较少种植的水果价格当然要更贵一些，买这些水果的多是一些年轻的村民，年纪稍大的村民还是习惯性地买些苹果香蕉之类。没有门面的那些在街上摆摊的小商小贩常常骑着一辆三轮车，车上有时候装着一箱箱的各种水果，有时候就是一车苹果或是橘子、梨等，把水果卸下来，整齐地摆在路边，再拿出用当地方言录好的叫卖水果的大喇叭，一天的工作就开始了。这些流动商贩有不少是邻村的村民，其实，相比有门面的水果店来说，这些流动商贩或许更有优势一些，因为没有房租水电，所以他们的水果价格常常要比有店面的水果要略微便宜一些。货比三家，即便只是便宜个几毛钱，村民也会选择更实惠的流动商贩的水果。不过因为是流动性的，也就不会天天都在这一个地方售卖，他们不在的时候，村民就到店里去买，卖水果的老板一边给顾客装着水果，一边会捎带着强调一句他们家的水果比那些路边上三轮车上的水果新鲜多了。

这条街上有家加工点心糕点的店，也是晓村的老店了。这家店主要加工的是鸡蛋糕、牛角酥、桃酥、老人过寿的点心礼盒等。所谓加工，是指村民可以带着一定比例的米面粮油去这家店，店主出人工来代做。就拿牛角酥来说，拎上两斤面粉，五个鸡蛋，半斤花生油到这家店，店主再配以一定比例的白糖，就能做出刚好一锅三十个左右大小均匀的牛角酥。店主是晓村的一位妇女，她的丈夫在十几年前的一场车祸中去世，有人找她加工点心的时候，她会给客人一个小板凳，让客人在边上坐着，她则一边陪客人聊天，一边娴熟地制作糕点，她那台烤箱也已经用了十几年了，她告诉我，有几次想换台新烤箱，但是有的老主顾说修修还能用，吃了这么多年这个烤箱做出来的点心，要是换新的怕不是原来那个味儿了。整个过程都是在客人的眼皮底下完成的，又是自己家的材料，吃起来更放心，因此，这家店一直以来深受村民的喜爱。她就住在晓村将军楼里，大门旁边正好有根电线杆，店铺若是没开门，有时候一些来加工点心的村民会来她家里找她，这根电线杆就正好成了她家的标志。不过，店主也跟许多老主顾表示过再干几年就不干了，因为年纪一天天大了，女儿和儿子也都成家立业，虽然没有了老伴，但她还是要去帮女儿和儿子家带带孩子，不然怕被孩子们埋怨。

在这条村门大街上，每天早上六七点钟和每天下午四五点钟是村民买豆腐的高峰期，村民把去买豆腐叫作"去割豆腐"。卖豆腐的是一位五十岁左右的晓村村民，姓王，他每天定时定点会骑着摩托车来到这条街卖豆腐。摩托车后座上固定着一个盛豆腐的木箱子，不像卖水果商贩用录好叫卖声的大喇叭叫卖，他用手敲击一块木锤，发出"梆梆梆"的声音，这是卖豆腐的专属声音，虽然声音不大，但清脆短促，识别性很强。听到这个声音，这一片的村民就会三三两两赶来割一块热气腾腾的豆腐，别看村民大都两块钱、三块钱的割豆腐，这一大箱子豆腐有时候一个来钟头就会被抢购一空。村门大街另一头，也有个卖豆腐的村民，姓李，据村民反映，李家豆腐比王家豆腐差远了，王家豆腐有豆子味儿，不论炒着吃还是炖着吃都能成块，不像李家豆腐，一炒就成了豆腐沫，村民说，想吃芹菜炒豆腐，要是用李家的豆腐，炒完就成了"芹菜炒豆渣"。虽然只是微不足道的豆腐，但在村民看来日常生活中的柴米油盐都算不上小事，用村民的话说，"甭管三毛五毛还是十块八块的，谁家的钱也不是大风刮来的"，因此，谁家的东西做的怎么样他们心里是十分"有数"的，虽然有时候也会照顾下李家豆腐的生意，但日子这么长，多数时候他们还是会倾向于割王家豆腐。王氏告诉我，他们家的豆腐不添加别的东西，好吃也好卖，只是出豆腐、做豆腐的过程挺费事，他每天要四点来钟起床出豆腐，挣得真真是个辛苦钱。虽然是小买卖，但是出了这几十年的豆腐，也已经有了些口碑，村里人都爱买他家的豆腐，说是他家的豆腐软硬适中，炒菜或是做炸豆腐都挺合适。说这话的时候，他有点腼腆，又很自信。靠着长年起早贪黑的干，他愣是供出了个大学生闺女，现在闺女又考上了邻镇的公务员，提到这个，他一脸自豪，用他自己的话说，

"只要闺女好,我干啥都不累"。

村门大街聚集了经营粮油米面、蔬菜生鲜、修理摩托车电动车等多家店铺,还有加工饺子皮、馄饨皮、面条煎饼的小店,不管是有店面的店铺还是骑个三轮车摩托车,抑或是挎着篮子卖馒头煎饼的流动商贩,他们共同促成了这条街的热闹和繁华,对村民来说,这条街给他们提供的不仅仅是生活所需,更承载着人们在这里谋生计、挣生活的过往记忆。

三 赶集:调通与"晃晃"

在许多农村地区,定期市集的日子可算是村民平淡生活的调适剂,这样的日子北方多称其为"集",南方则多称"墟"或"圩"。赶集或赶墟是农村地区常见的民俗活动之一。《管子·国蓄》有云,"凡将为国,不通於轻重,不可为笼以守民,不能调通民利,不可以语制为大治。"赶集不仅促进了农村地区的物资交换和货物流通,更为调剂人们的日常生活,增进人际之间的沟通与交流提供了契机。

在晓村,赶集就像是村民日常生活里隔三差五的小节庆,也是村民计算日子的时间节点,是他们日常生活中的重要活动之一。晓村本身没有集市,但这丝毫不会影响村民们喜爱赶集的热情。又加上晓村距离城区较近,交通便利,这本身就为村民外出赶集提供了方便。去赶集的大部分是中老年人,经常有不少带孩子的爷爷奶奶领着小孙子小孙女来集上玩耍,如果碰上周六周日的集,则又有不少年轻人或中年人加入,他们平日里多半要上班,因此只有在休息日才得闲在集上晃晃。来集上"晃晃",意思是来集上转转,可以有目的,比如购买些日常生活用品,也可以漫无目的,比如来散散心散散步,来玩一玩,逛一逛,看看人群,凑个热闹。对于许多村民来说,采购日常生活物品只是赶集的目的之一,有时候,他们更加享受这个赶集的过程。在平日的日常生活中,他们主要的生活圈子几乎不外乎家里家外和门前门后,平静的日子如流水般日复一日,过惯了这样的日子,他们同样希望生活里能够多一些热闹和生气,而每隔五天便有集市可赶恰好满足了他们的日常交往需求。因此,很多时候，对他们来说，赶集重在"赶"，人们往往在"赶"的过程满足自身消费、消遣、娱乐等不同的需要。因而，赶集既是地方性村落时间制度的体现，又充满了深厚的人文色彩和丰富的生活意义。

在晓村南边，孝妇河的另一岸，每逢农历的三、八，就会有李庄集可赶。沿着晓村后河边那个稍微有些隐蔽的路口出来，过一座桥就是村民常去赶集的集市了。李庄与晓村南边紧邻，是距离晓村最近的一个集市。每逢大集，邻近几个村的村民纷纷前来赶集，人气旺了，集市就沸腾起来了。七八点钟人还少些，尤其是冬天，到了上午九十点钟时，其热闹场面不亚于年节人们置办年货时的人山人海。这个集市所售的商品之丰富，可谓只有想不到没有买不到。花鸟鱼虫、奇石怪树、各路生鲜、野味干货、粮油米面、肉奶蛋鱼、家用工具、特色食品等等一应俱全。集市上有些摊位是基本固定的，有些摊位流动性较大，所以偶尔村民家里有什么闲置的或是需要卖的东西时，也会趁着大集的日子，推个小推车找个角落把物品售出。笔者记得邻居家的小土狗生了狗崽，一下生了七个，邻居就在狗崽们满月以后找个大集的日子，用纸箱子装着狗崽到大集上卖掉了，听说是卖给专门贩狗的农户了，七只小狗只卖了二十块钱。对于这近乎白送的价钱，邻居回来以后还是蛮高兴的。在他看来，现在不像以前，谁家养的母狗生了小狗街坊邻居都来要狗崽，现在一是好多村民住在新楼上，没有院子没法养，又是土狗，不像真正的城里人可以放在室内养；二是好多村民嫌养狗脏，不光没人来要狗崽，就是白送给街坊四邻还得欠人家个情分呢。可以看出，生活方式的逐渐改变和人们观念意识的转变正在潜移默化地改变着村民的行动选择。所以对他来说，二十块钱七只小狗崽，还不用请别人帮忙解决困难欠人情分，"真是忒划算了！"大集上也有些人只是因家里搬家或是孩子过敏等其他各种原因没法继续养狗，便趁着大集的日子打算把爱犬卖掉。曾有一个牵着一只腊肠的青年男子告诉我，他住在城区某小区里，他的狗已经打过疫苗并且养了两年多了，只是因为要出差挺长一段时间，家里没人照顾狗，便想在人们赶集的这天给狗另外找个好主，而事实上他是很舍不得他的狗的。他的腊肠短腿长身，一身棕毛油亮油亮的，两个大耳朵耷拉着十分可爱，狗看起来很健康，也很活泼，他要价八百。他告诉笔者，这是他花了一千五买回来的，连送狗窝和狗粮，一共才八百，养的这么好，要不是实在没有人照顾，他是说什么也不会把这个小伙伴卖掉的。笔者在不远处注意了一段时间，许多村民看着这个小腊肠活泼可爱都蛮有兴趣，陆续有不少村民去问这狗的价格，听了要价之后都摇摇头走掉了。一个村民说，这狗不错，但是贵了，八百块钱够家里过挺长一段日子了。

来这里销售商品的商贩们有些经常在同一个角落或地点摆摊，这样一来，就使那些常来赶集的主顾们能更方便地找到并照顾他们的生意。时间长了，卖东西的和买东西的在大集上见了面，渐渐地像朋友一样熟络起来。笔者在大集上闲晃的时候，看到一位村民热情地跟一个经营各种鱼缸和热带鱼的商贩打招呼，并询问这个商贩上一个集怎么没见着来。这个商贩笑着说前几天家里老娘病了，陪着去了趟医院做检查。村民点点头，说道，"上了年纪不容易啊"，商贩笑笑表示赞同。村民接着又问，"爷们儿，上个月买的小鱼最近陆续死了好几个了，这死得也忒快了，养这个有啥诀窍啊？"事实上，这恐怕才是村民最想要问的问题，至于询问商贩上个集的缺席，往往是为了拉近与商贩的距离，从而获得一些价格上或是服务上的实惠。还没等这个商贩开口，这个问话村民的"智慧"就被看穿了：另一个也来看鱼的村民打趣道，"人家卖鱼的咋会告诉咱养鱼的诀窍呢，都养活了没有死的，那人家靠啥吃饭啊？"一句话逗乐了过往赶集的村民。

因为大集紧邻晓村，所以每逢大集的时候，在晓村摆摊做生意的村民常常会趁着大家伙赶大集的时候转移阵地，改到大集的某个角落摆摊做买卖。所以在赶集的时候常常碰到好多熟面孔。有村民告诉笔者，有次家里做菜的时候缺了几根韭菜做配菜，正赶上那天是集，于是他骑着电车去大集上想买些韭菜。这一路上他就盯着那些卖韭菜的摊位，可一路都没有将韭菜散开零售的，摊贩们都是把韭菜捆起来，为的就是一大把一大把地卖韭菜。这样的韭菜只看到个外面那一圈，里面韭菜好不好就看不出来了。所以一般村民都不爱买这样不能判断好坏的韭菜,直说买的不如卖的精,他们还是希望买摊开来卖的韭菜,可以挑挑选选。转了一路,这村民发现大集上卖韭菜的摊贩没有一个是平摊开来零散卖的,眼看着走到头了,他便随机停在一个摊贩前,想问问人家能不能从成捆的韭菜里抽一小绺韭菜卖给他。刚抬头要问,一看卖韭菜是这村民表叔家的儿媳妇,本来想还还价问问能否只买一小绺,冲着这沾亲带故的关系,只能爽快地要了一大把韭菜。买上以后没走多远迎面碰上个也拎了一大把韭菜的人,问了问价,人家的韭菜五块钱一把,他买的却五块五。回到家,他媳妇这把韭菜平摊开来,发现里面的韭菜不光潮湿,还有好几绺烂掉的,所以该村民免不了又被媳妇数落了一顿。用他的话说,"那顿饭吃得心里头真窝火"。

　　老话说,人比人气死人,但村民的满足感很多时候往往还是在与别人的比较中获得的,体现在赶集中,不怕东西贵,就怕比别人买的贵。有时候过往的村民彼此看看各自手上的大包小包,打听打听价格,如果合适,另一方也会去买一份回去。有时候买的是同样的东西,但老板不同价格不同,捡到便宜的村民不免就会有些自豪,买贵了的村民则难免为多花了钱而懊恼,也有爱面子的村民不服气似的回一句"一分钱一分货",意思是贵有贵的道理,价格贵的质量更好。有一次笔者在大集上碰到村民胡大爷,胡大爷正仔仔细细地瞧着两盆开得正盛的菊花,花朵、叶子、花茎以及花盆,全都检查了个遍,还是没有拿定主意买下这两盆一共要价二十五元的菊花。看到笔者过去,还要笔者对这两盆菊花做一番评价,跟他聊了几句,发现说到底,胡大爷仍然觉得二十五元两盆花有点贵了,尤其是老板又不让砍价,没砍个两块三块的,心理上总有些不平衡。按照以往,非得要还下个"块儿八角"的才觉得心里舒坦,不然总觉得吃了亏。正拿不定主意的时候,又有人相中了这两盆花,一问价,觉得二十五两盆这么好的菊花忒划算,当场决定掏钱搬走。买卖方正准备成交的时候,胡大爷身手敏捷地从裤兜里掏出二十五元递给老板,说了句"钱正好,甭找了",便抱着两盆娇艳的菊花满载而归。至于刚刚纠结的花朵招不招虫子，花盆质量如何等，全都不成为问题。以后在村子里碰到胡大爷时，提起这两盆花，胡大爷直称赞买得值。

有时候，赶集亦是村民之间加强沟通和联系的契机。毕竟，赶集是村民周期性的短暂流动和聚集，许多平日在村子里不经常碰到的村民往往在赶集的人山人海中恰巧碰到。许久未见的村民有时候会在周围的吵吵嚷嚷中叙叙旧，说些家长里短，说些打工营生，也或者聊聊国家与社会。聊着聊着有时候又能聊出些不愉快来。有村民告诉笔者，今年冬天天气太冷，由于没有戴口罩的习惯，他和老伴傍晚出去遛弯的时候不小心着了凉，当晚并没有特别的感觉，谁知第二天早上刷牙的时候发现嘴巴漏水，跟老伴一说，拿镜子一照，这才发现左嘴角歪了。打电话给女儿，赶紧送去了医院。医生诊断说是因为着了凉，有点面瘫。又是针灸又是吃药的治了大半个月才好。嘴巴治好之后去赶大集，碰上个许久未见的老邻居，老邻居至今还在晓村东庭住，老哥俩一见面就热络起来。聊着聊着，老邻居关切地说，"听说你嘴冻歪了，我还没来得及去看你就好了？"这一问不要紧，该村民心里不乐意了，没再聊多少就走了。该村民摆摆手告诉笔者，其实他知道老邻居没啥恶意，就是说得忒不好听，让人接受不了。

总之，借着赶集的机会，村民相互之间总能知道些平时不知道的消息。从这个层面上说，集市既是村民现实生活需求的满足场，又能满足村民精神调适的需求，同时还是一个多种信息的集散地。

四 "过节"：和乐祝祭

在我们的日常生活中，尤其临近年关，总能常常听到"年味淡了"的声音，每每此时我都想回一句，如果认为年味淡了，请在临近腊月二十九或腊月三十的那几天去火车站看看，去感受这一年一度的有如飓风般的春运狂潮，看看人们焦急地等待乘车回家的样子，看看他们没有买上票的失望和无助，看看火车开动时人们脸上的安宁和欣喜。当真正感受到这人头攒动的一幕幕时，你会不无感动地体会到：回家过年，回家团圆,是每一个中国人身上刻骨铭心的情怀与执着。冯骥才(2010)说得好,年文化把中华大地化身为巨大的情感磁场,而春运就是这磁场所爆发出的震撼人心的力量。

农历新年,时处年度周期和四季交替的时间关口,人们内心的祈望和寄寓也就表现得格外张扬。在晓村,一进腊月,村民便心心念念地为过年而做打算。比如,晓村在外务工的村民很少,除了这极少的一部分村民外,家里有孩子在外读书的,父母便提醒其着手购买回家的火车票,打工上班的也要张罗着做好年底的收关工作。时间一点点流淌,年关越来越近,至腊月二十三,北方的小年这天,年,已经越来越可触可感。在这一天,村民最主要的任务是辞灶,辞灶最主要的贡品便是麦芽糖制作的糖瓜,以祈求灶王爷"上天言好事,下地降吉祥"。过了小年,在外游子逐渐返乡,家家户户开始正式着手准备"忙年"。一家人忙活到腊月二十九或三十,这天中午吃过午饭,父母和孩子就忙着贴春联,贴福字。红红火火的对联既可表达人与人之间相互庆贺之祝愿,如"天增岁月人增寿;春满乾坤福满门",又可发挥其教化与警示之功能,如"向阳门第春常在;积善人家庆有余";既可宣泄现实生活之压抑,如"一回酒渴思吞海;几度诗狂欲上天";又可抒发怡情悦性之所需,如"爽气西来,云雾扫开天地憾;大江东去,浪涛洗净古今愁"(参见桂胜、吴珊,2002)。崭新的对联无不暗示着人们对和乐生活的真挚追求与向往。

除了火红的对联和精心准备好的年夜饭,祭祖,则充分彰显着年节中孝文化的精神感召。中国人对祖先、对父母自有"报本反始"、"尊祖敬宗"的崇敬感怀之情,梁漱溟(2011:195、233)曾把中国文化总结为"孝"的文化,林惠祥(2013:237)曾指出,祖先崇拜的发生之基础主要在于人们认为亡人与生者、阴阳两界之间仍存在密切的关系,正是这种联系或说正是这种神秘的作用力量,使我们与祖先有了种种联系的可能。作为古代社会氏族宗法之遗风,孝对于推动社会文明的进步发挥着既深且远的作用,并仍以其强大的惯性势力潜移默化地引导着人们的思想观念和行为导向。在晓村,各家族虽无正式的祠堂、族产,但对祖先、父母的敬畏缅怀却丝毫不差。每年除夕这天下午，大约三四点钟，各家各户的兄弟们会放下手中的活，集合在一起，准备好两种点心，两样水果，四炷香，四碗熟食，四刀黄表和一百个左右折好的金元宝等祭祀用品，去给亡父母上坟，在坟前燃鞭炮，并祈求家族兴旺、福运绵绵。① 其实，不仅在年节，一年当中以岁时为序，清明、端午（纪念屈原）、七月十五、八月十五、十月一无一不是以彰显孝道、礼敬缅怀先祖为主题，人们的道德伦理、精神传统与这些传统节日紧紧交融。家族成员不仅在肃穆庄重的仪式中与先人产生情感与心灵上的交流和共鸣，更于仪式过程中加强了彼此的联结与和睦，无论平日里有着怎样的不快，都极易在精神上、意识上不由自主地被卷入节日的氛围中，由此，平日里的小摩擦得以淡化和消解。有时候家族成员在拜祭过父母之后，会趁机相聚一起把酒言欢，借此联络情感，促进亲情融洽。

在晓村，村民对"年"的重视还体现在"忙年"上。如果说亲情的呼唤、家的归属、孝的激励是春节的文化品格和精神依托所在，那么"忙年"则是这种内在精神的现实体现，也是村民过年的一项特色。如果把村民的"忙年"，仅仅理解为打扫房屋、准备年节食用的饭菜，就不能真正理解晓村村民对"年"的认识和感受。事实上，"忙年"的过程是需要举家合力完成的，男女老少，无不包含在这一"忙年"的过程中。当然，家庭成员之间在共同"忙年"的过程中难免产生分歧或矛盾，但借着年节的喜庆气氛，这些矛盾通常又会自行消解。对村民来说，"忙年"就是一种家家必需的过年的仪式感，在全家人的齐心协力下，村民将房屋打扫得一尘不染，在厨房精心准备每一道饭菜。在这些年节工作的准备过程中，村民真正享受的，更是一家人在此过程中所感受到的精神上的自由和欢畅，更进一步说，"忙年"的文化之魂非团圆莫属。

春节是最能够让村民满足味蕾享受的重要节日，在此期间，村民一改往日生活的拮据，用心享受节日的欢腾。在他们看来，辛辛苦苦干了

---

① 村民通常遵循"神三鬼四"的说法，祭祀用品许多以"四"为单位。

第二章　晓村及晓村的日常生活

一年，不管这一年挣得钱多钱少，这个年是一定要好好过的，这既是对自己辛苦一年的慰藉，也能使自己在特定的时空氛围中放慢生活节奏，身心才得以享受几日短暂的放松。在经济匮乏的年代，"吃"是春节的主题，为了度过一个祥和平安的春节，制作"年下菜"是这一带人的传统，"年下菜"，顾名思义，就是人们在过年期间准备的饭菜。各家各户准备的年下菜，一般都会比平时过日子的规格和要求更高一些，种类也会更丰盛一些，人们平日里舍不得吃的东西，此时也都会尽量端上餐桌。在我的印象中，身边的许多邻居甚至一进腊月，就常常谈起过年要置办的年货和要制作的饭菜，谈起这些对过年无比积极的村民，常有人笑说"看看人家过年那个盛（sheng）劲儿"，这话里充满了对这类村民的赞赏和羡慕，因为在村民的心里，日子过得越好，越会对年节充满向往。不过，可不要以为那些日子过得不那么风生水起的村民就对过年没了兴趣，事实上，就像那首歌唱的，有钱没钱回家过年。村民们说，有钱没钱，都得过年，大鱼大肉和白菜豆腐，都叫过年。从这里亦可以理解，村民对过年有着独特的感受和态度，而对于少数村民故意在年节时大摆筵席、奢侈消费、打破乡村平衡的行为，村民对此常常嗤之以鼻。

在晓村，年下菜是过年必备的，没有年下菜就不叫过年了，忙了一年如果没过个好年，那真真太令人遗憾了。炒咸菜丝、做酥锅、做肉品、做豆腐箱、做八宝甜饭、蒸鱼和包饺子等是村民年下菜的几个主要组成部分。咸菜丝主要是作为年节食用的小凉菜，有时候作为下酒菜，更多时候是作为年节这几天人们的早点食用。在过节的这几天，平日里村里经营豆浆油条、包子米粥、烧饼馄饨的小摊贩都歇业了，有的摊贩从腊月二十六一直停业到正月初六。不唯卖早点的摊位，春节接连几天菜市场、集市上也没有太多新鲜的蔬菜或肉食供应，因此，准备年下菜既要在年节中招待亲朋好友，又要度过这几日全民放假的空当。咸菜丝之所以会更受欢迎，是因为这一带的村民平日里作为调味的小咸菜多是腌制而成，而年节准备的咸菜丝则是加入了花生、肉丁、青豆等食材炒制而成，较平时更加精致而味美。煎饼馒头的米麦之香配上这清爽开胃的小咸菜，在村民们看来，也是别有一番风味了。而酥锅更是过年必备的菜品之一，这道菜算得上是这一带的特色菜，因而也着实深受人们的喜欢。在我的印象中，酥锅跟过年之间几乎可以画上等号，没有酥锅，总会感觉过年没有了年味儿。临近春节那几天，村民们见面打招呼的话已经不是往常的"吃了吗？"而是"做酥锅了吗？"记得中小学那会儿寒假放假晚，总是临近腊月二十三小年那天才放假，但真正让我感到要过新年的，一定是回家以后厨房里弥漫的那股浓浓的酥锅味道，闻到味儿，心里便会莫名地激动起来：上了一年的学终于要放假要过年了，终于可以正大光明地轻轻松松玩上几天了。儿时的心里，过年就是一场狂欢，而酥锅，就是这场狂欢的前奏。这道菜是将鱼块、鸡块、猪肉、猪蹄、海带、白菜、豆腐、藕等多种食材荤素搭配，配以葱姜、糖、醋、料酒、盐等作料烩制而成。看似口感相去甚远的食材种类在这大火小火的转换中相互渗透、融合，几个小时的用心烹制使这一锅酥锅不腥不腻，甜酸可口，汤汁因饱含肉皮中的胶质而晶莹剔透，若用高压锅煮炖，更可以将鸡骨鱼骨炖至酥烂，以至入口即化，酥锅一名也就由此而来。在这一带的人们看来，满足口腹之欲是最实在的，条件好的多放鸡鱼猪肉，条件稍差的多放白菜豆腐，因而酥锅可以满足各个阶层人们的需要。烹制这一锅鲜美的酥锅，仿佛像极了村民们朴实的生活，其食材便是平日里种种的酸甜苦辣，只要用心熬煮和体味，平凡的生活也总能带给人们不一样的体验。酥锅可谓粗中有细，细中有粗，这菜里藏着人们对生活的态度。

　　在过去，村民们的生活水平普遍低下，荤腥儿并不是天天能够吃得到的美味，而年节时烹制的酱肉就成为满足自己味蕾的重头菜。这里鲜有南方部分山区所特有的腊肉，人们更热衷于各式的鲜肉，如炸肉、烤肉、酱肉等肉品。在晓村，常常看到许多流动的菜肴推车，车窗上赫然贴着"现炸热卖"几个大字，村民买这些肉菜的时候，如果是冷的，老板定会爽快地答应给顾客再热一遍，因为似乎除了酱肉之外，冷食肉食总不如热食感觉舒坦。在村民看来，食物有着自身的节律，一种食物该什么时候吃，怎么吃，村民对此总是心里十分有数，就如人们嘴里常说的，什么时候该办什么事一样,一旦错过了,就像错过了一道品尝美味的最佳时机那般令人遗憾。

或许,再爱吃肉的人也受不了年节期间天天吃肉,聪明的人们于是又有了一道荤素搭配的创举:豆腐箱。这道菜也深受当地人的欢迎,在晓村,豆腐箱的地位并不逊于酥锅。这一方面是因为豆腐箱与"兜福箱"或"兜福香"谐音,使这块普普通通的小豆腐块被赋予人皆喜爱的吉祥寓意,另一方面,是因为这道菜既可当菜,又可当饭,既华又实,因而受到村民们的青睐。豆腐箱,听起来食材就是常见的豆腐,但此豆腐非彼豆腐。做豆腐箱的豆腐首先要切成大小适中的豆腐块,然后把切好的豆腐块放入油锅炸至金黄色沥油捞出,在炸好的豆腐块上沿边一刀切出豆腐箱的"箱盖",注意不要切到底,然后用勺子挖出剩余的嫩豆腐,这样,一个金黄色的豆腐盒子,也就是豆腐箱的箱子就做好了,空箱子里填充的馅料一般是韭菜、肉丁、木耳、海米、豆腐沫,将这些馅料炒熟后填充进空箱子里即可。待食用时,将填好馅儿的豆腐箱放入蒸锅蒸大约二十分钟即可出锅,用花菜、番茄、黄瓜配以淀粉勾芡熬制成汤,将汤汁浇在豆腐箱上便大功告成了。跟豆腐箱一样"内敛"并且有"一肚子"内容的另一道美食要属饺子了。饺子在北方实在太常见,俗语说好吃不过饺子,就像南方过年不能没有汤圆,北方过年则少不了饺子。过年跟饺子实在是一对黄金搭档,在晓村,如果说没有酥锅的年不叫年,那么没有饺子的年则不完满。寒冬腊月,屋外雪花飘飘,屋内欢声笑语,在外游子年节返乡,得以跟家人团聚一桌,吃上一碗热气腾腾的饺子,心里那个满足呦,实在是人生一大快事。其实,这里的饺子与全国大部分地区的饺子相比,就独特在其形上。其形的不同首先体现在梯形饺子皮上,将梯形的饺子皮上底朝指尖方向平放在左手上,取适量馅料放在饺子皮中部,用右手将从饺子皮上底卷成圆筒状,圆筒靠近下底时,用两手的拇指和实指捏住圆筒开口的两端,同时朝外推折,并将下底的两个角捏牢即可。这样包出的饺子状如翘角元宝,皮薄、馅多、味美,看起来就令人赏心悦目,充满食欲。过去人们生活水平低下时,饺子是年节庆典才能吃到的美食,现在人们生活富裕了,饺子也就成为村民们日常生活中的常客,但即便如此,年节也少不了饺子,不仅是因为饺子象征团圆、交子的美意,还因为饺子作为年节必备品的观念已经在村民心里根深蒂固,年三十的晚上不管年夜饭吃得有多饱,总要吃个饺子才算圆满。村民常说"出门饺子还家面",不论在外工作抑或求学,临行之前家人总会包一顿饺子,因而,饺子里也包含了一份家人对远行之人平安康健的祝愿。

过年的本质是精神性、文化性的,对村民而言,"忙年"是他们表达对"过年"情感的民俗形式。谈了这么多晓村特有的年节食物,并非是指晓村的过年俨然已经成为一个特殊的饮食节,而是说,村民制作的每一道食物里,都展现着他们的性情和气质,也藏着他们对生活、对家人一往情深的希望和祝福。

除夕之夜过了子时,村民不再将屋内的杂物向外扫,这是为了表示财富内流,实际上亦是一种对于过往的隔离和未来的认同,因此亦具有仪式性的意义。过了除夕就是大年初一了,晓村的街道上瞬间热闹起来,大人孩子穿着新衣新鞋走街串户地相互拜年,一声"过年好"道尽了村民彼此之间的问候与祝福,此情此景下,纵使平日里相互之间有些矛盾与不愉快,这一声"过年好"也已饱含了无言的歉意与谅解,因此,年节的气氛亦为村民之间的矛盾化解提供了契机。事实上,除了春节、清明、端午、中秋等这些传统节日外,像五一、十一类的现代节日,村民也都具有相应的节日活动,比如趁着假期带孩子出去晃晃,既能增强代际之间的情感关系,又能在忙碌的日常生活中得以放松。应当说,不论是具有农耕文明特色的传统节日还是具有时代特色的现代节日,都成为村民调适生活的重要契机,也在不同程度上为矛盾的化解提供了特殊的节日情境。

五 家常串门:问候拉呱

住在新楼上的村民聊天串门还相对少些,毕竟隔着房门、防盗门,又是住在楼上，串门终究麻烦些。而住在将军楼的村民就不一样了，家家户户之间只有一墙之隔，不仅在院子里说话邻里之间能相互听到，在房间大声讲话时隔壁邻居也能模模糊糊听到。有村民反映，有次他一大早打开大门，正碰上隔壁邻居要出去，他问候一句说"去割豆腐啊"，另一个邻居一听就噗嗤笑了，应一句"又让你们听去了"。原来，头天晚上这邻居与其丈夫就在商量着第二天一大早去割豆腐，做些豆腐箱准备年货，而这话昨晚上已经朦朦胧胧传到隔壁家了。而村民对此也早就见怪不怪了。所以尤其对住在将军楼的村民来说，村民得闲时相互走访串门实在是非常常见的日常活动。就笔者在晓村的生活经验而言，经常串门聊天的多是女性，其原因在于：一是在晓村，按照男主外女主内的传统，男性的时间多用于上班、打工，因为他们主要担负着养家糊口的责任。当然，这并不是说晓村的妇女没有上班或打工的，而是就主要负责照顾家庭这一职责来说，一般而言，女性的责任往往大于男性。二是因为，男性虽然也有在闲暇时串门聊天的需要，但聊天对他们的重要性往往不如女性高，而且他们的交谈常常更多地涉及国家、社会等外部世界的话题。所以就日常生活中的话题这块，我们谈论的焦点主要是晓村的妇女。

在晓村，"聊天"也叫"拉呱"，村民见面打招呼时常说一句，"做啥呢？""闲拉呱啊"。阳光晴好的日子，村桥头的电线杆下常常三三两两站着几个妇女，碰到她们在那聊天拉呱的时候，通常是下午两三点钟的样子，这个时间一般来说是她们的"自由活动"时间。当然，常凑在一起聊天的妇女多半是家庭主妇，不需要外出上班，因而才有空闲与几个村里要好的姊妹们闲聊。上午时间是看不到她们的，因为对村里大多数的家庭妇女来说，上午不光没有闲工夫串门聊天，甚至上午这几个钟头还有点不够用。她们虽不用上班，却总有做不完的家务劳动，用她们的话来说，"家里的活看不见在哪，但忙活满满一上午"，要是在早上去她们家串门子或者说个什么事情之后没完没了得跟她们闲聊起来，她们心里是会抱怨的。因为几乎每家每户的早上都有一堆的事情要干，比如擦桌子，扫地，拖地，刷院子这些天天明摆着的活，以及那些零零散散地拾掇拾掇这里，收拾收拾那里的活。早上去别人家里的人要是一屁股赖在沙发上不走了，那这些妇女们的心里是既着急又抱怨，这样的人她们称为"没眼神儿"，或者干脆在心里暗暗地骂上一句"烂腔"。总之，早上去人家里串门在晓村是件讨人嫌的事情。

伺候完一家人吃早饭，再紧锣密鼓地忙完家务，大概也就快十一点了。家里出去挣钱的男人快回来吃晌午饭了，上学的也快放学了，又得张罗着一家人的午饭。等做完午饭，一家人吃完，挣钱的又出去了，上学的又走了，稍事休息以后，这会儿就得差不多下午两点钟了。天气好的话，就在桥头站一会儿，总能碰上几个也从家里出来"自由活动"的邻居，有时候她们就这么站着聊一会儿，不过在这种公共场合聊的话题通常是些简单的日常寒暄，比如称赞谁家的酥锅做得一点腥味都没有，比如大年初一给哪几个仙家上供等。如果说着说着她们逐渐压低了声音，可能就表明她们开始谈一些不那么具有公开性的话题了。这个时候，她们当然可以继续晒着太阳小声交谈，但更多时候她们会就近去某个妇女的家里坐坐。这个"坐坐"的时间可长可短，要视她们聊天的内容而定，有时候可以一直聊到她们当家的快回来吃晚饭，有时候很快便结束了。

不论有意还是无意，笔者参加过多次村民在家里的聊天，天气暖和的时候聚集起来聊天的人多，有时候能达到三四个人，她们在院子里围坐在一起边晒太阳边拉呱，天冷的时候串门的自然也少了，通常只有一个或最多两个人过来，跟主人家坐在屋里闲聊。2018年冬天快过年的时候，几个妇女在谈论小爱的妈妈去商场退货的事。小爱妈妈今年四十五了，个子高挑，长得也秀气，平时稍微一打扮就精神的很。2018年一次逛商场的时候看见一件很喜欢的羽绒服，这羽绒服不便宜，要九百多块才能买到。她忍不住试了试，很合身，越看越喜欢，但一看标签就缩了回来。她没有工作，小爱还在上初中，小爱爸爸在村里工厂做加工车轴，这小一千的羽绒服穿在身上着实会有些压力。小爱妈妈脱下来走了，可逛了又逛，还是放不下这件衣服。回到那家专柜，试了又试，照了又照，还是拿不定主意。小爱妈妈告诉大家,她心想,这一千块钱,能给小爱买多少东西了,或者够他们一家人生活挺长时间了,可又想,自己长得也不孬,就学学电视上那些女的,对自己好一回吧,大不了今年买了那就明年过年她啥新衣服也不买了。狠下了一会儿决心,终于把这衣服买了。小爱妈妈说,收银台付钱的那一刻,那么厚一沓钱递给人家,她心里扑通扑通地跳,脸都热了。带着这件"巨贵"的衣服回家以后,小爱说好看,小爱爸爸也没像她预先想的那样责怪她浪费钱,也说好看。按理说故事就该到这儿了,可谁承想,小爱妈妈自己倒是打起了退堂鼓,回去以后还是心里不踏实,还是觉得贵了。她想,衣服再好看也是好看那一阵,有啥意思,哪赶得上给家里买点吃的用的划算,这一千花的有点不值了。那一晚,小爱妈妈说她一宿没睡着觉,心里矛盾得很,她说自己那晚躺床上朝这朝那得都睡不着,就跟咱平时在油锅里煎鱼一样翻来覆去。天一亮,她终于狠下了心,退货。一到八点半商场开门的时间,小爱妈妈就拎着这件还没摘掉标牌的羽绒服去商场退了货。别人问小爱妈妈怎么又下决心要退货,小爱妈妈告诉我们,衣服退了她是舍不得,不过退了之后她心里才真真又踏实下来了。说到这里,有的村民表示赞同,说"要是我我也舍不得","小一千买件衣服不值,退就退了吧",村民孙氏说,"年纪也不小了,又不是大闺女,这么爱俏①图个啥"。孙氏这个说法显然让小爱妈妈浑身不舒服了。在后来的另一次串门中,没当着孙氏的面,小爱妈妈发了一肚子牢骚,狠嘀咕了她一下。

有时候她们也谈些村里最近发生的事,比如谁家跟谁家结了亲家,谁生病住了院,也或者谈谈春节村里给村民发的米面花生油等,有时候村里谁年纪轻轻过世了,她们也发出些感叹,谈谈人这一辈子,有时候谈起谁家儿子不孝顺,她们也义愤填膺,有时候谁家出了个研究生,她们也啧啧称赞。在没有男人参与的世界里,妇女们谈得不亦乐乎,纵使没有激扬文字,也常常指点江山了。总之,不论是私人议题还是公共议题,

---

① 爱俏:方言,指爱打扮,注重形象。

她们总能找到大家都能谈得起的话题。

有一次，碰到一个村民在谈论自家的儿子和媳妇，事情的起因是：这个村民的儿子和儿媳住在她们将军楼的二楼，小两口有个七岁的女儿，也就是这个邻居的孙女。平时小孙女上学放学和吃饭问题都是该村民负责，儿子和儿媳的早饭也由老两口负责，午饭小两口不回来吃，晚饭则视情况而定，有时在家吃有时不在家吃。而且每次洗衣服时，当婆婆的总会连同小夫妻的衣物一起扔进洗衣机洗了。让这位"模范婆婆"不满的是，儿子儿媳的日常起居大部分由老两口负责，小两口也都有工作，可是儿子儿媳挣的钱却从不上交一分。此外，小两口明明在晓村的新楼买了房子，却死活不过去住，这村民说赶都赶不走儿子和媳妇。因此，这位婆婆牢骚满腹，总觉得这小两口就是想"赘死"[①]他们老两口。其他人纷纷劝解，"说到底是自己的孩子，而且小两口都知道上进，知道挣钱，虽然不往家里交钱但是时常带着你们去周边转转玩玩，也常给家里买东西，儿媳妇还给你买衣服，孩子安稳过日子又听话，比啥都强"，有的说"还是跟他们住一块好，年纪大了需要孩子们照应着"。几个人你一句我一句，都劝这位村民不要有事没事给儿子儿媳脸色看了。显然，这些乡间常见的劝导起了作用，虽然还是有些无奈，但看得出来这位婆婆的情绪已经缓和了不少。曹锦清（2013:40）在调研中听到一个村民说，农民一生辛苦只为填饱肚皮和替儿子娶妻造房这两件事，事实上，在晓村，村民串门拉呱的主题也常常围绕着生计和为孩子操心终身大事上，这应当算作是人们最普遍的人生理想和愿望了。

村民甲告诉笔者，有次他们家中午吃饭的时候，邻居乙跑到家里串门，招呼乙坐下后，乙看到甲桌子上的菜，开玩笑说了一句"吃这么清淡啊，刷盘子都不用洗洁精了"。村民甲告诉我，他们家那天三个人吃了两个菜，一个清炒甘蓝，一个土豆烧豆腐。乙的话把甲气坏了，在甲看来，乙的意思是甲家太穷，吃不起带点荤腥的饭菜，甲觉得乙颇有瞧不起他们家

[①] 赘死：方言，指拖累，连累，也指占便宜。

的意思，虽说乙是以玩笑话的语气说的，但甲还是在心里结下个疙瘩。甲告诉我，那天她后来饭也没好好吃完，虽然还是像往常一样跟乙嘻嘻哈哈，但心里是不舒服的。后来甲告诉我，邻里邻居低头不见抬头见的，她也就没有太计较了。

近几年，随着高校扩招政策的不断推进，晓村的大学生也越来越多。村民在一起闲聊的时候常常会提起自家孩子的上学情况。围绕孩子的教育问题，村民在家常串门时也常发生些矛盾。去年夏天，村民王氏的儿子考上了山大，在村民看来这可是一件了不起的大事。不少街坊们纷纷来道贺。村民小李一边夸赞孩子有出息，一边说王氏教育得好。王氏喜笑颜开，着实为儿子而自豪。小李的女儿在山师读书，那时候也是为女儿骄傲得很，因为家里也有读大学的孩子，所以小李对高等教育问题也有些了解。小李一边称赞着，一边说，"考大学就得考这样的学校，那些乱七八糟的学校考上了也白搭，还不如不上"。说者无心，听者有意，站在一旁也来道贺的赵氏听了这话心里犯嘀咕了。赵氏的女儿在某某职业学院，在赵氏看来，相比王氏、小李家的孩子，自己女儿上的学校自然对号入座到小李所谓的"乱七八糟的学校"上了。当着大家伙的面，赵氏没有说什么，但心里很不是滋味。

家常串门作为村民日常生活中的重要组成部分，一方面既是增进村民之间相互了解和沟通交流的生活方式，使村民得以在轻松愉悦的氛围中拉近彼此的距离，另一方面，又常常在村民有意无意的闲谈中平添可大可小的矛盾。换言之，从一定程度上讲，家常串门既能种下矛盾的因，又是化解矛盾的果。村民彼此之间是拉近距离还是生出是非，往往就在于村民的一言一行，一举一动中。

本章小结

这一章，本研究主要通过对晓村日常生活的观察和体验，从整体上介绍了晓村以及村民的日常生活，希望通过尽可能全景式的描述，使晓村成为一个鲜活生动的日常生活场域，以进一步呈现村民在这个村庄里的现实生活。相较于传统意义上的农村，晓村是一个典型的近郊村，由于距离城区较近，加上村民的生计在三四十年之前已经基本不依靠土地，因而村民的生活方式和思维方式受到了较多城镇化、市场化的渗透，但与此同时，从村民的日常行为选择中却又能够深深地感受到传统的力量，应该说，传统在这一方土地上依然对村民的思想和行为发挥着潜移默化的作用，因此，传统与现代双重色彩在这里共同体现着。

  晓村位于B区北部，紧邻的城区使村民得以经常穿梭于村庄和城区之间，获得他们的日常生活所需；西南方向的客运站是晓村一带最主要的交通客运站，村北面与王家村毗邻；东面是侯家庄；村委会在晓村的西北面，除了年节时村里给村民发放一定的米面粮油时这里热闹一些，平日里村委会这里的村民并不很多。

  该村是个杂姓村，赵氏、李氏、王氏是村里占人数居多的大姓，此外，还有孙氏、胡氏、张氏等，其中，赵氏家族的人口约占全村人口的35%。村里设有村民调解委员会，并设有专门以家族划分的调解小组，这些成员成为化解村内、家族内矛盾的重要资源力量。在晓村，村民的生计主要依靠三条路径，一是在村庄内少数村民创办的私企打工，二是去城区打工，三是经营各类小生意，比如开小卖部，经营早点生意等。也有不少村民将住房资源转化为经济资本，比如当作门头房用于出租，或是自行创业开小饭馆等。伴随城镇化的进程，90年代以前三世甚至四世同堂的院落已经越来越少见，取而代之的是独门独户的将军楼或新楼，这不仅是住房条件的改善，更是人们生活方式的变更，这种变更在减少了家庭、邻里之间分歧和矛盾的同时，也使人与人之间的边界越来越分明，我们应当以何种视角看待这种人际之间的边界感尚不可知，但可以确定的是，蔓延的边界感正悄悄改变着人们的生活。

  除了几个固定的时间点，村里大多数时候都是安静的，这使村庄的生活看起来波澜不惊，但事实上，在家庭生活中，邻里交往中，以及村庄社会生活中往往潜藏着这样那样的竞争和矛盾。这些矛盾就如村民说的，多数时候是"悄没声的"，尤其随着现代化、市场化的持续渗透，村民看起来是各自孤立的，晓村似乎越发不能被看作是传统意义上的村落共同体，但在这里生活一段时间后，又会明显地体会到，村民之间依然有机联系着，或可说，他们依旧生活在农村的传统和惯习当中。

  作为一种阶段性的实现社会再生产的仪式行为，红白喜事是村庄生活的日常，正如吕薇（2016）所说，人生的过渡礼仪就是由实用性，功利性的目的及理由、工具和手段相接而成的行动系统，经历多了村庄中的各类红事与白事，悲欢离合变成了人生之常态，这使村民能够淡然对待生活中的种种遭遇和困境，拥有了一颗看待生活的平常心。村门大街不仅是满足村民日常生活所需的消费地点，亦是集中汇聚了市井人情的生活场，在这些经营小生意的村民背后，往往可以一窥他们平凡而鲜活的生活史。而赶集，作为村民生活中的周期节点，既能满足人们对物质生活的需求，又能为人们提供消遣娱乐的场域，从而为村民平凡的生活注入一丝鲜活的色彩。如果说赶集是村民在地方生活中的短暂性周期节点，那么每一次过节则应当是更广泛意义上的生活节点，不论是隆重如过年的重大节庆，还是其他传统节日抑或现代节日，和、乐、祝、祭都是对生活不变的期待，可以说，过节成为村民日常生活中的重要有机组成部分。而同龄人之间的家常串门可谓是村庄生活最常见的日常生活场景之一，这是属于村民的非正式的沟通与交流渠道，有关村庄中的许多消息正是通过这样的途径得以传播和扩散，从这个意义上说，家常串门成为村民在日常生活中的信息集散途径之一。

  在这一章，笔者花费了较多的笔墨来描述村民的日常生活，这一方面是为了尽力展示村民们的日常生活图景，另一方面，希望能够通过我的所见、所闻以及所感，在努力描绘这幅村庄生活图景的同时，能够极力表现村民的日常生活状态，再现出他们在"彼情彼景"中的所想所愿，使他们的日常生活更鲜活地展现出来。虽然只是些微不足道的生活片段，但却能够在一定程度上反映这里的村民对生活的看法和态度，能够为他们在化解日常生活矛盾中的所思所想作一些注脚。比如在红白喜事这类特殊的仪式情境中，村民的特殊行为折射出人们对生命怎样的态度，而仪式过程中又暗藏了哪些潜在的矛盾；在村门大街的市井喧嚣中，村民在笑脸相迎的背后，又潜藏了哪些无言的竞争；逢集的时候去大集上"晃晃"，又能引发哪些心理上的不舒畅；在过节当中，村民的生活理想和愿望如何体现，而他们对待矛盾的态度和化解矛盾的方式则与其生活理想有着密切的关联；以及在妇女们的家常拉呱中种下还是化解了怎样的矛盾。当然，这些矛盾都是嵌于日常生活的背景当中的，只有在这个背景下，这些矛盾才得以发生并得以化解，因而从一定程度上说，对于这个背景本身的描述同对于在这个背景下发生的日常生活矛盾的描述，具有同等的重要性。把这些琐碎的日常生活场景联系起来，对晓村的日常生活有了相对具象的熟悉后，他们徐徐展开的日常生活才能为我们所理解和把握，而乡村日常生活矛盾化解的适可环境也就初见端倪。

第三章

村民日常生活中的主要矛盾案例举隅

对于大部分普通村民来说，日常生活在很大意义上就是门前门后的居家过日子，简单而平实的生活既没有"修身齐家治国平天下"的气度，也没有"先天下之忧而忧，后天下之乐而乐"的胸怀，有的只是"最喜小儿亡赖，溪头卧剥莲蓬"的自在，是"绿蚁新醅酒，红泥小火炉"的热情，当然，还有"抽刀断水水更流，举杯消愁愁更愁"的怅然。家庭生活成为了多种生活事件最主要、最重要的生发场，而在亲情关系之外，邻里、村落成为联系最为紧密的生活场域，在这样低头不见抬头见的村落生活中，每天上演着一幕幕忧欢悲喜的生活故事。

事实上，村民日常生活中的矛盾无时无处不在发生，或可说，人们的日常生活正是由种种无法预期的矛盾所组成。对于晓村，本研究调查所得的这些矛盾案例只是村民日常生活中部分常见的典型案例，虽然无法穷尽每一种类型的矛盾，某种程度上也只能尽力去达到一种"片面的深刻"，但即便如此，本研究认为，"片面的深刻"亦能反映一定的现实问题，固仍旧希望尽力从有限的案例中揭示村民习焉不察的日常生活智慧。

第一节 家家有本难念的经

许慎《说文解字》载，"家，凥也。从宀。豭省声"。可知"家"与"居"，可看作同义。家庭是后起词汇，亦是社会最基本之细胞。马克思、恩格斯对家庭的界定是，"每日都在重新生产自己生命的人们开始生产另外一些人，即增殖。这就是夫妻之间的关系，父母和子女之间的关系，也就是家庭"。孙本文研究（1935:441）指出，夫妇、子女等亲属之结合而形成的团体称之为家庭，而家庭之所以成立，一则在于亲属的结合，以及两代或在两代之上的亲属；二则在于家庭成员有着较为永久性的共同生活。家庭生活既有温情脉脉的一面，又是一个由夫妻、子女所组成的权力格局，在这样的场域中，家庭成员间同样存在由家庭政治所带来的家庭内部矛盾与纷争。有学者认为，对于一般国人而言，人际困境之主要来源乃是来自于家庭，并将其称之为"亲情困境"（朱瑞玲，2012:230）。在晓村，一般而言，婚姻与生育矛盾、分家与养老矛盾以及育子教人矛盾常常是村民在家庭生活中所面临的几种主要的日常生活矛盾。

一 婚姻生育不遂心

在家庭生活中的婚姻生育矛盾方面，常常涉及婆媳关系、夫妻关系以及有关生养子女等具体问题。婆媳关系的和睦对于稳定的家庭生活至关重要，随着市场经济理性的发展，尤其女性在取得经济独立之后自觉以一种更加自信自立的态度面对家庭生活，她们有能力在家庭事务中拥有话语权和抗争意识。然而，即便当代婆婆的家庭权威有所弱化，出于理性与情感的双重考虑，崇老敬老依然是多数村民所奉行的行为准则。夫妻之间的矛盾也常常五花八门，有的细小琐碎，有的分歧重大，求助他人的调解说合也好，双方协商互让也罢，家和万事兴都是人们不自觉在面临问题时所遵循的原则。生育文化是一个关联社会政治、经济与文化背景的社会性问题，传统农村社会中，养儿防老、多子多福的生育观主导着人们的生育思想。随着社会的进步和发展，传统生育观念已经在逐步发生变化，在从传统生育观逐渐走向现代生育观的转型过程中，同样存在着许多不可避免的新的矛盾与问题。

1."驴脾气闺女"

在村落家庭生活中，婆媳之间的矛盾极易引发亲家之间的相互不满和冲突。在晓村，有的亲家之间互相"看不对眼"，以至于在晓村打了照面依然"谁也不搭理谁"，有的娘家为了保护女儿甚至跑到婆家吵闹，但也有少数村民与亲家之间相处较为融洽。

> 咱自家闺女自己知道，脾气有时候也是挺急，再一个说，原来在家为闺女的时候也是没怎么舍得让她干活，啥事也是依着她，真是。这不到了人家家里，为人妻为人儿媳妇了，难免也有个磕磕碰碰，我也是当了这么些年儿媳妇的人了，咱也都了解。原来小萧刚结婚那几年，也是有时候回来说她和她婆婆咋样的事，有时候又为了做饭的事，有时候又为了买东西啥的，啥事也有，大事不多，都是些鸡毛蒜皮的事，也是难免心里头不得劲，闹别扭。咱心里头说实在话肯定是向着咱自家闺女，你说是吧，闺女再不对也是亲闺女，闺女受委屈咱当老的心里也不好受。谁家的孩子不是自己家里的宝啊，是吧，也是心疼得了不得。

村民梁宝春[①]的女儿小萧嫁给本村一户王姓人家，谈到女儿刚结婚的几年经常回家向梁诉说在婆婆家的不适应和所受的委屈，梁的眼睛里满是疼惜。正如她所说，"谁家的孩子不是自己家里的宝啊"，看到自己女儿受委屈，哪有当妈的会不心疼呢？很明显，受了委屈的女儿回到娘家跟母亲哭诉是一种寻求支持和帮助的策略，或者说，是希望娘家能为其"撑腰"或"讨回公道"。

> 但是心疼归心疼，咱这当老的可不能鼓动闺女和人家婆婆公公作对吧，还是得想方设法圆过去，让他们好好过才是正事。我和她爸都是说让她收收在家的那个脾气，好好和人家过日子，这才哪到

---

① 梁宝春，女，64岁，90年代前曾在晓村小队里种菜，后经营小卖部。访谈时间：2017年5月3日，访谈地点：梁宝春家中。

哪啊，才刚开始可不能闹不愉快，我说有啥事好好说，别上来就拉着脸，就烦气，也别动不动不搭理人家，啥话不能好好说。哎，我有时候我就和俺女婿说，我说小萧就是有个驴脾气，我说你和你爸妈说多担待点，多让让她。我也和俺小萧说，我说当人媳妇和在家做闺女可不一样，别啥都依着自己，一家人平平安安和和气气比啥都强，再说了，谁都有老的一天，年小的孝顺年老的那是理所当然的事，孝顺我是孝顺，孝顺公公婆婆也是孝顺。现在这不外甥都十来岁了，现在脾气好多了已经，当了妈也越来越懂事了。我和她婆婆公公也还算可以，见了面说话啥的都挺好。这人就是这个样啊，你让一步，我让一步，才能好好过日子。

梁深深地明白，鼓动女儿与公婆作对也许能解一时之快，但这对于女儿长久的婚姻和家庭生活丝毫无益。出于为女儿长远的将来考虑，梁既劝导女婿能够跟其家人多多包容女儿，又要求女儿收敛脾气性格。在梁看来，"一家人平平安安和和气气比啥都强"，正是以此为出发点，梁通过两边劝说，引导女儿有一个和谐的家庭，而亲家之间自然而然也能和和气气。与此同时，百善孝为先，"孝弟也者，其为仁之本也！"（《论语·学而》），梁教育女儿以孝为先，"谁都有老的一天，年小的孝顺年老的那是理所当然的事，孝顺我是孝顺，孝顺公公婆婆也是孝顺"，梁要求女儿以孝顺自己的标准孝顺婆婆，只有这样，"你让一步，我让一步，才能好好过日子"。

婆媳关系的变迁是社会经济、文化不断向前发展的缩影，传统时代的婆媳关系在扼杀人的自由天性的同时亦带来了一定程度的稳定和安宁，正如贺雪峰（2008）指出，传统的以父子轴为核心的代际关系"减少了家庭成员自由伸张权力的张力空间"。现代社会女性的社会地位大大提高，作为出嫁女儿"靠山"的娘家如果能够从大局出发，理性分析与亲家的关系，往往能够妥善引导女儿婚姻家庭的幸福。

梁的高明之处就在于她懂得在家庭生活场域中，家庭成员力量的相对均衡，以及家人之间的相互忍让对于家庭和睦的重要性，懂得家庭生活同样需要退一步开阔天空的道理。

2. "谈不拢的婆婆"

虽然在村民的家庭生活中时时处处存在着各类矛盾或问题，但不同的家庭往往有不同的处理方式，比如有的家庭往往听之任之，以"无为"达到"有为"的效果；也有的家庭不注意方式方法，家庭成员硬碰硬，各不相让，使矛盾不断激化，破坏和谐的家庭生活秩序；也有的家庭成员之间善于沟通，遇到问题时有商有量，共同商讨和制订出解决问题的办法。在以上列举的这三种基本的解决家庭问题的方式中，第三种无疑是最积极正面的化解途径。

> 其实现在咱人的生活条件比以前好多了，家里头兄弟姊妹也都很少了，家里原来那些事啊，媳妇跟婆婆啊，跟妯娌啊，关系也比以前好多了。我比你大几岁，就说咱爹妈那一代的时候可能农村里头家里儿媳妇多，事多，好拌嘴闹别扭啥的，现在人口少了，也不像以前过日子那么紧巴了，而且现在甭管年小的还是当老的，都明白过来不能在一起住了，所以咱说实在的，家里头这矛盾是少多了。当然有是肯定有，但是说，咋说呢，不那么明显了，也不很表现出来。

碧婷[①]说"不很表现出来"时，压低了声音靠近笔者并轻轻拍了下笔者的膝盖。这个动作显然能够表达她对笔者说的话是一种悄悄话的意思。

> 就好比说我，你应该知道，我这个人不酸气，也不好挑人毛病，基本上和谁也能处得上来。但是也是难免和俺婆婆闹点矛盾啥的，但是退一步说，这闺女和她亲妈还难免拌嘴呢你说是吧，更何况咱

---

① 碧婷，晓村村民，女，33岁，城区酒店大堂经理，访谈时间：2017年1月15日。访谈地点：碧婷家中。

和婆婆，要不是为了对象，咱和人家他妈八竿子也打不着的关系，你说是吧，所以我觉得别强求，这儿媳妇和婆婆啊，能做到相安无事就不孬。

她摆摆手，一副无所谓的样子。这使笔者想起来，在笔者的生活经历中，似乎像碧婷这种将婆媳关系看得很淡然的年轻人越来越多了。从这里或许可以看出，年轻媳妇在家庭生活中对自身的角色认同和期待越来越理性化了。

和婆婆这矛盾都是些鸡零狗碎的东西，单看都不要紧，都是小事，一天一天加起来就觉得心里头真是烦，真是不舒坦，有时候觉得咽不下那口气，实在是忍不了了，但就是和她没办法谈拢，没法和她说话，我就找俺公公评理。我给你传授点经验，这男老的，就说家里这公公吧，一般是家里头比较讲道理的，又是当老的，婆婆的主也就是当公公的能为的了，你有矛盾了有时候找对象还不如找公公，为啥，因为公公能做主啊，你找对象，你想想，一头是妈一头是媳妇，他也为难。所以实在是有啥解决不了的矛盾就找公公最合适了。

碧婷的话很实在，既考虑到了丈夫的为难，又能切中要害。

我找过俺公公，就找过一两次吧，俺公公就说等大家伙坐一起说说这个事。就和开会似的，家里头开会，就和电视上演的似的，那些东北人，记得吧，一家人盘在炕上谈事那种。咱没炕，但也是一家人商量事，就家里头俺两口子加上他们两口子，就四个人开会，俺公公在中间说合说合也就过去了，要不还能咋办，一家人过日子，还能动不动就不过了？其实不光是有啥问题有啥矛盾大家伙坐一起商量解决，平时家里头添个大件啊或者是有个啥事啊，坐一起商量商量也挺好。这一点我觉得他们家还做的挺好，就是有事说事，啥事只要说开了咱就好商量。

在肯定家家户户都有大小矛盾的同时，村民碧婷从日常生活经验中得出，"男老的"，"一般是家里头比较讲道理的"，我们暂且不论其观点正确与否，从这种话语表达本身可以看出，她所肯定的应当是公公对于调解婆媳矛盾的角色功能，进一步说，她掌握了家庭成员之间的力量权衡之术。对此，有学者（崔应令，2007）以整体论视角对转型社会家庭中的婆媳关系进行分析，将婆媳关系置于父、母、子和子、媳、孙的多元关系格局中予以考察，认为媳妇的进入使父、母、子所构成的稳定的三角关系成为具有不稳定性的四边形关系，而孙代的抚育及公公的在场分别成为"弹性稳定"的平衡杆和影响平衡的附加砝码。因此，作者认为在转型期的家庭中亲子关系与夫妻关系并重，家庭内的多元因素共同制约和影响着婆媳关系，从而使婆媳关系处于一种"弹性的稳定"当中。遇事可以找"男老的"评理是一方面，"家庭会议"的召开更是其家庭和睦的制胜法宝。相关研究表明，由于当代家庭结构的变迁，媳妇的地位不论在经济还是社会交往上都较以往有了较大提升，虽然当代婆婆的权威相比传统社会已有所下降，但传统孝道伦理依然在较大程度上维持着婆媳之间的和睦关系，因此，加强婆媳之间的沟通、理解并建立可靠的信任关系是建构良好的婆媳关系的核心（易伍林，2010）。

在此，召开家庭会议的意义与功能主要体现于两方面，一则对于家庭成员之间已经发生的大小矛盾进行化解说合，二则提供一个对针对家庭中一切大事小情的共同协商的机会。与此同时，家庭成员间的感情也能够通过这样的方式得以进一步增进。

3."儿媳妇是外人"

面对琐碎的日常生活，为了减少或避免不必要的误会或麻烦，村民多抱有"多一事不如少一事"的心态，渐渐地，这已然成为村民应对和处理生活问题的默认原则。

> 俺婆婆这个人啊，人是好人，她也没啥坏心眼，就是太不会办事了。人家那架势就是他们都是一家人，只有我是个外人，啥时候都是这样，她儿子哪都好，她儿子做的不对我也得体谅他，我要是什么做的不好那就是我妈没教好，你说气不气死个人？真的，有时候没法跟她讲理。

据了解，村民孙倩①与丈夫结婚八年，虽然不与公婆同住，但由于两家同住晓村且距离较近，因此婆婆经常来孙倩家里帮忙照顾家务，虽然婆婆是好心，但在孙倩看来，这等于是增加了很多婆媳二人相处的时间，也就等于变相增大了发生种种矛盾的概率。而事实也证明，她与婆婆的矛盾往往正是源于婆婆对他们小家庭不间断的各种照料和帮忙。

> 有一回，你说我洗一堆衣服晾在阳台上，有我的，有我对象的，也有我儿子的，等衣服干了我准备去收衣服的时候，你说气人不气人，我一看，我婆婆把他儿子和孙子的衣服都收了，晾衣架上就只剩我的衣服了，你说谁看见这一幕谁不气？她还不如不帮忙呢！这是找茬气我吧，他们都是一家人，唯独我的衣服在上面挂着没人管，真的是看到以后气死了。后来我就好几天不搭理她，真的，真是心里气得慌，堵得慌，叫谁谁不气啊，哪有这么办事的。

在孙倩看来，婆婆的这番举动无异于是将孙倩排除在亲密的家庭成员之外，也就是说，孙倩的身份尚未得到大家庭里的认同，婆婆的举动使孙倩感受到她与婆婆明显的"边界"。在这个家里，她没有感受到应有的归属感，这是孙倩极为懊恼的原因。

---

① 孙倩，晓村村民，35岁，城区企业打工。访谈时间：2017年1月19日。访谈地点：孙倩家中。

为这事我好久都不想搭理她,到后来好像快过年了,年三十那天,大过年的你说俺三口还能不过去和他们过年?去都去了你说还能不说话?说心里话让我一个人在家里过年我一点都不觉得不热闹,但是我不去的话,婆婆公公倒是无所谓,小宝和他爸不得挂念着我一个人在家吗,所以说,哎,谁也不为也得为了俺小宝吧,大过年的,家和万事兴啊,算了,说开话了又。

在晓村,按照年节的惯例,子女应当回到父母家陪父母一起过年,这既是孝道的体现,又体现出传统节日举家欢度的快乐气氛。一般而言,年三十晚上主要是小夫妻回男方父母家,而在大年初二这一天,小夫妻回到女方的父母家,村民把这叫做"初二走丈人家"。正是借着年节的愉快气氛,孙的小家庭回到公婆家,才使二人在节日的特殊情境下化解了尴尬。

后来慢慢我就琢磨开了,忍忍算了,多一事不如少一事,懒得跟他们计较,人家年纪大了,要是哪天跟她理论,把人家这病那病的引出来,咱还得去陪人家住院看病,又花钱又费时间,不是更麻烦,再说人家还帮咱带带孩子,要是不帮忙带孩子我还真是忙不过来,一寻思这些事,还指望人家给咱看孩子,寻思寻思算了,睁只眼闭只眼,就这么过吧。

既要顾虑到老人的身体,又要依靠婆婆帮忙带孩子,孙倩最终决定"忍忍算了""多一事不如少一事""睁只眼闭只眼""凑合过吧",这里既有现实理性的推动作用,也有传统家庭伦理的支持作用,是代际相互认可的妥协与支持。在亲密的家庭生活中,采取大事化小小事化了的处事方式有其必要性:其一,能够维持家庭和谐和正常的生活秩序;其二,晓村这样的村落社会情境使然。前一方面自不必多言,而后一方面的考虑主要在于村落生活场域中社会舆论对村民行为的制约作用，从后文多位村民"怕教人笑话"这样的表述中便可进一步感受。

4."无儿低人一等"

王跃生（2006，2013）借助人口普查的相关资料以及历史档案、实地调研等对农村家庭做了大量研究，通过考察不同历史时期家庭结构的变动，认为农村家庭小型化趋势明显，家庭结构的简化和规模的缩小将使家庭的传统功能以及家庭成员间的相互关系发生变化，同时带来的问题是城乡之间在养老以及其他家庭服务资源方面的不同需求。将个体的有限生命寄托在无限的家族延续中，从而使个体的人生价值得以升华，在这样的生命情怀下，养儿防老、多子多福往往被视为多数中国人的生活愿望和信仰。也因此，儿子的有无成为许多农村家庭生活和睦的晴雨表，在一定程度上也成为决定儿媳妇们在婚姻生活、家庭生活中幸福与否的重要影响因素。

> 你想想那时候他爸兄弟姐妹六个，家家都有儿子，有儿子的都是理直气壮的，好像有多了不起似的。就俺家没有，他们看俺家就和低人一等似的，他奶奶也老是有意无意提一嘴，反正是不大待见俺吧。

在20世纪八九十年代，对许多农村家庭来说，儿子的意义不仅体现在家族人丁兴旺上，更直接影响着媳妇在夫家的地位和权力，甚至可以左右家庭秩序的权力格局。有儿子在某种意义上就是一种能力和权力的象征，这种能力足以使村民引以为豪，因而对于像赵丹[①]这种没有生儿子的媳妇来说，她所感受到的可能是来自村庄舆论和家庭氛围的双重压力，这是生育文化使然，但归根结底，应当是传统农耕文明使然。

---

① 赵丹，晓村村民，女，45岁，技校食堂打工。访谈时间：2017年6月30日。访谈地点：赵丹家中。

小薇三四岁的时候，她有次看到她奶奶坐在老屋门口缝一件花坎肩，小薇跑过去找她奶奶，她还以为是给她缝的，小手就扯着衣服不放。她奶奶就笑眯眯地说这不是你的，是给你哥哥做的。说的她哥哥就是我婆婆的大孙子，我听见了嘛，就想把她领走，在那也没啥好说的。我了解我婆婆，她只会给她孙子缝衣服，买吃的，除非买多了，否则她才不管还有个孙女。买的桃酥也是，偷着给他孙子口袋里塞好几块，剩下的她孙子拿不了了才说把剩下那点给小薇。后来我和小薇她爸也经常为这个闹别扭，我心里头不痛快啊，他爸也不好受。

在这里，生育女儿带来了一系列的连锁反应，如婆婆的重男轻女使作为母亲的赵丹心有不满但又无法发泄，而夫妻之间也因此引发矛盾。从一定程度上说，围绕无子问题，不论是现在抑或将来，赵丹的家庭生活可能常常处于一种不得舒心的状态。小薇长到七八岁的时候头胎是闺女的不就可以要二胎了嘛，那时候我和他爸到处求医问诊，他爸带我去老十家庄那边找那个刘半仙，吃了他好多药，家里头观音菩萨我也供着，咱这边颜奶奶庙会时候我也去拜拜颜奶奶，就想要个儿，省的这一大家人老是觉得俺家没人了一样。计划生育年代，在许多农村地区，头胎是女孩的家户可以在七年之后另怀二胎，因此，林丹夫妻抓住这个时机，希望通过多种手段和方式求子，比如求医问药，拜神求佛等。尤其祭拜本地区的地方神颜奶奶，颜奶奶是本地地方神，象征着孝顺、恭敬和善良。在赵旭东（2003:191—192）的研究中，村庙扮演着神判所的角色，村内外一切的矛盾事件都能够由神做出判决，即便夫妻吵架类的矛盾，亦可通过神前的"观香"调解，"观香"的仪式活动，展示的是当地人对"有序"状态的期待和"无序"状态的躲避，同样，赵丹在颜奶奶面前的倾诉亦是其求子愿望的表达。在这里，颜奶奶俨然成为一个赵丹向婆婆、向家族表明生育儿子的决心与孝心的文化符号。因此，从一定程度上说，不论是颜奶奶庙还是庙会，均不仅能够传达出民众对神灵的信仰，亦可以成为宣泄矛盾、倾诉心声的文化空间，而孝妇颜文姜的故事在这样的情境中往往也不断得以被讲述与传播。

> 后来也吃了些医院的药，反正啥招都使上了。结果到最后还是生了个闺女，闺女就闺女吧那还能扔了不要了么，该做的也都做了，没有那个命也就算了，能有啥办法，他奶奶也不说啥了，反正都是我和他爸俺俩的孩子，俺俩也都挺喜欢。

虽然依旧未能如愿，但事前的种种努力已经逐渐淡化了与婆婆的潜在矛盾，因此婆婆已经"不说啥"了，而对于赵丹夫妻来说，生男生女本身可能并不会对生活产生重大影响，因此，家庭生活在这番求子的努力过后得以重归平静。

5. "不着家的老公"

华北地区的宗族组织力量薄弱，远不像江西、福建等华南地区宗族力量强盛，这早已是学界共识，然而，事实表明，晓村的宗族力量虽然并不强大，但这并不代表村民没有家族精神。对祖先或父母的崇拜主要体现于家庭内部，但家族精神在村民的日常生活中仍是一种潜在的、变通的存在，只是这种存在较少表现在生产性的互帮互助上，而多是一种仪式性的存在，比如体现在家族成员的人生仪礼、婚丧嫁娶当中。而当村民们遇到日常生活中的种种矛盾时，向家族长辈倾诉或是"告状"，听取长辈的意见及建议也仍旧是村民们解决问题的重要途径。

> 也算不上是找我评理，我是俺家老小，俺家这不是三个儿三个闺女，闺女出嫁了那算人家家的了，那也还有三个儿管事。俺大哥早逝，俺二哥今年也快八十了，再说他年小的时候也不大顾虑别人，说实在的俺二哥在俺这一大家里头人缘也不是很好，这不弄着弄着我这老小也六十的人了，家里头有时候有点事啥的现在反而是来找

我这个当小叔的来说道了。其实咱也不是说成了公道人，也就是算是这一辈的长辈了，有时候过年过节家里几个人凑一起的时候难免他们有点抱怨啊有点不痛快啊就和我说道说道。

村民刘先贵①今年六十二岁，其父母生有三儿三女，刘是家里的三儿子，排行老六。大姐早年从晓村嫁到别村，距离晓村有一个小时的公交车程，二姐也离开晓村嫁到城区，三姐患病早逝，大哥由于酗酒也早已作古，二哥健在，但年事已高且正如他所说"人缘也不是很好"。因此，在这一大家子中，刘先贵自然而然成为他们这一辈的"管事的"。刘表达的其实是作为大家长或家族权威应当具备的主要素质和要求：个人品质与个人威望。

咱也不是专门给排解困难的，印象里头吧，反正就是肯定劝人往好了劝。那次俺侄女来我这坐了坐，说是她对象又成天不着家又是咋的，又说他对象在外头干活又不老实咋的。

"咋的"，是这一带的方言，意思是刘的侄女向其抱怨了许多其丈夫的不良行为，用"咋的"，一方面是极言侄女对其丈夫的不满之多，另一方面，这也常常是村民委婉隐藏真相的惯用语。换句话说，别人的家事、私事毕竟"不足为外人道也"。而识趣的听众这时候需要做的就是倾听，而不是打破砂锅将究竟"咋的"问到底。

反正有时候这女人家啊，我琢磨有时候到一定年龄以后就容易听风就是雨，她太敏感。反正说他对象说的不大好，就想不和他过了。我就说我说那俩孩子都那么大了，年纪也不小了闹啥离婚，我说你

---

① 刘先贵，晓村村民，男，62岁，现待业在家，曾在村内企业打工。访谈时间：2017年6月8日。访谈地点：刘先贵家中。

离婚了你倒是觉得你轻松了,我说你爸你妈那么大年纪了还让他们再给你操心还是咋,是吧,再说了,老二这刚谈了个对象,你这当妈的就和他爸闹离婚,这不让人家那老二的对象说啥(闲话)吗。我说你和他爸这么些年了,你不替你爸你妈想,也得替老二想想吧,让人家对象寻思这家人家是咋了,家里这么多事,人家万一不和老二处对象了,老二将来不埋怨你才怪。俺侄女也不做声,我就说要不这样,我说你等老二和她对象稳定了,让他俩再互相多了解了解,都明白家里这些事了再考虑你是和他爸还过不过。我说这都是当庄的,能不撕开脸皮就不撕开脸皮,教人笑话,这么大年纪了,再说了你这是捕风捉影地瞎胡猜,弄不好你自己在这没事找事。

村民大多具有浓厚的家庭观念,尤其表现在此一类的村庄舆论上。比如,在村民看来,夫妻之间因为某些家庭琐事而致使婚姻破裂的情况足以使得人们对其嗤之以鼻,因为这都是些"不值当"的小事。而这就是刘口中的"教人笑话"。事实上,不仅让村民"笑话",在村民看来,离婚同样也是一件令人同情的事,这从人们提起那些离婚的村民的口气就可以看出,村名常称这小部分离异村民为"命不好"。这看似矛盾的看法有其内在的一致性,即对"离婚"这个城里人看来已成常态的生活事实的低容忍度。当然,这同时从侧面反映出村民对家庭和谐的高度重视,他们对家庭仍然深怀一种高度的责任感和使命感。在对待家庭这一问题上,应该说,大部分村民具有明显的"家本位"倾向,个人理性、个人本位在这一问题上是退居次位的。

我就这么和俺侄女说,她也没做声就回去了。到日后我估计是和他对象好点了,就没来找过我了。这种事说实在的,虽然叫咱一声亲小叔,咱也不好插手管,清官还难断家务事呢,是吧,只能说是两头劝着,劝和不劝分啊肯定是。

在晓村，同宗之间往往在家族内的红白喜事上联系较为紧密，逢年过节也会走动一下。如果相互住得不远，又没有在分家析产或是赡养老人等方面发生公开化的矛盾，则一般来说联系相对也较紧密。刘的侄女因与其丈夫夫妻不和遂专程找到小叔诉苦，作为长辈，劝和不劝分自然是刘的评判原则。刘对其晓之以理动之以情，从刘的口述可以看出，年迈的父母和尚未出嫁的二女儿是其侄女决心继续与其丈夫安心过日子的杀手锏。一般而言，在此类的家庭矛盾中，以对长辈、子女的考虑作为化解矛盾的关键往往能够起到重要作用。

村民对家的重视也印证了宗法精神在晓村的重要性，作为家族长辈的刘充分利用侄女对家庭、对亲人的重视说服侄女，使用缓兵之计帮助其化解了家庭矛盾。刘的劝和以及侄女的表现无疑体现了村民对和谐家庭的共识和责任。

6. 打狗不看主人

集中回来的这段时间，晓村几乎没有发生过一件"轰轰烈烈"的大事，每一天都像是昨天简单的重复，人们的生活就这样一如既往地向前进行着。可每每用心体验，却又总能在这平凡的生活里挖掘出一点一滴值得玩味的事，或许，生活的魅力就隐藏在这些不起眼的小事和琐事里吧。

去村民建华[①]家原本是为了问问建华姐姐家的孩子什么时候过百天，以免错过了给建华的姐姐还礼的时机，一进院子却看到建华拿着笤帚教训狗。这是一只村里最常见的小土狗，以前每次笔者进门都狂吠不已，这次似乎已经被建华手上的笤帚吓得躲在窝里不敢出声。听到有动静，建华转身看到笔者，连忙把笤帚放在墙角，临了朝着战战兢兢的小狗又高高举了笤帚一下，以示威严。

哎，我跟你叔为了这只狗不知道骂了多少回打了多少回了，我

[①] 建华，晓村村民，女，53岁，城区酒店服务员。访谈时间：2017年6月18日。访谈地点：建华家中。

实在是不想养这只小狗。我天天在饭店给人家端盘子、传菜，刷肴货①，天天累得我这腰直都直不起来，早晨起来有时候起床都费好大劲。你说你叔，家里里外外擦地抹桌子收拾屋子这些家务他不给我干也就算了，最起码你别增加我负担也行啊是吧。

建华在城区的一家饭店打工，负责端盘子、传菜和洗碗，这些活听起来没有重活，但一天忙活下来也足以累得够呛了。她一面忿恨的说着，一面拿起桌上的水壶给我倒了杯水。

你说咋着，我一大早想着出去干活之前把屋子先扫扫，是吧，能干一点是一点。咱大早上驼着腰撅着腚在那扫地，结果你不知道纷纷扬扬的扫出来多少狗毛，你说咱心里不气的慌。跟你说，不是一点半点的气，气死你啊真是。

建华在晓村是出了名的爱干净，据说有一次过年的时候她工作太忙没有时间收拾家里的卫生，结果临近过年的前几天，她愣是熬了好几个通宵把家里里里外外打扫了一遍。事实上，在许多村民看来，建华就是不那么卖力的打扫，家里也比许多村民家里要整齐利落的多。而丈夫把狗牵进房间的举动完全触到了建华的"底线"。

那狗毛又不好扫，一扫满屋子都飘着，你说你又不是养个什么名狗，就是一个小破土狗你天天把它弄屋子里干啥，刚开始我跟他好好说，我说咱家这个狗啊，就是在院子里门口看门的小狗，不是人家什么名狗需要你抱着揽着，或者放屋里让它上沙发上床，不是那种干净狗，这个小破狗还经常在外面瞎跑，哪里它不去啊，哪里它不闻啊，身上多脏啊，你说你把它弄屋里干啥。

---

① 肴货，酒店、餐馆用的盘子、勺子、小碗、筷子等餐具一类，当地人统称"肴货"。

在晓村，家里有院子的村民有不少家家都养狗，养狗的意义大概有两点，其一是能够在家里有陌生人进去的时候有个动静，发挥"保卫科长"的功能；其二是家里有个剩菜剩饭的能够喂狗，不至于浪费。尤其在早上六七点来钟的时候，许多主人家在这个时间点把狗放出来，目的是为了新的一天它们能够尽量在家门外"方便"，因而这时候也是这些狗在一天当中可以尽情"撒欢儿"的时刻。晓村的几条街道这时候就会热闹起来，常常有三三两两的狗来回奔跑，而过往的村民对此早已习以为常。偶尔听到路上传来一声尖叫声，八成是谁家的狗在狂奔的时候吓到了上学的孩子。主人家也许就会放下手中正准备下锅的面条，快步走出家门，对着受惊的孩子内疚地解释一句"这狗不咬人"，虽然这话除了狗的家人以外没几个人相信，但多数情况下孩子也就作罢了。

> 我这么跟他说的，你说我说的对吧，是吧。咱在外面挣多挣少的也是一天到晚累的慌，你不做家务，不帮忙，行，没问题，但是你不能再给我找事吧，满屋子狗毛满天飞，我扫地的笤帚上都有毛团粘在上面，揪都不好往下揪，都粘在上面，拖地拖把上也是，到处都是狗毛，你说气不气。

建华越说越气，声音越来越高，仿佛要再次起身去教训狗。

> 那天从老王那里割了块豆腐放茶几上，出去的时候忘了端厨房，回来一看豆腐盘子里还有狗毛，那不就是狗在屋里跑，狗毛就飘上去了么，你说这豆腐你还咋吃，你说叫谁谁不要跟他打一架，他稀罕狗那也不能这么跟我对着干吧。后来我也不说你叔了，说他我也生气，你叔身体也不好，咱还怕人家再出点问题。但是我忍不了屋里有狗。我就琢磨个办法，我就不信还治不了他了。后来我只要发现屋里有狗毛，我就拿着笤帚去打它两下，教训这个小破狗，我说你再往屋里跑我打断你腿，再往屋里进你试试。打了它好几回了，

就守着你叔打它,你叔可不能心疼狗就来打我吧,那咱日子就甭过了,这大半辈子我在这个家还不如这只狗,甭过了那就。你叔也不说话,他又不占理他还能说啥,是吧。往后慢慢的我看就好多了,基本上屋里就没狗毛了。好了一阵子了,今早晨扫地又发现屋里有狗毛,这是你叔又犯病了,我就又打了小狗两下,你叔前脚刚走你后脚就进来了,我就是故意守着他打狗的。不过我也没使劲,小狗看门还不孬,就是吓唬吓唬它,让你叔看看。

老话说"打狗看主人",建华则反其道而行之,偏偏要"打狗不看主人",这既避免了夫妻之间的正面冲突,又间接宣泄了对丈夫的不满,丈夫虽然爱狗心切却又无能为力。不得不说,这种间接施力的行为确实起到了杀鸡儆猴的作用,充满智慧和灵动的生活气息。

7."关起门来算账"

俗语说,家丑不可外扬,这不仅成为多数中国人日常生活的基本准则之一,更充分显示着人们在现实生活中的日常行动逻辑。既表达了家庭生活的私人性,暗含了家内、家外的无形界限,又体现了家人一体的紧密感和连带感。

两口子哪有不吵架的,吵了好,好了再吵,天天这样。不过现在年纪大点了不大吵了,没意思,原来时候俺俩经常开火。我最烦他的就是喝酒太黏糊,哎,你不知道他喝起酒来有多黏糊,一盘萝卜干咸菜,一盘花生米,他就喝那大半盅的酒就能喝上大半宿,喝到半夜啊,你说说气人吧。喝完酒还不睡觉,俺闺女才三四岁,叫她起来陪他聊天,俺闺女打盹困得不行了,直哭。你说说摊上这人是不是得气死。不过人家第二天就断片了,第二天咱还气得呜呜的,人家跟啥事没有似的,你说说咋办,哎,拿他一点办法没有。还有那天,在俺妈那边,俺妈蒸了几个窝窝头,给我吃我说我不吃,玉米窝窝头太粗了,不好咽。结果他又守着俺妈说我,他说我娇气,说我挑，哒哒哒说了我半天。在俺妈那里我没和他一般见识，回到家让我好说了他一顿，他就不做声了。那天晚上俺俩谁也没搭理谁，结果第二天得伺候孩子吃饭送她上学啊，这不就说开话了又。两口子过日子都是些这种鸡毛蒜皮的事，俺两个就是有啥事顶多互相不搭理一会儿，有时候借着点别的事就说开话了，有时候碰上大点的事就得好好说说，商量商量该咋办，一般都这样吧，都在一个家里头，肯定凡事有商有量和和气气的好。再说了，吵架也得关起门来吵，家丑不可外扬啊，要不叫人笑话。（讲述人：赵照[①]）

《菜根谭》有言，"家人有过，不宜暴扬，不宜轻弃。此事难言，借他事而隐讽之；今日不悟，俟来日而正警之。如春风之解冻，和气之消冰，才是家庭的型范"。在我们的日常生活经验中，很多时候夫妻之间的矛盾与摩擦多是繁杂琐碎的，生活习惯的不同、兴趣爱好的差异等都可能造成双方对彼此的不满，在平实而简单的日常生活中，正是这些"鸡毛蒜皮"的小事，才使人们的生活多姿多彩并充满意义。因此，面对生活中这些细小的问题时，"和和气气"、相互包容与忍让依然是夫妻之间的相处智慧。

8."不好活的孩子"

在晓村，人与人之间的关系类型除了亲属关系与非亲属关系之外，通过一定手段或形式在这两者之间建立拟血缘关系是另一种常见的人际交往关系。而"认干亲"就属于一种将非亲属关系"拟血缘化"或"亲缘化"的形式之一。

河南那边听说有不少这样的，咱这里也有认干亲的，就是打比方说小孩小时候体弱多病，咱土话就说这小孩不好活，有时候就找

[①] 赵照，女，40岁，城区企业打工。访谈时间：2017年2月1日。访谈地点：晓村街道。

个人给小孩看，人家就说这个小孩得给他认个干亲，有的是认干娘，有的认干哥哥啥的，让人家带带他。这就和给小孩找替身啊叫魂似的，得找人看，人家说得认，就找人认。

一般来说，当孩子体质较差、体弱多病时，除了借助科学的治疗外，村民还倾向于借助其他民间手段护佑子孙。而认干亲的主要目的之一就是保佑子孙健康平安。

一般得找外姓，有些还得讲究属相，比方说找个属牛的啊属猴的啊啥的。咱还是就比方说认干娘吧，就由介绍人领着这个干娘来，得给人家做一条大肥裤，然后把咱那孩子放进裤筒里，从裤腿脚那里递出来，咱就说这样的话小孩就能长命了。

在这里，模仿妇女的生产过程象征性地建立了干娘与孩子的亲缘关系，这里带有一定的巫术色彩，弗雷泽（2012:18）在分析巫术赖以存在的原则时将其归纳为"相似律"和"接触律"两大原则，并指出，"联想"是这两大原则得以产生的主要思维活动。

以后过节啥的两家就走动开了，在一起吃个饭啥的，就成亲戚了。

双方在建立干亲关系以保佑子孙康健的同时，通过互相走动以建立一种新的人际关系网络，也就是说，"认干亲"同时亦是人际交往的手段之一。

还有比方说俺大哥，当时俺娘生俺大哥的时候上头还有几个小孩，但是都没活，这样呢，咱就为了让俺大哥活下来，就给他起个小名叫和尚，和尚不是庙里的嘛，就是为了让他长命，别和上头那几个哥哥姐姐似的。还有这样的，就是跟着神仙姓的，比如咱这里有个叫李阳的,他原来也是光长病,也是不好活,后来他家就给他改名字了,就叫张阳了,别人都喊他张阳,但是他还是姓李,就跟小名叫张阳似的,他也让人家喊他张阳。改成姓张就是跟着灶君老爷姓了,灶君老爷就是姓张啊,也是为了保平安。(讲述人:王桂兰[①])

旧时,许多家户为了留住孩子,使孩子健康长大,多会找刘姓人家,因为"刘"与"留"同音;有的则是朋友之间交往亲密,便让孩子互认干爹干娘,朋友结为干亲家;有的因孩子遇到艰难危险,为得到帮助和解救,也会认为干亲。如有的孩子溺水被人救活,有的孩子生病濒临死亡被救活等情况,孩子父母会让孩子认施救人为干爹;有的是向有名气之人拜师,拜为干爹;有的是特别喜欢某家的孩子,认为干儿等。[②]此外,在许多农村地区,"和尚""黑狗""铁柱"等"贱名"也是村民护佑孩子的方式之一,还有的家户为了养活不好养的孩子,会给孩子起一个更加随意的名字,比如把出门碰上的东西作为孩子的名字。其目的都是借助一个生命力旺盛或强健的名字防止引起鬼怪邪魅的注意,以保护孩子生命健康。而神灵崇拜更被人们赋予了显著的人格化特征,"跟着灶君老爷姓"无疑也是人们好生恶死,追求幸福的重要表现。

传统社会,生产力水平的低下限制着人们看待自然和世界的视野和方式,为了在困难中趋吉避凶,许多农村地区存在着各种各样的保佑生命的方式或方法。这些方式或方法或存在共性,或具有显著的地方特色,但无不是人们思想观念、生活愿望和价值取向的具体外化形式。

9."养儿是座山"

随着现代社会的向前发展,不唯在城市,即便在农村,人们的生育

---

① 王桂兰,女,67岁,晓村村民,曾在晓村企业打工,后因身体原因留在家中十余年。访谈时间:2017年6月15日,访谈地点:王桂兰家中。
② 资料来源:《文史专辑》,政协博山区委员编《博山民俗》2013年(内部资料)第99页。

观念也依然有所改变。在晓村，尤其是年轻的夫妇，他们的生养观念往往越来越理性化，不再如他们的父母或祖父母那一辈的人那样，对多子多福有着崇高的期待，甚至将繁衍子嗣和家族兴旺作为一生的追求。在现代人的生存压力与日俱增的时代环境下，晓村有不少年轻人认为生养女儿要比生养儿子更为"划算"一些，因此，对这部分人来说，既然生男生女已经不存在显著的区别，那么他们在生养二胎问题上也就有着更多现实的考量。

村民赵阳[①]，有一个刚上小学的女儿，夫妻俩在城区打工，一个是酒店服务员，一个是酒店传菜员。

> 反正我和他爸不想生了，都不想生了。这一个闺女压力说实在的也不小了，现在这么小花钱就不少了，将来还得上学啥的，想好好培养就跟养儿子一样费钱。太累了，俺俩都不想再要一个了。再要一个万一是个男孩，他奶奶倒是高兴了，俺俩这辈子可给这个儿子干吧！

年轻人的想法与作为家长的婆婆总是有所不同，虽然今天在晓村已经较少有20世纪七八十年代以前那样介意是否有"孙子"可抱的婆婆，但在老人的思维观念深处，对孙子的期望却总要更高一些。

> 要是个儿子，将来他大了还得给他买房娶媳妇，我和他爸都给人家打工，又不是有多少能力有多少钱。他们家也是一般庄户人家，我们家原来他姥爷姥姥自己做那点买卖也没挣多少钱，现在还都上了年纪，没有那个条件再生一个。再说现在生男生女都一样了，比以前好多了，女孩不是照样给咱养老么，说不定比儿子养老还好，

---

① 赵阳，女，36岁，晓村村民，城区企业打工，访谈时间：2017年6月30日。访谈地点：笔者家中。

我知道有好几家的闺女拿她爹娘比儿子对他爹娘还好的。儿子将来娶媳妇了谁知道管不管咱。咱又没啥好留给他们的说实在的，都是有数的东西，咱又不是人家那些有钱人。

在晓村，村民曾经开玩笑说，生个儿子高兴是高兴，但生的这个儿子也就相当于生了个"一百万"，因此，当别人问及生了男孩女孩时，回答一句"生了个一百万"，对方也就了然了。从赵阳的话也可以看出，如今年轻人的价值观念已经明显不同于他们的父辈、祖辈，在女孩同样作为家族成员尽到养老孝道的前提下，年轻父母的生育选择更加理性化。

> 我和他爸还得干活，又没空，他奶奶他爷爷还有他姥姥姥爷也年纪大了，带孩子可不是个轻快活，都上了年纪万一他们自己哪天累着摔着了，那我和他爸还得再伺候老人，那还干不干活，不干活伺候他们那谁来挣钱，实在没那个功夫。要不现在都说，这当老的别生病就算是给年小的帮忙了，真是这样。咱农村现在好歹还有个新农合，但是还有些这报不了那报不了的，农村人又不和人家那些当工人的似的有退休金，咱说句不好听的，家里要没有几个钱，特别是像咱这种家庭，你长病都长不起，家里有一个长病的，就能把一家人坠垮。所以说我和他爸算是想开了，甭说现在放开二胎，放开三胎也不想生了，不给自己找那个麻烦了，有点功夫咱自己好好活两天了，这一个闺女就够了。俺婆婆想再要一个，但是真是有困难，俺俩再好好和俺婆婆说说吧，老人也应该体谅体谅这年小的。

若基于理性选择的视角来看，行动者的理性最突出的表现在通过最优策略的选择，使其得以用最小的代价获得最大的益处。对赵阳而言，通过拒绝生育二胎，相对而言，她获得的是较小的生活压力。

从赵阳的言谈中可以看出，她们夫妻倾向于不生二胎的原因主要集中在这样几个方面：首先是养育两个孩子的经济压力。"没有那个条件再生一个"，表明她对生养孩子所需要的经济资本有着较为清晰的预期，从经济成本上看，在她看来，再要二胎是不明智的，这对他们经济条件较为一般的家庭现实来说无疑要承受不小的压力。其次是日常照料孩子的压力以及养老压力。按照我们的日常生活经验，正如她所说，照料孩子的成长的确不是一件轻松的事，而双方的父母由于年纪已经较大，因此她考虑的不仅仅是他们照料孩子是否力所能及的问题，还有老人们的身体状况问题。应当指出的是，不唯在晓村，养老保障问题普遍是村民们日常生活中最为关注的重大议题，这是一个实实在在压在村民心里的民生大事，更是制约人们日常生产、生活和消费行为的一大因素。在我以往的生活经历中，曾经听说过几次老人生病去医院检查，查出不治之症后随即弃疗的真实案例。对他们来说，把家里本就不多的积蓄用在治疗本就是不治之症的病痛上无疑是不"划算"的，最终的结果就是"人财两空"。甚至有的老人会提前向子女提出，不必把钱花在给其治病上，因为"上了年纪，早晚有那一天"，所以不必"花那份愚钱"。这不仅仅是子女孝或不孝的问题，而是子女及家庭是否力所能及的问题。应当说，新农合的出台为广大农民提供了实实在在的福利和保障，但不得不承认的是，由于我国基本国情和社会发展阶段的限制，农民的生活依然有许多有待党和国家持续关注和完善的问题存在。因此，权衡本身的经济条件和养老压力，赵的选择是"不给自己找那个麻烦了"，而面对婆婆对孙子的渴望，赵阳认为"老人也应该体谅体谅这年小的"。

随着时代的进步，虽然村民对生育男女问题较之以往有了更高的容忍度，但在许多如赵阳婆婆一类的村民意识中，生男孩总是一件更值得人们振奋的事，男孩的降生相比女孩来说往往能够给家庭带来更多的幸福和满足感。换句话说，相比女孩，即便男孩是"一百万"甚至更多，人们也乐于承受这种"甜蜜的负担"。由此可见，在城镇化和现代化高度发展的今天，农耕文明的传统生育观念仍然牢牢地印刻在人们的思维深处。然而，必须值得注意的是，传统社会的生育观在当今新的社会生态和现实条件下已然面临着不同程度的被解构,越来越多的年轻人抱着更为理性化的态度审视着婚姻、生育、养老等一系列问题。而由该问题引发的则又与人们在现代社会中对个体、对家庭、乃至对社会的种种价值观的转变息息相关。因此,如何在新的时代条件下引导人们重建与时俱进的思想观念、价值取向和人生态度则是一个应当立足社会发展的全局,并由全社会共同努力、统筹协调、持续关注的重大问题。

10."天大的愁事"

在生养子女方面,晓村还存在着个体或家庭难以解决的困境和难题,有的是历史遗留问题造成,有的则是后天造成。

村民王爱兰[①]的大哥出生于20世纪四十年代,由于到了适婚年龄却迟迟没有找到合适的人选,便与姑家的表妹结了婚。在那个年代,作为没有办法的办法,姑表婚、姨表婚在农村地区时常存在。

> 那时候村里有不少到了婚育年龄但是又找不着媳妇的,找不上对象家里爹娘着急,还怕别人笑话。所以那时候没办法啊,就很多姑表婚啊,姨表婚啊,这样的。我大嫂嫁了过来以后,生了两个闺女一个儿子,这三个孩子倒是都是正常的,但是其中有一个闺女,这个闺女以后生了一个男孩一个女孩,女孩是姐姐,女孩也没问题,但是这个男孩就有问题了。这个男孩叫林林,林林总是痴痴傻傻的,现在都已经二十好几了,也到了娶媳妇的年龄了,他这样子上哪娶个媳妇去,送他到福利院吧家里又不舍得,真是愁人。后来咱才听说这近亲结婚生的小孩容易出毛病,有不少就是这种隔代传的,你治也治不好,是天生的。你说咋办,他妈他爸能养他一辈子嘛,他姐姐也得嫁人,他姐姐还能带着他弟弟一辈子嘛,哎,都是上头几代留下来的病根,没办法,愁人。

---

① 王爱兰,女,58岁,晓村村民,身体原因不能工作。访谈时间:2017年6月17日。访谈地点:王爱兰家中。

近亲通婚的遗留问题在孙辈上体现出来，成为这个家庭束手无策的难题。而村民刘秀凤[①]的问题则是后天造成的。刘秀凤的女儿小时候体弱多病，一次在医院住院治疗期间，女儿小晴不慎从病床上滚下了床并大哭不止。当时的小晴刚满两周岁，做了各项检查后，医生宣布这个孩子的脑袋摔出了问题来。

  医生说这孩子长大倒是能长大，但是脑子坏了，智商可能不会发育了，问考虑还要不要。用咱村民话就是这孩子长大了也是个痴儿，咋办，要还是不要。她是我们家老二，上面我还有个大闺女，要她还是不要她，当时我没想多久，我要。我是她妈，我把她生下来，我得管她，她是我身上的肉，我不能说不要就不要。

就这样，作为母亲的刘秀凤毅然决定继续养育这个问题女儿。正如医生所言，小晴现在已经三十一岁，智商却依旧停留在低龄幼童阶段。

  直到今天，也还是只认得我和她爸，还有她姐，别人和她说话，陪她玩，她转过头来就忘了。像你们这些年轻小闺女，都知道爱美，知道打扮，你看她，胖的我都拽不动她了。我也不能说让她少吃一口，要不她就哭就闹，咱又心疼她。想让她学着打扮打扮，她也啥都不懂。她每个月来事的时候，也是我帮她倒腾，啥都离不开我。别人说起小晴来，也是替我发愁，是吧，我年纪也一天天大了，没了我，她咋办，她姐姐也有自己的家，拖着她姐姐吧，说实话，当爹妈的，我们也舍不得让她拖着她姐姐一辈子。可是她又不像一般的闺女，能有人嫁，能有自己的家，她以后咋办，谁照顾她。有时候，这些事一想起来，能让你成宿睡不着觉，翻过来翻过去在床上睡不着。

---

① 刘秀凤，女，57 岁，晓村村民，因女儿小晴身心发育问题须留在家中照料。访谈时间：2017 年 6 月 19 日。访谈地点：刘秀凤家中。

甭管咋说，我是她妈，这是我亲闺女，我没得选择。老天爷跟我开了个大玩笑啊，没办法，只能是走到哪说到哪了，能有啥办法啊。

刘秀凤哭着跟我讲述这些无助和无奈的时候，小晴正在旁边满心欢喜地折纸飞机玩耍，母女二人的情绪形成了极大的反差，让人顿生悲哀怜悯之感。对这个家庭来说，女儿的未来遥远得看不到边际，而这成为为人父母一生的关切和痛处。

从理性选择的视角看，案例中两位母亲的行为选择虽然并不是"理性"的，但在我国的传统文化背景下，她们的选择显然是容易被人理解的。她们所遵循的是为人父母的情感上的理性，而非现实获取的理性。

对弱势群体的关爱和支持往往更能凸显一个国家文明进步的程度，在我国，慈善传统自古有之。孔子的仁爱之心，孟子的道义之理，墨子的兼爱之情，以及老子将"慈"作为"三宝之首"[①]，慈善文化相袭久远。我相信，不唯在晓村，在绝大多数的农村地区甚至部分城市地区，同样存在着许许多多如同林林、小晴等一类的问题子女、弱势群体，而这些问题对于他们所属的家庭来说无疑是巨大的困境。帮助解决这类家庭的难题，需要坚持以人为本，需要社会民政部门、社工组织、社会公益机构以及广大社会爱心人士共同携手，对这类群体进行广泛的社会救助，让这类家庭充分感受到社会发展的福祉，让这些孩子发挥力所能及的社会价值，拥有一个看得见的明天。

二　分家养老不称心

家庭结构的变化将影响着家庭成员的日常交往以及生活预期，对中国家庭结构变动的研究主要集中在家庭结构的核心化和家庭规模的小型化、子代家庭主导权力的增加以及家庭结构变动引发的家庭功能与家庭关系的变更等方面。随着夫妻关系逐渐取代父子关系成为家庭生活的轴心，大家

[①] 老子：《道德经·第六十七章》："我有三宝，一曰慈，二曰俭，三曰不敢为天下先"。

庭的一体感逐渐被子女们各自的核心家庭所取代。相应的，基于"血缘道义"（姚远，2000）所应有的兄弟、姑嫂妯娌之间对父母的赡养责任和义务以及分家析产等问题常常成为农村多子家庭中的矛盾之源。

1. "儿不管爹"

在计划经济时代，村民之间的矛盾问题经常须由村大队出面，村大队常常就村民婆媳之间的问题以及兄弟之间的分家问题等进行调解。现在，随着社会的发展和村民生活水平的提高，物质匮乏年代面临的矛盾问题在当今已经大大减少，但村干部对维护村落生活秩序依然发挥着重要功能。

> 就是为了老人月支的事，这当老的跑到村上来到这里诉苦，说是他俩儿不给他月支，不管他，说是本来说好的他俩儿按月给他们老两口一人一百块钱，那他老两口就是每月四百块钱。那天跑到我这里跟我说了半天，就说让我去找他那俩儿子，给他老两口把钱要回来。

在晓村，子女对年迈父母的照料主要体现在每月付给父母一定的基本生活费用，以供其日常开销。村民把子女每月定期交给父母的费用叫作"月支"，随着时代的进步和社会的发展，这笔"月支"从最初每月给父母交粮食蔬菜，到每月几块钱十几块钱，再慢慢到给几十块钱，现在，据了解，不少成家立业的子女每月交给父母的"月支"在几百元左右。当然，这个数目有比较大的伸缩性，因为毕竟家家户户的情况不一，不排除有的子女仍然交几十块钱，也有的子女自身条件较好而交付更多，还有由于种种原因不交月支的。

> 后来我去了解情况，才知道他这俩儿子这两个月没给他们月支是因为嫌老两口太能窃告了，我说他们窃告啥，他大儿说就是嫌他们不孝顺，嫌他们平常也不来多看看，说他们有个头疼脑热的也没

人管啥的。老人嘛，上了年纪又爱一个事反过来调过去的重复好几遍，可能以前年小的一些事也老是拿出来说，就把俩儿子说烦了。这不，俩儿两个月没给他们老两口月支，这不才跑到我这里让我去找他俩儿说道说道。

"窃（二声）告"，在当地是指不满，背后说坏话。从村干部的表述中可知，由于老人家总是埋怨儿子们生活上的照料较少，引起了儿子们的厌烦和抵触情绪，遂尚未按期支付近期应当给予老人的月支。

"那您是怎么解决这个事的？""咱肯定是先得保证老两口基本生活啊，你说是吧，老两个甭管咋说都七十好几的人了，俩儿不给月支那还行么，叫老两个咋生活，是吧。我就跟他俩儿说，我说甭管咋说这是亲爹亲娘，我说你俩说不管就不管就是你俩不对了，对自己亲爹亲娘都不管了那可是伤天害理的事啊，他们都这么大年纪了，干心何忍啊？人家一听你们连亲爹亲娘都不管，外人咋想？昧着良心的事可不能干啊我说。我说了我看他俩儿也不做声，我说话还是管点用的，我接着说，我说咱今天当着我的面，你俩给我表个态，往后还管不管老两口了。他俩就说管，就叫我放心，说是给我添麻烦了。然后我回过头来我又和老两口说，我说小孩大了天天上班打工，也是累的不行，挣钱也不容易，我说咱当老的也多体谅体谅年小的，这身体啊咱自己多保重，他们都忙，咱管好咱自己，少给他们添麻烦多好是吧。这不老两个也是有点不好意思，说是啊是啊。"

村干部通过在父与子双方之间斡旋，希望使双方都能认识到各自的问题所在，各退一步，保证家庭的和睦和稳定，而不仅仅做出哪方有理或哪方无理的论断。

"嗯，问题就解决了。""算是解决了吧，反正后来没找过我了，不过这种老子儿子的事啊说不准，你说我去一趟，顶多就是让他儿子给他们月支，但是咱说句良心话，这老人谁不希望子女常常回来看看，陪陪他们，是吧，有时候也不是光那几个钱的事。电视上有时候演的那些，说老子嫌儿子怎么滴，把儿子告上法庭了，咱说实话，老人打赢了官司又能咋样呢，这感情没了啊，是吧，你说这当老的和当小的以后怎么处，是吧，哎，所以说，有些事治标不治本，真不好解决。"（讲述人：赵鑫培[①]）

的确，在大众传媒迅速发展的今天，常常可从网络、报纸等媒体中得知有关父子或母子不和甚至闹上法庭的案例。通过现代法律解决问题的同时往往使原本的亲情人伦逐渐消失殆尽，不管哪方赢得官司，都以输掉世间最为可贵的亲情为代价，这样的官司已然没有了胜负之分。而调解的优势之处在于对情与理的兼顾，按照调解的逻辑，解决问题只是一个方面，维护甚至增进矛盾双方的情感更加重要。在这样的指导原则下，调解着眼的是长远的未来生活，而不只是眼前问题的解决，因此，在一般情况下，调解人的主要目的是通过双方的相互妥协来平息争执，并保持稳定的和谐关系。

2."缺钱又少力"

"人老了不是光有钱就能解决，到时候要是有个大病小病的，跟前还得有人才行啊"，村民张福成[②]告诉我说。的确，对于农村家庭养老来说，人力与物力缺一不可。尤其对晓村那些极少数在外地打工的村民来说，他们面对的养老困境已不仅仅是经济问题，更是人力问题，因此，对于这部分家庭来说，如何平衡人力与物力便自然而然成为一个重要的家庭养老议题。

[①] 赵鑫培，男，55岁，晓村村干部。访谈时间：2017年6月20日。访谈地点：晓村村委会。

[②] 张福成，男，40岁，晓村村民，村内企业打工。访谈时间：2017年6月20日。访谈地点：张福成家。

俺大哥成年在外头做买卖，在烟台那边开饭馆，也在那边安家了。俺弟兄俩他在外头我在俺爸妈这边，他做买卖条件比我好。俺都说好了，将来俺爸妈这边年纪越来越大了难免长点病啥的，他挣钱多点但是他没法经常来家里守着他老两个，那俺俩就一个负责多拿点钱，一个负责多跑跑腿，就是他多出钱我多出力，都有分工。平时生活上是我照顾他俩，长病或者有花大钱的时候都是俺大哥出钱。我觉得这也挺好，要不都在家照顾老两个的话没人挣钱没钱看病也白搭，是吧，农村这些老人又没有退休金，农民也是干了一辈子啊，为啥农民到老了就没有保障？他们上了年纪，手里头这几个钱攥得可结实了，天天省吃俭用的就怕长病，这个年纪的人了一长病就是大病。亏得还有个新农合，能缓解一点。俺俩都在外头闯荡也不好，在外头甭管打工还是开店吧，就算挣得比在家挣的多，到时候老两个要是病了跟前没个人伺候咱也是不放心，是吧。我看这就挺好，能出钱的多出钱，能出力的多出力，俺爸妈也同意，说挺公平，都能孝顺老两个。哎，这人上了年纪无病无灾就是福啊，对他们自己也好，对咱这些年小的也好。

在我国现阶段的发展条件下，家庭养老仍然是农村养老的主要方式。张福成与哥哥分隔两地，对于养老，两人各有各的难处，一个受到经济条件的限制，一个受到地理因素的制约，在这种情况下，两人分工合作，一人多出钱一人多出力，这无疑是发挥各自优势，妥善照顾父母的好方法。既能最大限度地尽力保证父母在最需要用钱时有钱可用，又能做到给予父母所需要的陪伴和照料。当然，作为老人来说，希望儿孙绕膝陪伴自己安享晚年是人之常情，而现实条件却往往不能尽如人意。在这种情况下，子女分工合作，各自发挥所长，侧重从不同方面尽到赡养义务，对于现实生活中的父母养老来说不能不说是一种两全之策。

3. "各顾各的兄弟"

在田野的过程中，谈起村民家庭里常常面临哪些矛盾问题时，很多

村民日常生活矛盾化解的民间智慧——以鲁中晓村为例

村民表示，"现在很少有父母跟几个孩子住一个院子里的了，都是独门独户地住，大家谁也不碍着谁，都没多少以前那些矛盾了"。在过去，晓村几世同堂的大家庭很多，最常见的就是祖孙三代同住一个院子里。这一带过去流行的小四合院，一般有三间北屋作为主房，两头挂，院子中间有月台、台阶，一般东南西北屋俱全，缺少了南屋的叫做三合院。几代人之间的是是非非，往往就发生在这种空间结构的建筑当中。

现在早就不住一起了，不住一起事就少了，各人过各人的，互相看不见摸不着的，就没啥矛盾了。以前住一个院里，人口又多，大家小家的就经常有摩擦。当时我和你婶子，和俺爹俺娘住一起，住在三间北屋，两头是里间，北屋那是上房啊，北屋一般比南屋高。那时候他大爷和他大娘住南屋，他二爷和二娘家住西屋。俺那时候才结婚，寻思在院里头搭个棚子，放个灶啊做点饭啥的，一般咱这里这种磨棚、饭屋啥的是在西南旮旯里搭一个，东南方向的也有，但是当时咱那院子东边门口在那，就得在西南旮旯里一个角落搭棚。

住宅往往并不单单是一个物理上的空间，同时更是蕴含着社会意义的文化空间，住宅的安排常常能够对日常生活以及人际关系有所暗示，从这个意义上说，住宅的安排意味着边界的确定。传统社会，坐北朝南的四合院往往是家族长幼秩序的象征，作为上房的北屋是家族中最有权威的长辈的居住场所，门口往往设在东南位置，称为"坎宅巽门"，一方面寓意着吉利，另一方面也有利于保持住宅的私密性以及增加住宅空间的变化。

他大爷就愿意让俺贴着他的山墙盖，他是好心，寻思让俺尽量盖的宽敞点，结果他大儿子，就是俺大侄子了，就不让了，说是得离出他的墙一砖的距离来盖棚，为这事他爷俩还吵嘴，我还去劝他们不吵。另一面是他二爷的窗户那边，他二爷又说不能贴着他房子的滴泪窗,说贴着人家滴泪窗盖棚对人家不好。

在这一带,下雨时从屋檐后滚落的雨水落地处,人们叫作滴水,也有的叫作滴泪,而滴泪窗就是流经滴水或滴泪的窗户,这里往往是划分四邻界限的标志。在有些村民看来,贴着邻居的滴泪窗盖房或搭棚对其本家的风水运势有影响,有的村民说这是"让人家的泪没处淌"。其实,村民在住房上除了在意"滴水"之界,在内部居家中也有一定的说法,比如村民认为,橱柜的门不能朝东,因为"橱门朝东,越过越穷",而"橱门朝南,儿女双全",都表现了村民对居家环境的高度重视。因此,张强[①]的二哥,也就是口述中的"他二爷",反对其紧邻滴泪窗盖棚,而大侄子提要求说要距离他们家的墙一砖的距离,也就是大约二十公分的距离。这就使张犯了难,一面是大哥家的儿子,一面是自己的二哥,双方提的要求都可以理解,但按照双方的要求盖棚就意味着原本就在角落里的棚子面积更加狭小了。

> 哎,那时候盖个棚盖间屋真难啊,不是这个不愿意就是那个不愿意,不是碍着这个就是碍着那个。我盖的那点小棚屋是俺爹和我砸石子,我一个人一砖一瓦盖起来的,他们没有一个人搭把手帮帮忙的。当时就想着将来有钱了可不跟他们在一起住啊。

在20世纪90年代以前,村民盖房建屋一般都是自备房屋材料,而家族作为人们"基于相互需要而形成的社区"(苏力,2016),本应由家族成员协力帮助才得以建成,张的棚子却是他自己"一个人一砖一瓦盖起来的",可见其家族成员的相互帮扶意识之淡薄,由此也更能理解他想尽快单独立户的迫切愿望。

---

① 张强,男,59岁,晓村村民,个体户,在村内开办餐馆。访谈时间:2017年6月19日。访谈地点:张强家。

后来没办法啊，人家是老大是老二，我老三，我最小，再说我还住北屋，那人家说咋办就咋办了，到最后盖起来的那个棚子又窄又小，刚刚能放下个炉子，咱也没说啥。

一面是大哥，一面是二哥，"皇帝爱长子，百姓爱幺儿"，作为住在家里上房的"老幺"，张在盖棚这件事的处理上最终按照传统的长幼有序原则进行处理，即尊重了老大家、老二家的利益诉求。

我想着还有一回，我和你婶子想在院子里一个犄角旮旯里垒起个小地方来放点杂货，家里乱七八糟东西没处放，那个旮旯又没人用，就说在院子西角那里垒，得贴着他二爷家一小块墙，他二爷当时也没说啥，后来寻思这次还顺利点，没有反对的。结果等那个小栏子垒起来了，他二爷的二儿子，也是俺侄子了，又来找我，说想在那个旮旯里添个地炉火，那咋办呢，咱栏子都垒起来了，人家才说要添地炉火。到最后没办法，人家要住地炕屋，就得把原来他那块墙拆了重新拾掇，那我垒的栏子还贴着墙，没办法，连我的栏子一块又给我拆了。

地炕是这一带的人们较为独特的取暖方式，主要包括屋外建筑和屋内建筑两部分，一般来说，屋外包括要搭建地炉坑、地炉和炉棚，屋内主要需要改造垫层、火道和地面。北方农历十月至次年二月期间是地炕使用的主要时间段，是一种具有当地特色的冬季供暖方式。至今在晓村仍然有不少村民还延续着这种传统的供暖方式，只是地炕的地面大多改为较美观的地板砖。从张的口述中明显可以感觉出，在那些数十口人同住在一个四合院的岁月里，他的日子并不好过，以至于像他前面说到的那样，总期盼着有一天能够独门独户，过上随心随欲的生活。

哎，咱还不能说啥，为啥，道理上那个旮旯虽然以前没人用，又小，那也是人家的。也不知道人家是就是不想让俺和你婶子用上呢还是真想住地炕，反正人家和俺说了一声，就把那块墙，连带着那个栏子拆了，我琢磨着，人家就是找个理由不想让我用那个旮旯。哎，这是俺侄子找的我啊，他爸能不知道？没法说，这兄弟们之间啊，当然人家也有处得好的，还是少，太少了，多多少少都有矛盾都有问题，以前没问题的结了婚有了各自小家之后也有这问题那问题，无非有些撕破脸的，有些悄没声的，大家伙心里头都有数。旮旯说到底也是人家的，人家要拆我也没办法，心里头气得慌。"这是俺侄子找的我啊，他爸能不知道？"

张的言下之意，侄子的行为是得到其父亲默许的，虽然张在口述中没有明确点出，兄弟之间潜在的不和已经明显显露。在张看来，兄弟们之间相处好的情况"太少了"，"结了婚有了各自小家之后也有这问题那问题"，区别只在于"无非有些撕破脸的，有些悄没声的"，对此，"大家伙心里头都有数"。在这里，张所折射的，事实上是兄弟之间的血缘亲情随着各自成家立业而发生的变化。换言之，相对于一母同胞的兄弟血缘，小家庭的浓厚亲缘成为更小的"私"，在同为天然联系的亲缘天平中，兄弟们的行为逻辑更倾向于后者。

阎云翔（2006）在下岬村的研究表明，夫妻关系已经取代父代权力而逐渐成为家庭权力的重心，新生代年轻家庭甚至会为了小家庭的利益选择通过"共谋"来尽力从父代那里获得相对丰厚的物质资源。阎的研究已经暗示出小家庭利益与父代家庭利益之间的潜在矛盾。胡湛、彭希哲（2014）根据人口普查数据分析了我国家庭户呈现"核心户为主、单身户与扩展户为辅"的发展格局，作者将生育率的降低、人口的大量迁移、人口老龄化加速、住房条件趋于改善等视为引发这种变动的主要因素。同时，作者指出传统的家庭关系、家庭功能在社会变迁中发生变化，代际之间、夫妻之间的权力格局、传统价值观等发生变化，传统的家本位伦理在当下的社会变迁中日益不足以应对随现代社会的多重变迁而来的结构性冲击。

不少村民告诉笔者,"现在的日子已经比以前好过多了,以前都窝在一起,想做点啥都有使绊子的,自家兄弟们也是一样,弟兄好的实在不多"。他们口中的"以前",主要指的是中华人民共和国成立后至20世纪80年代以前的那些物资匮乏和社会经济发展水平低下的年代,在那时,有限的居住环境和各项资源往往限制着人们正常的生活需求和愿望,对各自利益的争夺和抢占甚至超越了家人之间的亲情。正如苏力(2016)所言,"一旦资源稀缺,血缘关系就架不住利益的分歧和撕扯"。张在面临这一类家庭矛盾时,作为家中最小的儿子,虽然心有不满,但他依然通过忍让,以遵循长幼有序的传统伦理来弱化家族兄弟之间的竞争,维护了大家庭的稳定与秩序。

4. "不认账的大哥"

人们一般认为分家是指父代与成年子代分析家产的过程,这一过程往往意味着父子代际之间的财产传递以及兄弟之间横向的对家庭财产的分取,也就是从原有的大家庭中获得独立的经济资本和生产生活能力。按照许烺光(2001)的观点,夫妻纽带与父子纽带的强弱差距往往影响着代际间的分家实践,同时,相对富裕的家庭比相对贫困的家庭能够更大程度上实现累世同堂。在传统的农村家庭中,分家在一定程度上预先化解了家庭生命周期中由人口增加而频繁出现的摩擦与争执,并日益成为一种人们的默会共识。

> 俺二哥今年年初,开了春吧,三四月份才没的,还有他的时候那时候他按月有三四千块钱的老保,原先他也在小队种过菜,但是到了日后他就去大学校食堂干大师傅了,所以他就有这份老保钱,在咱村里头能有三四千块钱的老保钱说实在的就算真不孬啊,这不就想买点啥买点啥么,紧够花的了,是吧。再说俺二哥都九十的人了,老保按年也还往上长点,到这最后按月可能是有小四千块钱的老保。最后这两年都是俺二哥他二儿子床前伺候着,他大儿子,就说俺那

个大侄子不在咱这住，住别村，离的挺远，没法照顾他爸，俺二嫂也没了多年了，那就只能说是二儿子照顾。当时他们兄弟们商量就说让老二专职照顾他爸，就是说让老二把活辞了，把他爸按月的老保钱给老二，这样的话老二就专职伺候他爸吃喝拉撒，当时说他爸原来住的那个老屋，就是一间小屋，十来个平方吧也就，将来以后也给老二，当时据说是这么说的。结果等俺二哥没了，老大家看那意思是有点想反悔，就是可能觉得说他虽然不经常回来伺候，但是说他爸看病啥的他也出了些钱了，而且说他爸的老保钱也都给老二了，但是那间老屋吧，老大觉得不能说老二自己占了。说透了就是老大想让老二给他一半的钱，就当是平分那间老屋了。这不，为这事，兄弟俩有点不愉快，老二的意思是当初说的是把老屋给他，现在他哥又有点不仗义，俩人就都不乐意了。到了日后有一天他们就找上我了，喊我声亲叔，那我也不能坐视不管。

赵文宝[①]停顿了一下，深深吸了口烟，顺势把烟头仍在地上，用脚捻灭了烟头，继续说道：

咱也不是说有啥好办法，是吧，老话说家和万事兴啊，不能说没有他爹他娘了这个家就不和了，就散了，是吧，要那样俺二哥在天上也都看见了。我就说我说咱坐下来好好说道说道这个事，好好商量商量。老二照顾你爸不容易，照顾病人这不是光钱的事，很操心很费神啊，确实照顾病人不容易。老大呢也出些钱了确实，有时候回来一趟也没有空着手回来的时候，这样一说呢，最后就决定说那间老屋还是给老二，但是老二呢给一部分钱给老大，我说老大你也别非得分一半的钱了，我说当老大的吃点亏不算啥，

[①] 赵文宝，男，71岁，晓村村民，在村内经营小型超市。访谈时间：2017年6月18日。访谈地点：赵文宝家。

谁让你是老大呢，咱这里历来老大就该有老大的样子，再说你弟弟这条件本身也不如你好。这不，俩人琢磨琢磨说行，就这么办吧，我说那就这么办，但是我说咱最好还是写个字据，是吧，写个字据咱往后啥事也没有了。就写了个字据，然后我说我这当叔的请俺这俩侄子吃个饭吧，他们说这可不行，得请我，这不，俺爷仁一块吃了个饭，他俩也都喝了点酒，把该说的都说开了，这事就这么办了。

对村民的家族和睦而言，围绕分家析产常常能够引发家族兄弟姐妹间的诸种矛盾，是村落日常生活中常见的主要矛盾之一。就晓村而言，这类矛盾产生的原因主要集中在子女对所分得财产的公平感不足，这种心理上的不满严重时可造成子女间的相互敌视甚至仇视，因此常常需要借助外力得以相对妥善的化解。麻国庆（1999）关于中国分家的研究表明，分家中有继也有合，"继"主要表现在对老人的扶助赡养以及对祖先的祭祀方面，而合则主要表现在由于日常生产生活中方方面面的联系，纵向的代际之间以及横向的兄弟之间往往存在紧密不可分的关系。作者认为，这种通过分家所实现的家庭再生产既是农民生产生活的需要，其具体的运作又体现了中国农民独特的生活智慧。

村民赵文宝是文中提到的两位兄弟的二叔，也就是被邀请来评理说和的家族长辈。按照赵的口述，两位侄子矛盾的起因源于父亲生前所拥有的一间十几个平方米的小屋。根据事先兄弟二人商议的分法，由于老大居住地较远，基本无法承担贴身照料父亲的养老责任，则由老二负起赡养老人的大部分责任，所得为父亲的养老金及这间小屋。父亲逝后，老大对起初的约定不再认同，认为在赡养父亲方面也尽到了一定的责任，体现在也为父亲出了一部分钱，且老二已经得到父亲的养老金，也就是老二的付出已经得到回报，因此，父亲生前居住的小屋应当作为兄弟二人的共同财产进行分割。在这样的情况下，赵作为家族长辈，担负起评判说合该事件的调解人。在"家和万事兴"的默认宗旨下，赵认为，双方应当互相体谅，各退一步。从兄弟二人的实际情况出发，在预先约定的基础之上适当调整，即老二在退还一部分费用给老大的前提下，分得父亲生前的小屋，为避免日后不必要的麻烦，特立字据为证。赵告诉我。

不能把话说得太直接了，俩人都要面子，咱得说得好听点，毕竟是亲兄弟们，又喊我声叔。

在乡间，调解人给矛盾双方保留面子是一种语言上的化解策略，这使得矛盾双方，尤其是理亏的一方不至于在乡间熟人社会中抬不起头来，同样是一种出于长远未来的考虑。事后，为了不使兄弟二人彼此结下心结，为了维持和增进兄弟二人的情谊，三人畅饮解忧。这与赵旭东（2003:132）在田野中的发现有相似之处，即矛盾双方在调解成功后，双方会在人们所公认的占了一点便宜的一方家喝酒，从而在某种程度上再次保持了双方的公平公正，双方的矛盾便不会继续升级。在村民的日常生活中，通过寻求长辈说合这样的外力来化解矛盾既符合村落生活的地方性知识，又能最大限度地维持人际之间的和谐关系，同时又是快捷高效的。而相互谦让，各退一步往往是调解人的评判原则，在这里，作为调解长辈的赵既从兄弟二人赡养父亲的实际情况出发做出妥善处理，又重视家庭血缘亲情的维持和促进，最终达到双方满意的说和效果。

5."面儿上的同胞"

随着田野调查的逐步深入，随着我所掌握的口述资料越来越丰富，有这么一段时间，会对"民间智慧"这个主题产生越来越多的疑问。究竟什么是村民的智慧？是他们化解矛盾、解决困境的方法，还是他们面对问题、分析难题的心态？抑或两者兼有？对村民日常生活中的矛盾关注得多了，会渐渐觉得他们这些所谓的智慧里时常藏着一丝隐忍、无奈和辛酸，或许这就是酸甜苦辣的现实生活，他们从日子里积累和沉淀的这些智慧，无不是对这各般滋味的回应。

村民刘爱东①今年五十出头，兄弟姐妹共四人，他排行老三，是家里最小的儿子。据他的讲述，他与二哥虽同在晓村居住，但二人极少来往，他的原话是"不是直接打照面就可以当作不认识"。亲生兄弟何以这般形同陌路？他告诉我，这一切都是源于二哥一家对待已故爹娘的种种"孝行"。

> 那时候俺爹老两口住老房子里，老房子虽然条件苦点，但是宽敞，院子也大，住着舒服。后来村上准备要占地，老房子被划进去了，当时村里给补房子，补了三套，就正好给了俺三个弟兄们。

刘说的是20世纪90年代中期晓村部分土地拆建房屋时，村委将三套楼房作为拆建的补偿分给刘家的三个儿子。

> 当时俺爹在保养厂里头打工，有老保，老二呢，就甜言蜜语哄着俺爹，说让他们搬到他家里去住，好吃好喝养着他们。一开始俺爹他们其实不乐意去，因为房子暂时也还没被占，还能住段时间，老两口自己住，毕竟不用看人脸色，住着舒服点。后来耐不住老二一直劝，老两口就搬过去了。搬过去的时候是八月十五那几天吧，后来没住多久，次年二月二还没到，就被赶走了。俺娘说，他们去了老二家以后，买菜、做饭、蒸馒头就全部是他们老两口的事了，而且关键是买任何东西老二跟他老婆，就是我那个出了名会说话的嫂子，不给俺爹半毛钱。说白了，就是用俺爹的那几个老保钱养着他们一大家子，还得给他们干活，这就是倒贴的老佣人啊。那时候他们老两口都已经七十多了啊，让他们蒸馒头，揉面是要用劲的啊，他们咋揉的动，老二他儿子，我那个侄子，那么能吃，一顿能吃

---

① 刘爱东，男，49岁，在村内开办机械加工厂。访谈时间：2017年6月22日。访谈地点：笔者家。

五六个大馒头啊，几天就得蒸馒头，累的他们老两口了不得。

刘说着，眼睛里泛起泪光，停顿了一下，继续说道：

  这还不算，还没去他家住的时候，说让他们睡有地炕的屋，暖和，去了以后呢，让他们睡的是旁边一间南屋，屋里炉子烧不起来，烟囱不往外出烟，经常呛得老两口上不来气，大冬天的没办法，还得门窗全敞开晾着，冻得他们打哆嗦。俺姐给他们老两个送水饺，老人嘛，上了年纪硬的也咬不动，他们爱吃口饺子。结果后来俺娘偷偷和俺姐说，说别再给他们送饺子了，他们根本就吃不上，说顶多俺爹吃几个，俺娘根本没得吃，都让老二家一家人吃了。还有次，买了鸡蛋给他们老两个送去，想着他们早上下面条啥的放个鸡蛋进去，结果呢，俺娘还得馋了才敢吃个鸡蛋，还得偷着埋在面条下面吃。你说听一个七十多的老人跟咱说这个咱不心疼吗，怎么就能做到这样，这是亲儿子啊，真不是人干的事啊，伤天理啊。

刘提高了声音，看得出来此时此刻他的情绪非常激动。此时此刻笔者为让他重新提起这些不愉快的往事而内疚起来。

  到后来，就直接不想让他们在家里住了，大晚上的，俺爹娘在楼底下，老二在楼上头，就在他们头顶上那个房间，大半夜啊，在拍皮球。你说这是人干的吗，就是不让他们睡觉，折腾他们，让他们走啊。还不能他们主动赶他两个走，为啥，还不是怕让人家说这是二儿子不管老两口了，老两口才回老家那里了，说白了就是干出那种事来还得让别人给他脸，他还得要脸。后来俺爹扛着被褥，俺娘拿着点杂碎东西，两个人又回了老家。那时候还不到二月二啊，天冷着呢，老两个就这么走了。哎。他俩回老家以后，家里也没啥橱子柜子了，当时去老二家的时候都搬过去了，他们俩走人家老二才不会说把东西搬回去,老二他老婆,别人的东西竟琢磨着怎么装自己腰包里,你想让她从嘴里吐出点东西来,你拿棒子撬也撬不开她的嘴,就知道琢磨怎么要人家的东西,占人家的便宜,抠的要死,没人不烦她。到了日后,没多久俺爹就查出来有食道癌。看俺爹实在是难受,我想着过了周末,周一带他去医院住院看病,结果周六晚上就走了。哎,俺爹是个老实人,不爱多说话,受了气就自己受着,从来不多说话。后来俺娘也查出来肺癌,今天查出来的,明天接着就非不住院了,接着就用车拖回家了。后来在家待了四个月吧,天天用氧气瓶维持,喘口气离老远也能听见,她上不来气啊,后来开始吐血,大家伙就知道这就快到头了。出殡要走的时候老二和他媳妇都没进灵屋,你说是为啥,因为出殡第二天人家孙子过生日,可笑吧,小孩过生日啊,又不是生孩子,灵屋他还怕犯冲。去下葬,老二家也没人去。你说这都是些人干的事吗?伤天理啊他们,他们要是过得好真是老天不开眼啊……

刘爱东低声讲述着父母的遭遇,泪水不住地在眼眶里打转,看得出来,一个七尺男儿一直在压抑着心里的忿恨,对他来说,虽然爹娘已经走了十几年了,但对老二家的所作所为依然无法原谅,只是选择不去提起,也不去计较。老二对父母的所言所行充满了鲜明的利己主义色彩,工具理性彰显无遗,代际之间的天然血缘伦理关系不再是其为人处世的出发点,父母的付出与老二的"回报"已然失衡。以代际之间长期性的均衡互惠为特征的"反馈模式"从某种程度而言已经失效,正如贺雪峰的相关研究(2007,2008)表明,中国传统家庭中的父代与子代各自应当承担的责任和义务已经发生了重大改变,代际平衡被打破,随着时间的推移,父代对子代的付出将趋于更加理性化,从而实现两代人之间的再次平衡状态。

家家有本难念的经,有些事不是咱忘了,是咱不想去想,不想去计较了。不是说现在这些事都忘了,谁都不傻,只是说现在当老的也都没了,没必要生这个闲气了,生气也不能把俺爹俺娘叫回来,随他吧,人在做天在看。

刘爱东说,同住在一个村子里,跟亲兄弟撕破脸皮也并不妥当,但与老二的感情仅仅停留在打个"哼哼哈哈"的招呼上,对他来说,兄弟情义早已经随着父母的离开而消失殆尽。

6. "不接眼的妯娌"

妯娌之间的恩怨情仇算得上是村落生活中最为常见的矛盾之一了,村民梁盛旺[①]告诉我,"村里不少妯娌多多少少都会有点别扭,有的咱们外人也知道,有的咱不知道罢了,妯娌间嘛,有矛盾也正常"。的确,在村民看来,妯娌之间有矛盾"再正常不过了",言下之意是妯娌之间的不愉快早已是村落生活中的常态化问题,因此,村民对此亦早已习以为常。换言之,妯娌之间的问题在某种程度上已经是村民们公开讨论的公共议题,这无疑减轻了了解这个话题的难度。于是,按照已有的了解和村民提供的线索,我找到了村民李玉香[②]。

> 我和俺大嫂不好,一点也不好,我也不怕你笑话,咱这的人都知道。俺俩都不是省油的灯,俺俩上一起了准得吵嘴,谁也不让谁。(为啥呢?)也不是为啥,反正我看她不顺眼,她看我也不顺眼,俺俩不接眼,还有就是老一辈积攒下来的一些事,牵扯很多事。俺俩基本上谁也不搭理谁,都互相躲着,村里有孩子生日百岁的公事[③]也是尽量避免凑一张桌上吃饭,反正能躲就躲。晚上七点来钟在将

[①] 梁盛旺,男,59岁,城区企业打工。访谈时间:2017年6月23日。访谈地点:晓村街道。

[②] 李玉香,女,50岁,村内机械厂打工。访谈时间:2017年6月23日。访谈地点:李玉香家中。

[③] 公事:当地表示应当参与的人情往来,照应公事,即随礼的意思。

军楼不是有个小广场嘛，有一伙老太太跳舞的，我本来在里面跳舞，到了日后有一回我看俺大嫂也过去跳舞了，我趁她还没看见我，紧接着跟谁也没做声我就跑了。

说到这里，李苦笑了下。

我不愿意和她接触，既然她过去了那我以后就不去了，我就改成晚上吃完饭以后上世纪广场跳舞去了，老话说一山不容二虎啊，俺俩这么些年了脾气性格啥的真处不上来，在一块就吵嘴，吵嘴不就都丢人嘛，让人笑话，丢人也是丢俺这一大家子的人。那就眼不见为净，谁也不招谁惹谁就大家伙心里都安稳。

李并没有细说她与大嫂之间究竟有过哪些过节，但姚梁盛旺提示笔者说，妯娌之间"无非就是当年老的不在了的时候分财产啊或是伺候老人之类"的家事。对于与大嫂之间的矛盾问题，李有两层解释，其一是两人个性不合，其二是"老一辈积攒下来的一些事"，这就跟姚的解释相一致。同时，李提到了"丢人也是丢俺这一大家子的人"，这就表明，她与大嫂不激化矛盾的一个重要考虑就是家族的面子问题。换言之，在她们看来，家族的利益高于她们妯娌之间的个人恩怨，也就是说，集体理性先于个体理性。至于谈到妯娌之间的此类矛盾如何化解时，梁的话似乎给我了启示：

谈不上化解不化解的，说开话了当然好，不说话也谁也碍不着谁，说话不说话的她们都是妯娌们，日子还不是该咋过咋过！

村民的日常生活中确实充斥着这般那般许许多多或大或小的矛盾和问题，或者说，村民的日常生活就是一个由诸类矛盾集合而成的大的矛盾体。在这纷繁的矛盾中，有不少可以通过种种途径和方式得以解决，与此同时，更有诸多矛盾难以得到有效的化解。在这种情况下，一个较为常见的办法就是尽量避免双方接触，减少接触就会规避矛盾，就不会激化矛盾。村民们常说的"眼不见心不烦"，其实蕴含着丰富的生活意义。这种看似消极无为的办法丝毫不会影响生活之流一如既往地缓缓流淌，村民的生活依旧有条不紊地继续。就像这对妯娌间相互的"眼不见为净"，某种意义上说她们的矛盾或许仍旧存在，但谁又能否定她们这种相互之间刻意的敬而远之以规避矛盾的做法不是另一种智慧呢？

7."不仁不义的妯娌"

在晓村，存在一种传统的看法是：上了年纪的老人如果不在家里由子女养老而被安放到养老院，那么，村民倾向于认为这个老人是不幸的，其子女也是不孝的。同样，虽说"久病床前无孝子"，但那些到老都有子女床前床后孝敬的老人无疑被认为是最有福气的人。村子里有不少这样的例子，就是老人得了急病被送到医院抢救，如果抢救无效，那么其子女经常会按照老人的意愿迅速将老人带回家，这是因为许多老人希望生命中的最后一刻，依旧是在自己熟悉的家里度过，而不是躺在医院冷冰冰的病床上。在笔者回来的这段日子，晓村有一位五十九岁的村民去往甘肃，在回途火车上突发脑梗，火车紧急停车两次，经医护人员抢救无效，最终死亡。一时间，这成了村民们关注的焦点，在村民看来，客死异乡是一件无比值得同情和遗憾的事，这种不幸的发生往往令人惋惜和心疼。死者家人本想把遗体运回家来，但无奈交管部门有诸多限制，家人不得不在异乡安葬了亡者。这在村民们看来更是极其不幸。用村民的话来说，"家就是家，哪也比不上在家里踏实，死也要死在家里。"这是落叶归根的传统农耕文化精神使然，对村民们来说，家的意义就是如此重要，以致生活的意义几乎全部体现在家里。然而，当人的生命垂垂老矣，在最需要子女悉心照料和看护的阶段，生活中却又总有不尽如人意之处。

哎，家家有本难念的经啊，外人看着咱过的挺好，小孩也大了，没有啥操心的了，其实家里头都是事。村民过日子不能细琢磨，睁只眼闭只眼凑合过吧，要是细想这心里头就堵得慌，想多活两天就迷迷糊糊过吧。

春生①是老刘家的大儿媳妇，春生的话我在晓村的别处也听过许多次类似的表达，这话的意思是让人"迷迷糊糊"地过日子，"睁只眼闭只眼凑合过吧"，"凑合过"也就是"迷迷糊糊"地过，不去计较那些琐事、杂事，这才是能够使人们长久生存下去的智慧法则，即便这智慧里隐含着现实中的诸多无奈。

俺公公这一辈子都没伺候过人，自己也不知道咋做饭咋打扫卫生，有俺婆婆的时候甭管啥都是端到跟前，天天和伺候爷似的伺候着，这不没了俺婆婆，那咋办，他们弟兄几个说轮流管老汉，老汉开始还说不愿意，说不给他们添麻烦。这不到了日后，这些儿啊闺女啊去看他，说是家里头一点也不像样，厨房也是乱七八糟，这都八十的人了，天天好歹吃一口凑合一口也不是个事，这不，儿们还是说轮着管老汉，给他送饭，给他拾掇拾掇屋子。那俺公公一共这三个儿，一个闺女，就说老三不顶人事，也还有俩儿一个闺女吧。

春生口里提到的"老三"，因为患有精神疾病而被自然排除在照顾老人的行列外。为了更好地照顾老人，子女们商量着轮流给老人送饭。

刚开始说是他三个轮着送饭，俺是大儿是老大，俺家给他送三天饭，老二和她姑一家各送两天，这一个礼拜不就这样安排了就行了嘛。这儿子伺候老的不就是轮着伺候嘛，咱村谁家不是这样的，一直不就是有几个小孩就几个小孩轮流伺候爹爹娘的，谁家不是这

---

① 春生，女，54 岁，晓村村民，在村内经营小卖部。访谈时间：2017 年 7 月 3 号。访谈地点：春生家。

样啊你说是吧。

在晓村，依照传统上了年纪的父母通常由子女们轮流照顾，有的家庭是把老人轮流接到自己家里住上一段时间，有的则是轮流给老人送饭食等。儿子与女儿相比，儿子赡养老人的责任更大也更具强制性一些，同样的，晓村不成文的规定是由儿子继承父母的家产，虽然这些传统在今天已经发生了不同程度的改变，但依然有不少家庭遵循着这些传统和规定。

结果还没送上两个月，她姑就这不得劲那不得劲，天天上卫生室打吊瓶，她自己那点身体跟个赖猫似的，天天这不好受那不好受，那这样她咋给老汉送饭，想送也送不了了。

"卫生室"是晓村的医疗保健站，村民有个头疼脑热都会去这里拿药，按道理，这里主要的功能是治疗生活中常见的感冒发烧这些小病，但许多村民往往由于经济条件受限而不得不"大病小治"，在这间小小的卫生室治疗那些医院诊断出的大病。

那她姑不送了就剩了两个儿送饭了，咱说那就这俩兄弟送饭了，一个礼拜七天，俺是老大，俺吃点亏就吃点亏，是吧，那这几天俺家送四天，你老二你送三天总行吧，结果倒好，人家老二还是送人家原来那两天，第三天人家就不管了，你说说这老二懂人话不？他又不是不知道她姑送不了饭了已经退出了，是吧，那这不就是意思俺是老大俺得送五天，他才送两天，是吧，这还行吗？

按照春生的表述，作为老大家，他们已经做了表率，负担起了赡养老父亲的更多责任。无奈老二却不为所动，这无疑就造成了兄弟妯娌间的不满和埋怨。

我叫他爸和他们商量，就说那俺两家俺家送四天，你老二你送三天，是吧。结果老二还没说啥，他媳妇就说他们店里头忙，顾不过来。和我说了半天，那意思是他们就是顶多送这两天饭，其余那些日子她意思是她也没办法。最后你猜她说啥，她说要不把老的送养老院吧。气得我和他爸爬（站）起来就走了，你说这个女人说得是些啥，他们这就是不想管了，就是想甩手啥也不管了。你可说，谁没有老的一天？回去我和他爸说，我说咱以后咱就送五天了，五天不就五天嘛，啥了不起的。还送养老院，咱村上那个养老院是个人开的，条件不行不说了，那里头那几个老人都是外庄的，谁知道里头日子是咋过的，咱庄的谁好意思把自己老的送进去？不得叫人笑话死啊，他们不嫌丢人俺家嫌丢人！送进去倒是都甭送饭了，都轻松了，老人可受罪了。我和他爸说，我说他们不管咱家管。这人老了正当用人的时候，咱不敢说有多孝敬这当老的，最起码该吃的该喝的咱不会亏待了，这人甭管干啥得讲良心，就为了图省劲就把老的送出去，她就不怕她闺女儿子的将来也不管他们？还是她是石头缝里蹦出来的，这不是忘恩负义这不是？

"怕教外人笑话"是村民们常常挂在嘴边的话，之所以"怕"，是因为在村民看来，"脸面"是在村里生活顶重要的东西，于是生怕做了让别人背地里说闲话甚至戳脊梁骨的事。在这里，又一次体现了熟人社会的村落情境对村民日常行为的影响和制约。在村落社会中，人与人之间持久而无法避免的直接交往不但使人们形成了利益交织的共同体，还因相互间的知根知底而使某些风险得以防范（苏力，2016）。春生说着说着就来气，笔者问那这事最后怎么解决呢，她答道：

就是俺家送五天，他家送两天，就这么办的，往后要是连这两天他们也不送了，那就俺家管着，管着就管着，俺是老大，俺和他们丢不起这个人，别人还有说俺傻（音 chao，二声）的，说俺忒倔，说人家儿女好几个都不管了俺非得管就是傻，傻就傻吧管他们咋说呢，送他们养老院俺试着这心里头不好受。他们要是真不管了俺俩也不会再去找他们说了，就俺俩管，他们不仁，俺俩不能不义。

时至今日，虽然村民对养老院的接受程度在逐步提高，也或许养老院的养老水平要高于家庭养老，但不到万不得已，村民仍旧想方设法避免将年迈的老人送至养老院，因为在村民看来，将年迈的父母送入养老院，其意义基本等同于弃老。尤其养育了儿子的老人，如果儿子将其送至养老院，那么儿子总要被村民指指点点。村民觉得，老人由子女养老是天经地义的事情，即便在家养老并不能保证使老人能够安享晚年，但对他们来说，家，本身就是无可替代的。

从理性选择的角度来看，春生的选择无疑不是理性的，她遵循是传统家庭养老以及养儿防老的惯习。在乡村生活场域中，这种做法具有普遍性且是可以理解的。随着时代的发展变迁，现代观念不同程度地渗透进村民的日常生活中，而与此同时，新观念却并没有完全取代传统观念，许多传统思想、传统意识仍旧在村民的生活中指引着人们的行动选择。在传统伦理依旧盛行的晓村，家庭养老仍然是农村养老的主流，儿子是赡养老人的主力军，儿子养老的行为和态度同样也受到村庄内部舆论评价的制约。面对妯娌对老人的冷漠态度，春生将孝道伦理放到了第一位，做出了符合村庄规范并无愧于良心的选择。

8. "说长道短的弟妇"

既然日常生活中的矛盾无可避免，村民对此也就淡然处之。借助仪式庆典以淡化甚至化解矛盾是村民们常常用到的化解方式之一。

咱这边一般小矛盾找点事就说开了，原来俺弟妇，为了两个老的，整天找我事，嫌俺这做闺女的不尽孝，嫌俺爹爹娘的光在他家住着让他们家管着，我说你咋不说将来分他老两个那点东西的时候没有这做闺女的份？你说是吧，真是笑人，谁家有做闺女的把爹爹娘接到自己家养着的，俺婆婆家人家能愿意？又不是没有儿，再说了，平时他老两个俺又不是不去看，经常去看吧，还经常买点软乎的给他们带过去吃，衣裳鞋的不都是我给他们洗着买着。

有学者（唐灿等，2009）专门分析女儿这一角色在家庭养老中所发挥的功用，认为女儿对父母的养老是一种"累积性责任"，并且在农村地区已经具有了相应的伦理基础，由此，作者认为，女儿赡养老人的行为体现的是一种存在于农村家庭中的传统与现代既有冲突又有互补的养老现状。晓村的赡养现状一定程度上印证了这个结论。村民一直以来长期践行的传统之一就是女儿不参与父母财产的分割，但人们对女儿赡养老人的要求相比儿子却并没有非常显著的差别。即便如此，在现实生活中大多数出嫁的女儿仍然主动分担着力所能及的赡养老人的义务，甚至女儿实际对老人的赡养起到更重要的作用。

说实在话俺爹爹娘在他们家也没少看她脸色，也就是平时管他们吃饭吧，俺爹爹娘有点东西还不是都给那做孙子的，俺家俩小孩，他姥爷姥姥给点东西有时候还是趁她不在的时候偷着给。除了管饭还管啥了她，还三天两头埋怨我，她真好意思。平时我和她就不接眼，但是没办法，人家脸皮厚，有点事有姐长姐短的来找我，她闺女结婚还不是喊着我去和她做被子，本来不想搭理她，都来到家喊了那我这个当姑的非去不可了，原来她儿结婚也是，哎，也就是看在俺侄子和侄女份上吧，不和她一般见识。

在晓村，棉被是女儿出嫁时必备的嫁妆之一，通常要由儿女齐全、家庭和睦的妇女一起动手为待嫁的新娘缝制棉被。这个"做被子"的"团队"通常由母亲、妗子、姑姑等女性长辈或关系较好的邻居组成。缝制的过程常常充满欢声笑语，缝制工作结束后由主家做东，宴请这几位受累做被子的妇女。一般来说，在这种情境中，近亲的女性都要来参加，否则便是"舍亲求远"，容易引起邻居或其他村民的误会。因此，这个亲属凑在一起做被子的时机，往往也成为许多妯娌或姑嫂之间化解或淡化矛盾的好时机。

在现实生活当中，村民之间有了矛盾但不去激化，或者选择睁只眼闭只眼的情况非常多，就如村民孙琴[①]说的，"不和她一般见识"，这往往也是现实生活中的一种常态。不计较，不"一般见识"，不是真的忘记，而是选择让矛盾过去，不再纠结。借助孙琴侄女的婚事，孙与其弟妇的矛盾在一定程度上得以淡化，从而使双方维持了一种表面上的和睦。孙琴的做法无疑是正确的，因为侄女的婚事是整个家族的大事，在这样的情境中，孙琴与弟妇有必要重新联合，以共同面对家族外的人和事。

三　育子教人不省心

子女是父母生命的延续，亦是实现家庭再生产的关键所在，狭义上的代际关系主要是指家庭中两代亲属之间的关系，如父母辈及祖父母辈与子女及孙子女辈的相互关系（邓伟志、徐榕，2001:96）。在家庭生活中，父母对子女的教育、与子女的沟通中常常面临这样那样的矛盾。

1."一碗水难端平"

村民除了喜欢在邻里街坊间相互走动串门拉呱，有时路过要好的人家时也常进门坐坐叙叙旧。村民秀芬[②]是我们家的老邻居，小时候就经常来家里串门，后来两家不在一起住了，但得闲路过时仍会抽点时间进门"打个逛儿"。

俺家在大街上那个门头房，这两年一直租给一个外地人，以前基本

[①] 孙琴，女，51岁，晓村村民，村内企业打工。访谈时间：2017年7月4日。访谈地点：孙琴家中。

[②] 秀芬，女，65岁，身体原因，常年待业在家，儿子早年出车祸死亡，秀芬人生经历坎坷。访谈时间：2018年1月14日。访谈地点：笔者家中。

上每年要长一百块的房租，这几年买卖不好做，钱不好挣，也就不给人家涨钱了。有人租总比没人租好，闲着就是赔钱，有人租就算挣的少也是挣，算来算去，房租便宜点咱也划算。

秀芬提到的"大街上那个门头房"，指的是在城区大街上的一个二十平方米左右的门头房。近几年这个门面一直租给了一个卖灯具的外地人，前几年生意好做的时候，秀芬会定期涨房租，租客也没有太多意见，毕竟如果钱好挣，怎么着都能商量。受整个国家市场形势的影响，近几年做生意的不大景气，常听有村民说"这几个子儿越来越不好挣了，钱也越来越不值钱了"，所以秀芬今年不光没有涨房租，还常常特意"路过"门头房，跟租客寒暄几句，就像她说的，只要有人租，就比闲着房子赔钱强。在面对有关钱的问题上，村民一向是理性的，在秀芬看来，既然大形势不乐观，那就打感情牌，能多挽留一天租客就多挽留一天，毕竟，"闲着就是赔钱"。对于打工经济已经基本成为全部生活来源的村民来说，他们无疑具有明确的市场经济理性逻辑，这一点常常在他们日常生活中的许多方面体现出来，但正如黄宗智（1986:15）、杜赞奇（1996:195、199）等学者的研究所发现的那样，村民的"道义"和"理性"往往在某种现实的具体情境下综合体现而并不矛盾。从某种程度上说，村民会在"求好"与"求稳"之间择其善者而从之。

说着，秀芬坐直了腰，双臂交叉抱起肥硕的圆膀子，这往往是她说"重点问题"前的标志性动作。

> 小二那天跟我说他想用这个门头房做点买卖，问我行不行。我说我当年让你跟你姐做点买卖，你们都不干，现在你要自己做，那你姐不得说我偏心啊。

小二是秀芬的二女儿，已经离异，小大是大女儿，也就是小二的姐姐。小二的家离秀芬家不远，小大嫁到了邻村，不在晓村住了，但隔段时间也会常回来看看。

你说是吧，咱不是小二一个孩子，要是的话怎么着都行，早晚都是你的，谁叫她还有个姐姐呢，总不能偏袒他们谁，手心手背都是肉，将来没了咱，他们要是为这事打架了，咱在那边也不安生。

一般而言，村民认为，只要家里的孩子不是独子独女，尤其在分得利益财产这件事上，一定是要公平公正的，这是为了避免以后很多不必要的麻烦。秀芬对我们说：

现在人家好多村都是不管闺女儿子的都可以分财产了，就咱这农村里还认那个死理，说是给儿子不给闺女，仔细琢磨也不大讲理啊其实！

秀芬端起杯子呷了一口水，说道：

要真那样，那像咱这种家里没儿子净闺女的怎么办，还非得过继还是领养一个啊？都是些老封建，闺女一样的养咱，凭啥没闺女的份，不讲理嘛。

父亲说道：

咱们当时这一辈的闺女都不兴分财产，分财产让人笑话，不过像他们小辈的，年轻的，将来一样养老，肯定也是闺女儿子都一样。

秀芬连连点头，回应说：

那时候黑顺家的闺女和儿子的不就为分财产打官司了吗，最后还不是闺女打赢官司了么,当时咱外人听着挺新鲜,还没大听说过闺女为财产跟兄弟们打官司的吧,不过寻思寻思啊,这本来就该这样,人家黑顺死前闺女跟儿子一样的都在跟前端屎端尿的,凭啥死了以后就只给儿子啊,本来就是应该这样。

黑顺也是晓村的村民,两年前已经病逝,据了解,黑顺家有一个独子,排行老大,另有三个女儿。黑顺患病住院期间,四个子女都尽到赡养义务,结果最后老人去世了分财产时,儿子不乐意三个妹妹共同平分,理由是是"村里不兴,闺女分财产叫人笑话,没有这个理。"于是妹妹们与哥哥打了官司,仨妹妹胜诉,这件事几乎晓村人尽皆知。据说,这事曾一度成为村民热议的话题。在其他农村地区,针对女儿分家产一事,有的村民认为女儿分家产是自断后路,因为当她们的生活发生变故时,分得家产的叔伯兄弟还能为她们出头,一旦她们带走自己的一份家产,也就相当于是没有了娘家的支持(曹锦清,2013:40)。

其实大家伙心里都有数,就是谁也不愿意改这个规矩,谁也不愿意当那个第一个'教人笑话'的人,要都跟黑顺闺女似的,咱这老规矩早改了,说到底,就算啥也不为,就为了闺女儿子都是爹娘生爹娘养的吧。不过,打官司分财产,这事还真不是谁都能干的。

秀芬的言外之意是,在今天的晓村,村民对女儿不参与分家析产这一传统的遵循主要是由于目前还没有几家几户能够率先打破这个规矩和惯例,尤其是以自愿的形式而不必闹到打官司的地步。说到这里,秀芬重新回到自己的家事上来。

所以小二想用门头房做小买卖我不能让她干,将来要真是她们姊妹两个为这个事不好了,那得怪我了,怪我这个当妈的没给他们考虑周全,埋怨我有偏有向。现在孩子少了还好点,要是以前家里

> 头五六个七八个小孩的时候，咱说那真是得让他们处好，别让他们觉得咱这当老的偏这个了亏那个了，这碗水端不平，以后没一点好处。

以布迪厄的惯习观点来看，由于村民长期生存和生活条件的一致性，导致了村民的日常生活实践在客观上往往趋于一致，由此而形成村民在行为选择上的某种一致性。虽然《继承法》早在1985年就已经颁布，并对子女分得家产事宜做出了详细说明，但在晓村，许多家里既有儿子又有女儿的家庭依然奉行着女儿不参与分家析产的惯例。不唯在晓村，许多农村也依然延续着既有的传统，这一方面表明，现代法律对农村生活秩序的影响还停留在表层的缓慢渗透阶段，另一方面也反映出，农村地区自有一套稳定而持久的惯性逻辑。但不管怎样，"一碗水端平"是一种代际之间双向的互动过程，这既是公平公正地处理家庭问题的原则，也是防范子女为个人利益而反目的未雨绸缪之计。

2."拾掇皮贼"

家庭教育与社会化主要包括两个方面，一是以帮助子女实现社会化为目的的父母对子女的教育，二是家庭成员之间通过相互教育以进行再社会化的过程，主要方面在于子女教育、儿童社会化（邓伟志、徐榕，2001:69）。古往今来，多少功成名就的成功人士、社会贤达、时代精英纷纷将家风家训著书立说以勉励后人，教示后人为人处世之道理、准则。同样，对于社会中大多数的普通人而言，他们亦自有他们独特的教育后人的办法与逻辑。

村民李兆通[①]的儿子今年考上了省内的一所二本院校，虽不是名牌高校，但这个消息对于全家人来说无疑是一个巨大的惊喜。

> 咱不知道人家那些有文化的咋教育小孩好好学习，反正我就是

[①] 李兆通，男，46岁，村内企业打工。访谈时间：2017年7月8号。访谈地点：李兆通家中。

和他说，我说你不好好学习，你就跳不出农业社，农业社将来你也白搭，为啥，咱庄没有地，种地你都没处种去。我就这么和他说的，其实现在这些小孩你和他说种地啊这些事他啥也不知道，没有经历过就是不知道，没法体会。

李的儿子原本在村里是出了名的调皮捣蛋，李也经常为这个调皮的儿子被老师"请"到学校，村民得知李的儿子考上了本科学校，纷纷前来道贺。

像你这个年纪，那时候咱庄也没有地了，估计你也不知道。

我连连点头，的确，晓村自20世纪80年代起就渐渐不再依靠土地过活了，村里绝大部分年轻人都没有过面朝黄土背朝天的亲身经历。

再就是让他干活，一到放寒假暑假，我就叫他去干活，去打工，尤其是寒假过年那阵子忙，街上那些超市招学生工，帮人促销，帮人卖糖卖衣裳啥的，我就叫他去，叫他去体验体验。

每年寒暑假时期，城区的大型商场、超市几乎都会招收一批假期学生工，尤其寒假。因而寒假时，时常会看到超市的各类柜台前站着年纪尚小的服务员，这些服务员多半就是学校放假的学生。

回来跟我说，说有个试衣服的，他帮人拉拉链，帮人扣扣子，那人试了半天也没买，白耽误他好长时间，那天他几块钱的提成都没拿到，只挣了个基本工资，一天十五块钱吧就，说本来想攒钱买个千儿八百的手机，结果这十五块钱光吃饭都紧巴。回来垂头丧气的，说不想干了，又累又不挣钱，还耽误工夫。说实话，从小我就和他说，我说除了上学能脱离农业社，咱没有别的机会，就是上学这一条路，你要是想和人家电视上演的似的有钱，想干啥干啥，想买啥买啥，就得学好习，要不啥也白搭。我说你没有文化没有好工作就是只能干这费累不挣钱的事，多少人一干就是干一辈子这种不挣钱的活，要想人上人，我说必须能吃苦，你老爹我没有背景没有钱，你除了指望你自己好好学习将来有份好工作以外没有别的出路。

事实上，李的这番话经常被村民有意无意地提起，望子成龙，希望孩子在将来能够通过奋斗提高社会地位，能到更广阔的天地更好地发展是每一个村民对孩子的殷切盼望。

  我经常这么说他，他也不做声，不过他有数，这小孩不爱说话但是心里都明白，你看他平时调皮吧但是他是瞎皮，就是个皮贼，你好好和他说，有时候他能听进去，就得经常拾掇拾掇他。也不知道是不是整天这么逼着念着让他好好学习，这不好歹考上大学了，也算是不孬了。

"火趁小时救，树趁小时修"，村民常说，小时管教不严，大时再管也难。良好的家庭教育是人们走向社会的人生第一课，对大部分村民而言，他们既没有所谓的高水平学历，也无多少显赫的社会资本和人脉关系，有的只是用最朴实的语言和最真切的人生经历对子女施以警戒。李对儿子的教导一是口头劝诫，二是亲身实践。由此可以看出，普通村民同样有他们自己的教育方式，与精英式的说教和劝导不同，他们对子女的教育简单、高效、实用，他们的教育方式印证了"实践出真知"的道理。

3．"不听老人言"

里屋的老钟刚刚不急不慢地敲了两下，就听见院子里的小狗狂吠不已，朝门外看去，村民季平[①]已经笑容满面地蹒跚进门。印象里她本没有

[①] 季平，女，65岁，经营水果店。访谈时间：2018年1月17日。访谈地点：笔者家中。

这么胖，年纪大了倒是越来越有福相了。她手里拿着一个老式的不锈钢饭缸，里面装着满满一缸什么东西。季平是母亲的表姐，同住在晓村，离得又近，所以常常互相串门，也经常互送礼物。通常是些日常常用的食品或是生活用品，比如母亲去串门的时候带点集市上找人磨好的玉米面，季平来的时候带个自己小院子里种的南瓜，或者母亲去的时候带些参加小孩生日百岁时主家回赠的小面包或是小点心，因为家里毕竟没有小孩，所以这些小点心正好可以送给季平的小孙女吃。有时候季平还会把自己种的花端一盆过来。总之，在他们二人的交往中，虽说有一层表姊妹的亲缘关系，但依然奉行着礼尚往来的互惠交往。两家的关系也一直处得不错，尤其是这次笔者回来，心里是十分欢迎季平来家里串门的，原因在于虽然腿脚有些不太灵便，但她却依然热衷于东走西逛，有村民调侃季平，说她是村里的"小灵通"，她总能知道些我们不知道的事，而这无疑对我的田野调查是有益的。

母亲迎进季平，原来她手里端着的是一大碗豆豉腌菜。照例，两姐妹寒暄一阵，母亲把这碗豆豉倒进家里的器皿里，把不锈钢饭缸刷洗干净，放在茶几上，坐好。笔者知道，做完这些，季平就会开始打开话匣子跟母亲聊天了。她自己说这是来我们家"把疯话"，这是在自谦，意思是来家里随便瞎说一通。笔者常常听到人们类似这样的话，他们一边说着"这事咱也不清楚"，或是"谁知道呢，咱不知道"，或是"别听我瞎胡说"，一边滔滔不绝地讲着他们的所见所闻，并发表着高见。

这一次，因为有笔者在，季平便关切地询问何时回来并准备何时起程回学校去，铺垫好这些生活日常，季平才进入正题。

> 你看小林，哎，打小就不听招呼，打小就好对着干，真是让她爸妈愁死啊！

小林是季平的亲外甥闺女，已经三十出头，去年刚结婚。

当时小林找这个对象的时候吧，就一家人不同意，你说那个对象连个正经活都没有，他家他爸妈咱打听了也不是个好相处的主，当时咱就说林啊你再考虑考虑，结果呢，小林那时候就跟吃了迷药似的非得跟他。

那时候据说有不少人给小林介绍对象，但小林认准了她自己认识的这个男朋友，也就是现在的丈夫。虽然家人并不满意，但毕竟是小林自己的选择，最终家人妥协，小林如愿结婚。婚后这个女婿仍然没有一份正式的工作，这让小林的父母更加不满。母亲道：

"那时候不是听说他俩处的挺好么？"，那时候我听说也不咋好啊，小林和他是自由恋爱的，又不是人家媒人介绍的，那时候咱劝她是因为咱打听了她那个婆婆公公人缘忒差，怕咱小林将来嫁过去受罪。再说了，那个小孩说实话咱也没相中，我当时一看，两个小眼，还有点尖嘴猴腮的，黑黑瘦瘦的，倒是挺高，但是看着也不像个实在人。

季平用手在自己脸上比划，意思是这个对象给人的感觉实在一般。在村民的生活圈子里，一个人的长相能反映的问题不仅仅是面容的好坏，还有"实在"与"不实在"的区别。虽然村民也许并不懂相面术，但他们仿佛总能一眼看到对方的内心，因此，通过长相来评判对方人品的好坏其实是村民生活中常常用到的交往技巧或是一种"看人"的智慧。虽然这样"以貌取人"的方式并不一定准确，但凭借多年丰富的生活经验和阅历，许多时候他们也能"看个八九不离十"。而那些在他们看来长相"实在"的人，无疑是值得交往的。村民相信相由心生，当他们通过这种眼缘或第一印象判定对方是一个"实在人"时，他们就会将其划入自己的圈子里，并用一套传统社会中的"熟人信任"（王建民，2005）

标准来对待他，从而降低交往成本，也就是同样"实在"地对待对方，反之亦然。

咱听她妈说没结婚以前小林和他对象也是经常吵架，但是别人又分不开他俩，他俩吵架吧还光想结婚，俩人都三十多的人了，没办法那结婚就结婚吧，反正咱当老的该说的都说了，小林她又不听。"这一年了都，得快生孩子了吧？""还生孩子，俩人结婚了照样天天贼打火烧，比没结婚打的还厉害，上哪怀孕生孩子去，这不我听说要打离婚嘛，还不知道打不打得成。"

季平一手掐着腰，一手扶着沙发气呼呼地说。"贼打火烧"是当地的方言，村民多用于指夫妻之间不好好过日子，经常吵架闹矛盾。

"都结婚了成家了还天天不好好过日子，还成天打啥。""哎，这不就是说嘛，不听老人言，吃亏在眼前啊，咱早就和小林说了，是吧，咱说那家人家可够呛是个好人家，咱说你可再琢磨琢磨啊林啊。结果她那时候就和鬼迷心窍似的，咱也不知道她到底看上那个小孩啥了，长得又不好，瘦的跟杆子似的，家庭条件也不咋样，现在可倒好，这婚也结了，俩人又成天吵架打架，这结婚一年了孩子也没怀，哎，咋办啊你说。""这小孩不听话啊，这当老的还能害了他们？"

"当老的"也是这一带的方言，指的就是为人父母的人，作为长辈的人。在村民看来，"当老的"是绝对不会害了"当小的"，因为父母或长辈的人生经验和生活经历要比后辈们多得多，他们对待人事物的评判标准相比后辈来说，常常要更加成熟和稳练。因此，后辈对长辈的意见和建议应当慎重考虑，因为这些看似老套的经验往往可以使他们少走不少弯路。但这只是对于"当老的"来说，对于"当小的"而言，或许是因为尚有年轻的资本，总有一番势不可当的豪气推拉着他们向前冲，幸运的时候"当小的"的选择也是对的，但大部分人还是要等到碰壁了才肯回头。

谁说不是啊，还是那句话，不听老人言，吃亏在眼前啊，哎，到这程度了我问小林我说林啊那光这样也不是个办法，我说你以后咋过，天天这么吵这么打。小林说她就是要和他耗着，俩人谁也别找对象了，就这么耗着。我说林啊你听我一句，我说你耗着人家，你自己不也是耗着吗，你自己前程你也不要了？哎，糊涂啊，不听话，糊涂，这小孩真不省心，急的她爸她妈了不得。

季平不断地强调"不听老人言，吃亏在眼前"，所谓的"老人之言"其实就是作为过来人的经验型话语，作为走过更长的路，面临过更多人生抉择的过来人，他们充足的生活阅历和经验足以让后来人引以为鉴。这种"老人之言"更像是人生忠告，也更像是充满智慧的无字之书。在人们的日常生活中，尤其面临人生的关键抉择时，能够虚心听取"老人之言"的人往往是明智的。当然，经验毕竟只是经验，经验主义错误在日常生活中照样时有发生，但是，即便我们无法保证"老人之言"的完全正确性，但至少，我们却可以保证"老人之言"的可借鉴性。因此，在一般情况下，"老人之言"充满了智慧，听取老人言，常常是避免遭遇矛盾或挫折的有效手段之一。

4."不回家的闺女"

受市场经济和现代价值观念的影响，晓村年轻人的思想观念和价值取向较之以往发生了不同程度的改变。许多研究表明，传统家庭中以父母权力为核心的权力格局随时代的发展已经有所松动甚至被打破，传统的养育—赡养关系正在经历新的变化。也就是说，在新的时代条件下，家庭本位与个人本位存在着较大张力（费孝通，1986；王跃生，2006，2013；阎云翔，2006；贺雪峰，2007，2008；杨善华，2011）。

小君家最近几年搬到了晓村的新楼上，她年龄与笔者相仿，家里还有一个正在读高中的妹妹，其母亲在新楼附近每天起早贪黑经营一家早点铺子，父亲是酒店的一名传菜员，每天早上帮母亲忙活到不到九点钟时再骑电车去城区打工。虽然这个四口之家的日子并不是多么富裕，但勤恳赚钱的父母却从来没有让姐妹俩受过委屈。然而，小君却并不这么想，初中毕业后，便求一个远方亲戚带她离家南下，去追寻她所期待的"好日子"了。

走了十好几年了，初中毕业就走了，到现在为止中间回来过三趟，回来住个两三天就走。哎，这孩子是真不想家，真不想我们啊。

小君的母亲一边向我们倾诉着，一边不时地抹眼泪。据母亲说，小君读书时候的成绩并不好，常常跟父母要一些稀奇古怪的东西，那时候家里条件比现在还差些，满足不了小君的要求。小君经常跟家里吵架，责怪父母没有能力给她更好的生活。她很羡慕有钱人，曾说凭什么别人都有的东西她没有呢？

她就怪我们，怪我们没本事。本来以为她年龄小，不懂事，大一点就好了，结果她初中毕业以后没多久就走了。到了那边才打了个电话，说是以后自己挣钱养活自己，叫我们不用担心。我们怎么能不担心？我和她爸去找过她，她见了也就见了，也没觉得她见到我们有多开心。她在那里打工，干美容美发的，她说她挣不少钱，让我们放心，就赶我们回来。小君的母亲再一次哽咽。这孩子怎么就能这么不懂事呢，外面多复杂，坏人有多少，她怎么就能这么大胆呢？怪我们啊，怪我们没有管好她，没有跟她讲道理，没有教育好她，让她今天这个样子，家都不回了。（讲述人：王华[①]）

[①] 王华，女，55岁，晓村村民，经营早点生意。访谈时间：2018年1月19日。访谈地点：王华家。

可怜天下父母心。小君离家的这十几年里，起早贪黑的父母没有一刻不惦念着远方的女儿，却没有一刻责怪过女儿的不孝，只是后悔没有尽到为人父母所应有的对子女的管教，以致年幼的小君无视生活的艰难和社会的风险而孤身南下。对物质生活的追求构成了小君与父母之间的主要矛盾所在，小君就像一只迫不及待要飞出笼子的小鸟，满心希望追寻属于自己的天空。然而，当小君真正意识到"外面的世界很精彩，外面的世界很无奈"[①]时，鸟倦飞而知还，回家，或许依然是她心灵的归宿。

第二节 村村都有难唱的曲

邻里关系是乡土社会中最重要的地缘关系，也是人们在日常生活中除家庭关系之外的重要生活关系。"远水难解近渴，远亲不如近邻"，"千金买宅，万金买邻"，"一排篱笆十根桩，一家有难大家帮"，邻里关系的重要性从这些乡间俚语中可见一斑。村庄生活是邻里关系的扩大化，随着现代化与城镇化进程的推进，晓村作为一个典型的城郊村，不可避免受到了现代市场经济理性的影响，村民联结的纽带有所松动，原有的道德规范受到冲击，出现了不同程度的理性化思维方式和行动逻辑。

一 邻里小摩擦

人是社会关系的总和，有人的地方就总会有矛盾存在。在晓村生活的时间越长，越会觉得生活中纷繁琐碎的矛盾问题早已被村民们视为常态。矛盾大大小小，化解矛盾的方式亦形形色色，不论积极地寻求解决办法，还是以无为而有为，都饱含了丰富的生活意义。

1. "不着调的表叔"

翟学伟（2007）认为，中国人结成关系的首要考虑在于相同地理位置中的持续不断的互动交往。作为一个城郊村，除了近几年少量因子女

---

① 歌词来源：《我们的世界》，词曲：齐秦，演唱：齐秦。

外地就业等情况举家搬迁至别处以外，村民的人员流动相对来说并不算大。在晓村，邻里、亲属之间常常通过给彼此照应公事来加强联系，表达一种友善的人际关系。村民之间一个不成文的交往规则是，如果一方先给另一方照应了公事，那么另一方则应该积极地通过多种方式寻找合适的时机来回报这一方，比如留心打听别人家孩子的婚事进展、婴儿满月、老人生日，或是开业庆典等。等到这样的日子来临，那么村民将及时在适宜的时机奉还所欠人情。但在现实中，又难免有村民偶尔"不按规矩"出牌，这种情况极易造成人情双方的尴尬。

俺老大当时结婚时候邻里百家都照应了，结果他叔来喝酒了也没照应，我说这不是亲叔吧也叫他个叔了，来喝酒了还没照应，这办得啥事。结果那天老李他闺女结婚，结婚第二天吃喜包[①]，我和他婶子坐一起吃喜包，接就话茬吧，我就故意和他婶子说，我说俺老大和我说你看我结婚俺叔也没给俺贺贺。他婶子说啊是吗，你看看他叔还去喝了好几顿酒，都忘了办正事，成天就是不着调，等回去我叫他给老大找补上。后来俺老大媳妇生孩子，他叔拿来二百块钱，算是找补上了。他这个叔也是迷迷糊糊，一般人你说都来喝了好几顿酒了谁还能忘了办正事，这不接就人家别人家结婚，也就说开了。也不知道人家是真忘了给咱照应呢还是有别的事，后来有了孩子倒是也拿来了。（讲述人：孙胜敏[②]）

日常生活中常常听到有村民抱怨来往的人情礼节太多，并坦言这就是"互相来回折腾"。事实上，这种"折腾"在村落社会人际交往中的

[①] 喜包，晓村村民有时会将"饺子"叫作"包子"，按照当地习俗，夫妻结婚第二天，会在家门口支起一口大锅，并准备大量饺子，供亲朋好友品尝，这在当地叫作"吃喜包"。吃完喜包要上喜坟，预示着新人正式被先祖接纳认可。

[②] 孙胜敏，女，59岁，曾在城区打零工，后待业在家。访谈时间：2017年7月10日。访谈地点：孙胜敏家。

主要意义表现在：首先，这是一种村落成员存在感的体现。一个完全不参与村落人情来往的村民表面上或许节省了许多时间成本及经济成本，但从长远来看，随着时间的推移，这一类人在村落各类事务中的缺席使其逐渐处于村落社会的边缘，从而有可能面临社会性死亡的威胁。同时，人情交往关系可具有现实的功能性价值。在大部分平凡的日子中，不常与人来往也许尚不能给自己的现实生活带来多大影响，然而，一旦面临生活中的非常态事件，比如急病、死亡等极端事件的发生，倘若事发突然，那么在这种特殊时刻，亲属、邻里、村庄的帮忙则无异于雪中送炭。从这个角度说，参与到村落人情交往圈中类似于为自己的生活储备可资利用的资源，与人方便的同时亦与己方便。其次，村落人情圈的建构同时亦表征着村落社会秩序的生成。村民之间的人情往来大多遵循平衡法则，平衡法则不仅仅体现在随礼的礼金上，也体现在代际之间的关系传承上，这就使人与人之间总是保持着稳定的交往关系。打破这种平衡的秩序可能意味着某种关系的终结，这同时也往往意味着此前的人情付出或将付之东流。

在晓村，参与种种不同的人际交往是村民日常生活中重要的交往手段之一，具体表现在礼金的获得与给予上。对村民来说，这是一种实实在在的付出，并希望在未来的日子中获得对方理所当然的回报。在我的田野过程中，不止一位村民曾经表示，像子女结婚、孩子百岁、老人生日等，宴请众位亲朋好友庆贺喜事是一方面，另一方面，通过办事收回一部分先前付出的礼金显然也具有重要意义，甚至是关键目的所在。像孙胜敏说的，"他叔"来家里喝了喜酒，却没有送上礼金，这在孙看来是荒唐的。之所以说荒唐，是因为在村民看来，参加宴会的主要目的就是奉还以往所欠的人情，或者说就是献上自己的礼金，这是村落社会交往中的默认规范。喝了喜酒却没有上账，"他叔"的这种行为很容易在孙的心里系上心结，如果这个"结"不打开，孙的心里可能一直犯嘀咕，从而造成两者之间的芥蒂。后来，孙借着别人家的喜事，在同样的情境中与"他婶子"重提旧事。在这里，试想一下孙是以一种怎样的口吻提起旧事的？或许是玩笑，或许是嗔怪，也或许是假装倏地想起。不论是哪种状态，有一点是肯定的，那就是借着同样的情境，孙非常希望"他叔"或者"他婶子"能够给她一个合理的解释，以便解开她的心结。而"他婶子"的解释应当是能够令孙满意的，暂且不论"他叔"是真的忘了随礼还是有其他缘由，至少在此时，"他婶子"是希望能够弥补这份人情的。换句话说，他们之间的交往关系不会因此而中断，他们两家对彼此的重要性仍然得到了维持和肯定。

2."抢人买卖"

"吃"在村民的生活中占据着重要的地位，他们爱吃，会吃，在"吃"上下足了功夫。一道菜须尽全力地满足色、香、味，有时候即便是做一道再家常不过的酸辣土豆丝，如果临了发现家里没有了芫荽，那是一定要到左邻右舍去讨棵芫荽来的，不然这道菜便总缺了什么，人们的心里总留点遗憾。做饭菜的态度和水平亦是检验家庭和谐的试金石，当养家糊口的男人们回到家，妻子端上热腾腾的饭菜时，那种温暖和幸福是踏踏实实的，若是辛苦一天回家以后发现没什么吃的，难免气不打一处来。有时候村民们在一起七嘴八舌的时候，谈起做饭，也难免几家欢乐几家愁，有的很骄傲，"俺媳妇别的不行，做东西没的说"，那得意的样子真让人羡慕，有的就没这么幸运了，"俺家的，会做的菜两个巴掌数的过来"。不过，这并不是说晓村的男人们不会做饭，或者说男人们全指望着家里的主妇做饭伺候，其实男人们在厨房也有自己的一片天地。"俺家俺俩都会做，说句脸红的话，都做的不孬，要是碰上过年过节伺候亲戚，还是我掌勺呢"。的确，晓村有一种以会做饭为荣的村落特色，几乎人人都能"露两手"。在村民们看来，"啥钱都能省，饭钱省不了"。

正是村民们如此这般的思想态度，近十几年来，许多具备厨师潜能的村民相继干起了餐饮，村里大大小小的餐馆饭店不下七八家。吃饭的地方是多了，可吃饭的人却基本没有多大流动，尤其是那些彼此相隔几十米的饭店，不仅生意难做，人，也不好做了。

第三章 村民日常生活中的主要矛盾案例举隅

"咱们都是邻里邻居的,这么些年了咱么一直都相处很好,是吧,老邻居了,谁家有啥事不用招呼咱就主动互相帮忙,应该的嘛。咱们邻居都能这样了,我们就没想到跟他还沾亲带故的,他真能这么做,现在时间长点了,也就那样了,我们能说啥,我们还能让人家关门不成,是吧,咱可做不出这种事,咱没人家那么厚的脸皮,人家是干大事的,啥都能豁出去,咱不行,咱做事还得看看人,讲讲情分,咱没人家那本事。"

李大娘说的"人家",指的是他们家斜对面一家也是李姓的村民,李大娘跟斜对面的李大爷是表兄妹,两家人的确沾亲带故。李大娘家的饭店是将军楼改造的,两个女儿都结婚嫁人了,上下两层的将军楼只留出两个房间来满足老两口的生活起居,剩下的房间都可以让客人坐席、吃饭,这样一来一楼二楼坐个七八席的人口是没有问题的。他们在2008年就开业了,刚开业的时候生意挺红火,李大娘的丈夫是主厨,她自己则是帮厨兼服务员,那时候生意不错,但夫妻俩也小五十岁了,怕身体吃不消,就从邻村雇了一个服务员。

你说咱们这边将军楼,我们老两口也住不了楼上楼下这些房子,就想着反正有房子,我们年级也还不算太大,还动弹的了,是吧,能挣一个是一个,咱又不是人家那种职工,不是工人,咱们老了没保障啊,你不能总指望孩子们吧,他们都有自己的家,有自己的工作,要是天天伸手跟孩子们要,那也是真没意思,真的,我这大半辈子了,没看过谁的脸色过日子。所以我跟你叔就想着利用起咱们这将军楼,开个小餐馆。那时候咱村里小饭店还没这么些,有时候谁家有个小孩百岁啊生日啊,上大学的啊,有点事都得往公路边跑,往远点的饭店跑。所以我们就琢磨着开个小饭店,你叔也会做点,手艺没多好吧也还凑合,我呢,端个盘子洗个碗还是没问题的。

然后我们就开始把门面装好，我们这小饭店就算是开起来了。

对于晓村绝大多数村民来说，养老问题总是村民所要关注和考虑的重中之重，虽然国家和社会也在努力实现老有所依，相关制度设计也处处考虑到这些广大的没有多少生活保障的农民，但想要真正提高他们的生活水平，提高他们的幸福感、获得感，毕竟还有一段很长的路要走。据我所知，至少在晓村，村民们几乎没有过了一定年龄就应该退休或是停止工作的概念，对他们中的大多数来说，只要身体吃得消，能干到多大岁数就干到多大岁数。像我所了解到的，有不少村民七十几岁还在尽其所能地打着散工，以尽力贴补家用，同时也尽力减轻子女的养老负担。正是基于这样的考虑，李大娘的饭店才这么开了起来。

说真的，刚开的几年生意不错，刚开的时候我们都没想到在咱们这能开得挺好。主要是咱们也不是在闹市区，就在这村里的，所以当时买卖好的时候挺出乎意料的。开了四五年吧，对门他们家也装修房子，把他们原来的门楼也改成个门头房，当时我还问他说这是要干啥，人家跟我说还没想好。我也就没问了，这么多门头房，有空着的有用着的，谁知道人家会做点啥，人家没说咱也没问了，关咱啥事，是吧，我也没往心里去，到后来一回想，人家这是早就打跟我们对着门开饭店的谱了。

李大娘斜对面的李大爷家像许多住在将军楼的其他村民一样，将原来的门楼翻盖成门面，刚装修的时候，李大娘对李大爷家也要开饭店做买卖的心思并不知情。

过段时间以后，他门头房也一天天像样子了，有一回他还来家里量房间桌子的尺寸，咱那时候才听说他们原来也要开饭店。后来一琢磨，你说他咋好意思厚着那张老脸来家里量尺寸呢？！

第三章 村民日常生活中的主要矛盾案例举隅

由于将军楼是晓村在1990年代村集体修建的房屋建筑，因此许多家户的房屋设计都较为相似，李大娘饭店房间里的桌椅尺寸无疑会给李大爷购买相关用具提供极大的参考价值。说到这个，李大娘不免有些激动和愤怒，她认为自己受到了来自李大爷的极大的不尊重。

我一听我还不信，我们饭店就在这摆着，就相隔这二三十米，别忘了我们还沾亲带故的呢，他们家奶奶跟我们家奶奶是表姊妹啊，我们家孩子叫他一声舅呢。就算单单是邻居，要咱说，那也不好意思说抢对门人家的买卖吧？哦，我们开了这才几年的饭店，看着我们有买卖，看着人家来我们家吃饭，你们眼红了，眼馋了，就要跟我们对着门的开，有这样的么你说！怎么拉的下这个脸来？怎么好意思？

"怎么好意思"在李大娘的讲述里前后反复提及，这种质疑直指李大爷一家的道德品质，是对其人品的严肃批评。说着说着李大娘的越来越激动，脸涨得通红，声音也一声高过一声。笔者忙给她递了杯水，让她平静一下。待她缓下心情，她才继续向我诉说。

我们也没得罪他们吧，一直关系也挺好，以前我跟他老婆还在一个队里干过活，他老婆能干的很，啥也会做，还给我小闺女织过毛衣，这是突然拧巴了哪根筋，要跟我们对着干，你说气不气。

集体农业时代，晓村共有十四个小队，那时候，李大爷的妻子经常跑到李大娘家里，跟他们家人也都很熟络，俩人情同姐妹，又在同一个小队里挣工分，关系很是要好。后来李大爷夫妻结婚，跟李大娘夫妻住的又近，因此关系也一直不错。正是这种几十年的深厚感情，使李大娘难以接受李大爷家与他们家对着门开饭店的行为。两家的感情也因此明显淡了下来。

> 从那以后这抬头低头的我就不跟他们打招呼了，就装看不见。他们要是跟我打招呼，我就嗯嗯啊啊吱一声，反正他们是啥时候也甭想我主动搭理他们了。说实在的我这就不孬了，要是别人还吱一声，不找他们打仗就算好的了。心里头恨得了不得，恨得看见他们就来气，咱还抹不开脸骂他，怕教别人笑话，哎，吃亏就吃在没有人家那张厚脸皮上。

在相隔仅仅几十米的村落环境中，村民之间低头不见抬头见是再正常不过的日常生活场景。李大娘的心里无疑充满忿恨。事实上，从她单方面来说，她们家与李大爷家的情谊早已随着李大爷新开的饭店而恩断义绝。因此，李大娘不会再像往常一样热情主动地跟李大爷一家打招呼，而李大爷家里是否也会觉得别扭我们不得而知，但相信李大娘冷淡的态度他们是能够感受得到的。同样，这种彼此熟知的村落环境使李大娘被迫按捺着心里的火气，即便她不主动与李大爷家打招呼，但形式上，或者说面子上还是回应了李大爷家。在这里，李大娘的忍让主要是出于对村庄舆论的重视，用她自己的话说，"怕教别人笑话"，在李大娘看来，这成为李大娘"吃亏"的关键。

> 他们自己心里也有数，大家伙心里头也都有数，叫谁谁不气啊，叫谁能做出他们这事啊，怎么就好意思呢。搞的我们家买卖也不好，他们家买卖也不好，街坊邻居的人家订个菜订个酒席的还难为得慌，不知道我们两家订谁的，你说他们这不是没事找事么。

也就是说，两家人之间的别扭和尴尬同样也给村落中的其他村民带来困扰，那便是当其他邻居需要订酒席、订菜肴的时候他们该从李大娘家订还是李大爷家订呢？李大娘停顿了一下，深深地叹了一口气，继续说道：

第三章 村民日常生活中的主要矛盾案例举隅

前后一共干了有五六年吧,那时候村里头陆陆续续也有不少饭店了,这么多饭店,村里头平常的庄户人家谁家没事天天吃饭店啊你说是吧,不就是等到家里头要办啥事的时候或者是家里头来人了,才上饭店点个菜吃个饭嘛。最后寻思来寻思去,你叔说算了,买卖又不好,现在人工钱这么贵,还有水电乱七八糟管着,七七八八成本也不小了,这还是咱自己的房子,自己家的人还干着。两家对门这么近,他有生意了咱们急,咱有生意了他们急,天天你看我我看你,累的慌,不干了。这不,我们家饭店就不开了,咱们这片就剩他们家了,这下好了,没人跟他们抢买卖了。

在陆续出现多家饭店餐馆以后,村里几乎所有从事餐饮服务的村民生意都不同程度地受到这种大环境的影响。虽然各种餐馆经营的内容不同,比如有的是包办各类酒席和送菜上门的,就像李大娘和李大爷家,有的是专门做快餐的,有的是做烤鱼或炒鸡的,有的是专门加工例如酥锅、豆腐箱、炸春卷等当地特色菜肴的,也有的是专做烧烤的等等,但一旦在同一片区域食客们的选择更多了,也就更加货比三家。村民们由最开始只是希望村里能有个方便给家家户户办事的吃饭的地方,到渐渐地变得更加挑剔起来,比如菜品是否丰富,菜量是否够足,以及作为老板的村民是否在村里有更好的人缘关系等等。换言之,当市场化越来越渗透其中时,开店所需的各项成本,以及他们不得不面对的与李大爷家"天天你看我我看你"的竞争压力,使李大娘家的饭店最终停止营业。

我们家跟他们家僵了有挺长一段时间吧,但是也没撕破脸,我们可没那魄力,咱可不好意思。表面上也还算和气,反正邻里邻居的,还有点亲戚关系,也不能说死磕是吧,见面点个头就过去了,过年他们也来拜年,我们家你叔也去他们家拜年,进去站站就走,不会多待的,他们来我们这也是。哎,反正这饭店咱也早就不干了,不干了就无所谓了，不跟他们生那份闲气，累的慌。想挣钱叫他们去挣吧，人这一辈子挣多少算多啊！他们爱咋咋，不关我们事。平时反正见了该说话的还是说句话，也就是哼哼哈哈打个照面了，别的没啥好说的。

李大娘的饭店关门以后，李大爷的饭店至今还继续营业。虽然一提到当年李大爷"挤"掉李大娘的生意时李大娘依旧十分来气，但那也毕竟过去了三四年，两家人之间的感情裂痕或许无法抹平，但过去的这段时间也足以使李大娘能够较为平心静气地面对李大爷一家。从李大娘"不跟他们生那份闲气"、"他们爱咋咋"以及"没啥好说的"等表达中可以看出，与其说李大娘已经选择放下或是原谅，不如说她选择的是忽视或者无视，这种不冷不热听之任之的态度充满了她的无奈。

（这关系是不好修复了啊）嗯，肯定啊，想想要谁谁能接受？他们自己心里头有数，谁也不傻谁也不呆，有空的时候谁还不坐下来好好寻思寻思这些事啊，你说是吧。（嗯，后来他们就再也没解释下或者怎么样？）他好意思说嘛，肯定不好意思，事情都明摆着的他还有啥脸说。你知道我为啥说他们有数呢？（嗯，为啥？）后来他们楼背面不是有条小胡同么，他们在他们后门口两边种了一点东西，很小一块，就是家门口吧，跟个小花圃似的，种点辣椒茄子什么的，每年结点茄子辣椒的，就给我们家送几个来，送的很少，主要是他们本身种的也少，种着玩的就是。还有时候过年啥的，他们饭店做些春卷啊豆腐箱啊甜饭啥的，有时候也给我们拿点过来，过年招待亲戚能出一两个菜吧一般，说实话我们不想要，不差他这一口。不过都住一村里，还天天见的，太那个了也不好是吧，毕竟我们现在饭店也不开了，随他吧，老是生他们气我们还怕自己身体不好呢，所以就这样了，无所谓了。再说了，要是在人家大城市，谁也不认识谁，别说对门开饭店了，一条街都是美食街，是吧。后来想就算了吧，随他们吧，现在他们生意我看着还行，天天有几桌吃饭的，就这样吧，人家挣钱赔钱的跟我们没关系，我们自己过好自己日子，没病没灾的就知足了。（讲述人：李红①）

李大娘之所以说李大爷"有数"，是因为李大爷会将家门口零散种植的辣椒茄子等物送给李大娘家，还会在年节时将其饭店里准备的年下菜等送到李大娘家里。这一举动很明显正是表征着李大爷一家对李大娘一家的歉意，而这一点，两家人互相之间是心照不宣的。在乡间生活中，人与人之间难免会有这样那样的矛盾或是芥蒂，有些时候村民在表达一方对另一方的歉意时并不是选择直白地赔礼道歉。或许在这部分村民看来，这一声"对不起"略微有些文绉或是外道，之所以这样推测，是因为在我以往的生活经历中，常常听到村民类似这样的话语："都老熟人了说这干嘛，说这就是外人了，忒客气"。在一定程度上可以说，村民更善于用具体的实际行动来表达自己丰富的情感世界。说到最后，李大娘已经很平静了，事实上，李大娘所耿耿于怀的不仅仅是金钱利益上的损失，更是其与李大爷一家的感情受到了伤害。在李大娘看来，这是事关一个人的道德品质的问题，而李大爷虽然没有把对李大娘一家的歉意说开，但都融合在这些辣椒茄子以及各类年货等礼物里了，这些看似不值钱的东西里包含的歉意和友善，才是李大娘真正珍视的东西。

正如李大娘说的，其实，他们两家的矛盾在城市陌生人社会中或许并不能称其为矛盾，正是在乡间熟人社会这样的生活圈子中，在道德情感占据制高点的村落生活中，他们的矛盾才得以产生，而最终，李大爷仍然通过乡间常见的"托物言志"，相对完满地化解了双方的心结。

3. "膈应木头"

在熟人社会中，化解人际之间的摩擦与误会常常是通过外力或在一

---

① 李红，女，63岁，曾在村内经营餐馆，后经营小卖部。访谈时间：2018年2月2日，访谈地点：李红家。

个特殊的时空环境下特意为之，而并不一定通过认真诚恳地道歉以获得对方的谅解。在这个时候，借助"他事"论"此事"往往是人们之间的一种交往智慧。

> 老李家重装大门楼，把原来一些废旧木头换下来了，他知道我烧水得烧木头，邻里百家的就和我说让我去把那些木头收拾收拾弄回来烧了用了，说着我就拿根绳子去了。

在晓村，不少妇女用空心壶烧水，用这种工具烧水，需要在壶的底部支起支架，然后往整个壶的中央用木柴生火，以此使壶里的水迅速加热至烧开。为了有充足的木柴，许多村民闲暇时去晓村附近的山丘上捡拾树枝、木柴等，也有的家户将废旧的木制桌椅劈成柴火用于烧水使用，这样可以大大减少电热水壶烧水或煤气烧水的成本，从而为日常生活节省部分开支。在环保问题日益引起重视的今天，相关部门也曾禁止过村民在路边上烧水，以减少木柴燃烧产生的大气污染，但村民对此并不以为然，而这些相关部门也从未真正履行过这方面的职责，双方似乎都处于睁只眼闭只眼的心照不宣状态。

> 我就去他家把他们挑出来的那些木头捆成一捆，我还没挑完的功夫，后来老刘头也听说了，他也去了，他也去找木头使。我那捆木头都捆好了放那了，他还去扒拉那捆，我说那是我捆好的要拿走的，老刘头这就耷拉脸了，阴阳怪气地说哦这是人家的了可不敢动。这不，就不和我说话了，以前从我门口走还都搭腔，他孙子和俺小杰还是同学，从那这不就谁也不搭理谁了。我心话头：不搭理我拉倒，我不稀罕，本来就是我捆好的木头，我说是我的咋了，这就得罪他了？弄得我心里膈应得慌。

第三章　村民日常生活中的主要矛盾案例举隅

在村民赵云芳[①]看来，捆木头这件小事实在不值一提，老刘头为此不与赵云芳搭腔着实是小题大做了。

> 这不谁也不搭理谁了，结果那天八月十五，村上分面（粉），我在大门楼烧水，他又从门前头走，反正不说话了我就装伴没看见他，结果他说，你分来面了赵啊？我一听那人家先开口了，我也不好意思再不搭理人家了，我说啊，分来了，你分了吗？这不，从这又说开话了。我这个人就这样，你敬我一尺我敬你一丈，你和我别扭着我才不稀得搭理你。都是邻里百家的，咱也不好说人家都和咱说话了咱还不理人家，是吧。一般在这当庄的就这样，都抹不开脸，都不大好意思，有点事啊就得找点话头才好说开。有时候是照应公事，就是人家有事了那咱去给人照应公事，这都是以前欠下的，你不能装不懂吧，你去给人照应公事了那肯定也就说开话了又，伸手不打笑脸人啊是吧。

"你敬我一尺我敬你一丈"，这句话暗含着村民独到的行动和处事逻辑，也就是说，"尺"、"丈"的拿捏主要在于各自的主动性，当熟人之间产生问题时，首开金口的一方示意的是一种友善的态度，而另一方在满足了心理上的平衡感以后，通常也会积极回应这种示好。在村庄生活当中，面子具有互惠性，在大多数时候，给别人面子的同时实际上亦是维护自己的面子，也可以理解为是双方互相给了对方化解尴尬的台阶，使双方在一种心领神会的情境中恢复原有的和谐。事实上，这是在村庄生活中相互谦让、相互谅解的生存规则之一。

在乡村生活场域中，村民之间总处于一种有机的相互联系中，这在一定程度上就决定了村民之间的交往总要给彼此留有退路，而不能真正

[①] 赵云芳，女，55岁，晓村村民，村内企业打工。访谈时间：2017年7月12日。访谈地点：晓村街道。

的"老死不相往来"。而与此同时，村民对"面子"的追求丝毫不亚于其他社会群体，当他们有了"面子"的获得感，感受到了应有的尊重后，在相互之间抬头不见低头见的熟人社会场域中，他们多会冰释前嫌。因此，借着村庄节日里分发物资的时机，赵云芳与老刘头"一笑泯恩仇"。

二 个体与集体不协调

随着市场经济的深入发展，作为一个近郊村，村民的思想观念和价值取向发生了不同程度的改变，理性地算计逐渐成为村民生活中一个新的导向。同时，由于土地的缺失，村民之间缺乏生产性的互帮互助，无法形成一个生产上的共同体。但另一方面，晓村却仍然是一个熟人社会，在这样的村庄场域中，人情、道德、关系仍然左右着人们的行为逻辑和价值判断。因此，结合这两点来看，晓村兼具传统价值与现代理性的双重色彩，个体理性与集体理性的博弈仍不断地上演。

1. "怵头的公事"[①]

在晓村，人情往来是村民日常生活中的重要内容，虽然村民时常抱怨照应公事给自己带来的经济压力，但为了收回已经付出的人情，也为了遵循村落生活圈的已有规则，多数情况下村民仍然心甘情愿地参与到这种礼物交换的游戏中来。但在某些情况下，村民无法预知在未来的生活中这个已付出的代价能否在合适的时机被重新还回。这个时候，村民们可能会有金钱意义之外的另一番权衡：

> 怵头啊，实在是不想去，没有一块去的，去了你说和村上那些人吧，没啥说没啥道的。不去吧，又不合适。咱家该办的也都办了，一直和他也不大来往，前段时间修族谱咱和人家来往好几次，续族谱一看还离的挺近，人家又是村干部，哎，去吧，硬着头皮去，难免以后有点啥事用着人家。再说了，他们都去，咱不去显的咱和他

[①] 公事：如前所述，当地表示应当参与的人情往来，照应公事，即随礼的意思。

们不一伙,也不好,再得罪人家了也不好。本来想给二百块钱就算了,你婶儿说给三百吧,也是考虑都是一个大姓,村里头低头不见抬头见的,哪天有点事找找他的话也好说话,别人都照应,咱不照应就成个别了,也不好,照应吧。(讲述人:赵福贵[①])

从理性选择的视角看,由于村干部掌握着一定的村民在村庄生活中的各类资源,或具有较强的社会资本,这就使其对村民在一定程度上形成了权威关系。同时,按照科尔曼划分的三种形式的相互依赖,村干部与村民之间存在"行为性相互依赖",当村庄中的其他村民都给村干部随礼时,其他人的这种行动会对不参与随礼的村民产生影响,不参与随礼的村民在对其行为进行复杂而周密的思考之后,为了与其他人保持一致,不参与随礼的村民也将同样参与到这种统一性的随礼当中来。

赵福贵口中的"他"或者"人家"指的是村干部赵鑫培,赵福贵今年52岁,是一位普普通通的村民。他皱着眉头,吧嗒吧嗒抽着烟,跟笔者讲述了这番话,笔者能够感受到他内心的矛盾:照应公事,十有八成是有去无回,可不照应,难免又让人觉得不合群。他所纠结的关键点,就在于对方是村干部,倘若不给村干部随礼,担心不与其他村民的行动保持一致会使自己在村庄中处于不利地位。按照赵的口述,对于这个村干部,他其实交往并不很多,换句话说,他们彼此都不在自己主要的交往圈中,固鲜少有人情上的往来。只因修续族谱,并得知族谱上两家亲缘关系较近,遂才有所来往。在这里,修续族谱这件事对二人相互之间的日常交往产生影响,但从赵的话可以看出,给村干部照应公事的主要原因在于"哪天有点事找找他的话也好说话,别人都照应,咱不照应就成个别了"。换言之,出于功利性目的和村落人情交往规则,赵在考虑再三之后决定给村干部照应公事,而不是出于宗族的天然联系。正如张

[①] 赵福贵,男,52岁,城区酒店传菜员。访谈时间:2018年1月22日,访谈地点:笔者家中。

静（2005）所说，家族成员交往的重要原因在于明确对方所能为自己提供的资源与利益。对他而言，这三百块钱的人情只是一次工具性的交往，具有明显的目的性。他所希望的，是作为村干部的赵某在未来某个时机中能够给予赵以适当的帮助和支持。

不管这三百元买到的人情能否在未来的日子中有所回报，为了与其他村民保持一致，以避免未来生活中那些不必要的误会和麻烦，也为了储备困难时可资利用的社会资本，赵在思虑再三之后理性地选择用三百元的代价买了一个心安。

2."大家的环境，自家的肉皮"

将军楼是村民居住较为集中的地方，许多村民把自己的门楼改造成一个个的门头，除了改造成门头房或是开店外，还有许多是在门头外面贴一张"吉房出租"的大红纸，下面还要附上联系电话。村民的租金要的不高，因为村民知道，虽然村子距离城区很近，但毕竟不是城区，地段不好，人员流动少，用他们的话说，这叫"不靠市"。因此，在这样的情况下把租金调高并不明智，所以一般村民的门头租金都不高，比如一间不到二十平方米的门头，一年的租金只要三千元，如果是要租建筑面积在一百六十平方米左右的一栋楼作为商用，一年的价格则在一万元左右。即便有的家户要价稍高，也是为了给一些来咨询房子的人留些讨价还价的空间。虽然这个价钱相比城区来说已经低得不能再低，村子里还是有不少闲置的门头。几年前村民经常不知道从哪听来的小道消息说这一片土地上面要开发或是要拆，这样的消息往往传播得很快，也往往让村民们振奋，因为毕竟不管是开发还是要拆，那都可能意味着他们将得到一笔数目不小的钱款。但几年过去了，虽然时而还是有类似这样的"好消息"，但都像一阵风，吹过去就吹过去了，什么也没留下。像这种把部分住房改造为门头房或门店的景象在晓村并不少见，除了村民较为集中的将军楼这一片，在一些村民自己建房的村北和村南头，也零零散散有不少村民把住房进行了适当的改造，以作为商用。从晓村的外观上看，这俨然已经成为村民日常营生的重要手段之一。

第三章　村民日常生活中的主要矛盾案例举隅

　　来这里租房的有本村的人，这些人多是村里家境较为殷实的家户，比如开办工厂的，可能就需要租用一些空余的房子作为仓库之类，也有不少人是邻村的过来租房，用来开个理发店或者美容店之类的。今年上半年，老胡①家的房子租给了一个外地人，姓严，租的时间不短，说是要租三年。而且租的是老胡家的一整栋房子，他不光要住在这几间房间里，还要在老胡家的小院子里加工肉皮，村民称呼这个租房子的为"发肉皮的"。据说，严去问房子时老胡报价一年一万二，因为老胡的经验是，来问房子的人尤其是偶尔碰上个外地的，十有八成是要使劲还价的。于是，老胡给严留出了讲价的空间，可谁知，这个姓严的主一声没吭就交了定金，老胡说多少就是多少，双方就这么一年一万二成交了。老胡心里乐开了花，别的村民也禁不住羡慕老胡"摊上"一个这么大方的租客。

　　起初，村民们对这个外地来的商贩好感不少，毕竟，在村民们看来，租房子不讲价的人还是少数，至少可以说明这个租客经济实力较为雄厚或是为人比较大方。但随着时间的推移，住在这一片的村民们对老胡家这个出手阔绰的租户越来越不满。原来，问题出在严做的买卖上：发肉皮。周围的村民们抱怨说，每次严发肉皮，弄得周围好几户人家乌烟瘴气，还有刺鼻的味道，近处的就连院子里晒的衣服上都被熏上一股难闻的味道。原来，发肉皮是要将猪皮去毛煮好，刮掉肉皮上的油以后晾干，然后放入油锅大火油炸，而油炸的过程正是这股刺鼻味道的来源。邻里百家的不满老胡看在眼里，可是严说要租三年，而且已经交了一年的房租，房租还没有到期，撵人走是不合适的，并且，从老胡私心上讲，这么个大方的租客并不是常常能遇到。老胡告诉我，他后来专门跟严提了一嘴其他人的意见，严的意思是以后会注意。老胡原以为此事就这么解决了，他也就安心了。可谁承想，严口里的"注意"就是改变了发肉皮的时间而已。原本他是白天做工发肉皮，后来改成了"上夜班"，意思是不再在光天

---

① 胡启明，男，64 岁，晓村村民，曾在村内经营餐馆，现待业在家。访谈时间：2017 年 1 月 19 日。访谈地点：胡启明家中。

化日下发肉皮,改在夜黑风高的时候做事。晚上干活似乎看起来不那么引人注意了,然而本质上问题依旧没有解决。周围的邻居仍然时不时给老胡提意见,老胡犯了愁,也不知道应该如何是好。老胡知道,村民直接跟自己抱怨已经是帮了很大的忙了,因为在全国各地严查环保的节骨眼上,一旦有村民向上举报,老胡脱不了得交罚款。于是老胡又一次向严提出了村民们的意见。

> 我又跟他说了他们的意见,我也挺为难的,不知道咋办好。人家倒是不慌不惊的,但也啥都没说,弄得我还尽是意见。我寻思着你就算是真租三年,到期了还不是拍拍屁股走人了,我可把人都得罪了。对周围咱这些老邻居我也是挺不好意思。你想啊,还有那么久他房租才到期,那这么长时间我咋办啊,得罪了邻里百家的以后少不了了多了些麻烦。那两天你不知道,愁的我呀,人家别人一找我,我就得跟他们赔不是。我就琢磨着,这本来是挺好的房租,没想到是来了这么个爷,早知道这样我不让他租我房子了,省的生这些个闲气。

老胡皱着眉头跟我倒着苦水,两只手还一边叭叭叭的交叠着相互拍打,手一摊,表示他也很无奈。他把这个发肉皮的人称作是"爷",意思是这人是个不好伺候的主,这个"爷"把老胡置于一个左右为难的尴尬境地。

> 又过了三四天吧,我琢磨着这事不能老这么拖着,让人家邻里百家的埋怨我,要是村里管事的来找我就不好了,我就正犹豫着那几天找个由头把这发肉皮的撵走算了。结果,你猜咋了?

老胡顿了一下,突然向笔者发问,那表情和动作像极了说评书的人。"咋了?"笔者瞪了瞪眼睛,身体往前倾了一下,试图配合一下作为老胡的说书听众应尽的义务。

他在门口挂出个牌子，牌子上写着：肉皮：二十五/斤。

说到这里，老胡得意得笑了笑。看笔者不解，老胡说：

我给你解释解释，你太小还不当家肯定不知道，这发好的肉皮啊，就算是你去赶集，大集上也能卖到三十块钱一斤，这还是得使劲磨嘴皮子跟人讨价还价买的，一般都是少了三十五不卖啊。人家小严家发的肉皮那么好，干干净净的才卖到二十五一斤，这一斤就能省不少啊。这天也冷了，转眼就过年，家家都得备年货，肉皮几乎他们都得准备点正月里来亲戚了伺候亲戚吧？

笔者这才明白，严把肉皮的价格压低，使村民足不出村就能买到物美价廉的肉皮，这就使村民们很难再好意思那么理直气壮地指责他发肉皮给村民们带来的困扰。

人家小严会办事啊，不光卖的价格低，东西好，有买他肉皮的村民来了，小严还得边卖东西边说好听的，说哎呀给你们添麻烦了啊什么什么的，这么一说，你说，谁还好意思老是给人家提意见？这小子行，我都没琢磨着他还有这一手。

老胡一口一个"小严"，足以见得他对"小严"也彻底扭转了先前的看法。先前的不满早已随着"小严"给村民们带来的实实在在的利益而烟消云散，甚或还多了一份欣赏和感激？

"小严"用低价的肉皮换取了村民的支持，村民得到了实惠，"小严"对环境的污染亦获得了默许。很明显，对村民个体来说，相对于作为公共议题的村庄环境，选择物美价廉的肉皮无疑更有诱惑力，在这里，个体的理性导致了集体的非理性。

　　天气越来越冷,伴随着寒冬脚步的,是越来越临近的年节。村民们用"忙年"来诠释对于新年的热情和期待,而制备各式各样的菜肴和食品又在村民的"忙年"活动中占据着重要地位。而肉皮,几乎是家家户户必备的年货之一,"小严"用低于市场一般价的价格使村民切切实实享受到了实惠。老话说得好,拿人手软吃人嘴短,虽然不是免费吃和免费拿,但低廉的价格已经足够使得村民对"小严"的印象有所改观。相对于实实在在看得见的实惠来说,村民居住的生活环境固然也很重要,但在村民的世界里,那毕竟不是凭着一己之力可以在一朝一夕中解决的问题,既如此,何不先把摆在眼前的甜头尝到?或者退一步说,即便有村民依然不为利益所动,依然对"小严"对村落环境和村民居家生活带来的不便而耿耿于怀,恐怕也已形不成村民集体反对的气候,而只是流于个人的不满罢了。从这个意义上说,在现代市场经济的持续冲击下,村庄薄弱的共同体意识使村民难以产生维护共同利益的方式或方法。

　　3."忒没词儿"

　　一般来说,像结婚典礼、开业庆典一类的喜事,村民们往往要专程去找那些会"看日子"的先生帮忙给挑个好日子,人们相信,在"好日子"里办喜事会大吉大利,或者交好运。每年的农历九十月份往往是人们结婚办喜事比较集中的一段日子,也许是因为这段时间的"好日子"比较多吧,今年也不例外。在这段时间,早上六点来钟就经常听到村里有放炮仗的声音,有时候连着几天都是如此。近些年来,晓村新娘过门比较早,当然,进门的时辰仍需要专门找人挑选良辰吉时,一般就是六七点钟的样子,通常不会超过上午八点钟,不像三四十年前,新娘半夜过门,因此要前天晚上走夜路到新郎家。这次回来,恰巧赶上一个老邻居家的儿子结婚,临近中午,与几个村民一起去饭店吃饭,大家互相聊起给这家结婚的照应了多少钱,根据关系的远近,大家相差总不过一百二百,差序性的人情往来在随礼中尽显无遗。按照以往的惯例,多给少给其实是无所谓的,因为这钱总有收回来的一天,可有村民表示,事实其实并不是这样。

  可不是那么回事,就是真有些不要脸的,俺家就出了这号人物,隔得关系还挺近,喊我个小姑。就是俺二爷他孙子,小伟,你们都认识吧。一说我就来气,是说有点亲戚关系吧但是平时一年到头的谁也不联系谁,到了日后有一天,这说起来是去年了,突然给我打电话,一口一个小姑叫着,叫得倒是甜,叫得你都不好意思不搭理他,就跟多亲似的。说了半天说是他要结婚,来搬我看娶媳妇。我一听,哦,这是有事了来要钱了。本来寻思不搭理他了,结就结吧,平时又不来往,俺家啥事也没花他的钱。后来又一琢磨,算了,好歹看在俺二爷的份上,给他两个钱吧。这不,他结婚本来准备让俺爸给我捎二百块钱去就行了,俺爸说家里头本来人也不多,去充充门面吧,那没法办了我就请了半天假去了。咱请了假去了,也给他照应公事了。结果你说倒好,今年六月我搬家,我就给小伟打电话,我说伟啊到那天来我这新家玩玩啊,我那天搬家。他电话上答应的可好了,接着就说"哦,我知道了小姑"。咱当时还有点不好意思,是吧,咋说呢这也是变相让人还钱。因为他媳妇还得生孩子,还得给他孩子做生日啥的,少不了得给他照应。俺孩子都十几岁了,俺家又没多少事,又用不上他,这不就厚着脸皮给他打电话通知他了。结果呢,到我搬家那天连他影子都没见,更别提给我照应了。气的我啊,你不知道,你说那我都给你打电话了,你还电话上说话那么亲,哦到头来一分钱没拿来。后来和俺家这些表姐啥的说起来,咱这才知道小伟从来就不兴还人家公事钱,他只管往里吞钱,你想从他嘴里让他吐出几个钱来那可真是难了。后来我忘了是谁了,又和我说小伟咋不好,说不办人事。大家伙的意思是给他照应他的事也就是看在他爷爷的份上,他爸和他妈离婚那么些年了,他爸整天找不到人在外头瞎胡混,要不是他爷爷,他一个小屁孩凭啥让别人给他照应啊,他又一分钱不给别人照应。我有好几回路过游戏厅看到他在里面坐着,还有

村民日常生活矛盾化解的民间智慧——以鲁中晓村为例

几回碰到他和那些看打扮就是些小皮孩①的小孩在一块吃饭，都是抽烟喝酒的，小皮孩不学好，光靠着他爷爷，二十好几了天天不务正业，咱就看着将来没了他爷爷他咋办。你说是吧，真有这号人物，咱村里头该办的事他是啥也没办，还光让别人给他办，偶尔见面了还那个亲，就和啥事没有似的。人家厉害，人家成天当啥事没有一样，装傻卖呆装不知道，装不懂，还一口一个姑啊姐啊哥啊喊着，见了就笑，见了就笑，我就琢磨这人的脸皮真有这么厚的啊，没治了，咱村里都烦他这一手，讨人厌。人家倒是该干啥干啥，见了还嘻嘻哈哈，真是没治了。（讲述人：王芳②等）

笔者又问同行的其他几个人，他们表示，在人情往来这一块，这个小伟确实是不按晓村的"规矩"来"出牌"，他们也给小伟花过不少钱了，但都没有收回来过，现在一提起小伟，认识的村民给出的评价是"忒没词儿"。评价虽短，但这在晓村几乎是对其人品的极大否定了。在村民看来，如果背后被人提起时被评价为"没词儿"，那这意味着此人做人几乎差到了极点，或者说，是一个让人提都不愿提、想都不愿想的人，所以显得"没词儿"了。了解得知，小伟的家事，比如结婚、生子以及孩子百岁生日等一系列的事情基本上是小伟的爷爷出面给熟知的村民"下通知"，小伟的爷爷曾经是晓村多年前的村会计，今年快八十了，当年还做会计的时候积攒了不少好人缘，现在虽然早就不做会计了，但老会计下的通知，村民一般也不会拂了老人的面子。给小伟照应公事是看在小伟爷爷的面子上，可公事上的钱是交给小伟的，当其他村民需要办事的时候，花出去的钱理所当然是要找小伟要。人人心里有杆秤，当村民对小伟的付出没有得到应有的回报时，村民的心里难免就有了芥蒂。当

---

① 小皮孩，这一带一般用这个说法表示年纪不大，穿着奇装异服，不上学或不务正业的年轻人或者问题少年。

② 王芳，女，39岁，城区企业打工。访谈时间：2017年11月15日。访谈地点：城区酒店。

小伟不合规矩的行事被村民意识到并广泛传开时,也就形成了村民对小伟普遍的不满和排斥。

在这里,小伟破坏的实际上是一种村庄生活的社会规范。以科尔曼的观点来看,当村庄中的社会规范得以形成之后,在这种村庄规范中同样蕴含着利益,村民遵守这种规范就可以获得规范所带来的利益,反之,则会受到村庄规范所带来的负面影响。村民对规范的遵守是在对违反规范所带来的后果进行深思熟虑后的选择,在遵守规范的过程中,村民的个体利益得以满足,同时这又促使规范的进一步稳固和持久。小伟的行为并未完全参与到这种村庄规范中,他只是从规范中获得了短暂性、片面性的利益,他违反了村庄社会规范的游戏规则,这样的行为必然引起他人的不满和排斥,正如阎云翔(2000:49)所言,社会的奖惩就是通过现场的闲话得以实施的。

村落人情圈作为村民人际交往和日常生活中的重要组成部分,小伟对这个人情圈几乎是处于徘徊游离的状态,当人们给小伟的大事小事"捧场"时,是因为有其爷爷多年积累的人缘还在,而当小伟对人们的付出无所回馈时,原有的人情资源也许会随着时间的流逝逐渐丧失,小伟也随之逐渐地淡出与村民的生活交往中。作为晓村的"另类",当小伟不再试图重建与他人的情感联系和人际交往时,在人们的抱怨声逐渐消失后,村子复归平静,而小伟亦将因此而成为村子里的边缘人物。

4. "偷水"

在没有自来水的年代里,村民的日常饮用水主要是地下水,即村民所说的井水,也有的村民到附近的石头山挑水喝,石头山虽然海拔不高,但却有清凉甘甜的泉水。七十年代末,自来水被引进到晓村,最初村里只有一根统一的自来水管,一分钱一担水,如果买水票,就可以一分钱买两担。八十年代初期,家家户户有了自来水,村民把自来水称为"甜水"。喝上了甜水的同时,村里给家家户户装上了水表,这就意味着村民要为各自的用水量买单,渐渐的,村民中的投机分子发现有些"技巧"可以用更多的水,却缴纳极少的水费,这就是"偷水"。

村民日常生活矛盾化解的民间智慧——以鲁中晓村为例

每回他们家的水费都比别人少不少，你想想吧，除了平时不大在家的，家家的水费其实应该差不了太多，做饭洗衣服干家务洗头洗澡的啥不得用水啊，别人家都一个月百十块钱，他们家按月才二三十来块，哪能有这种事。而且他们家一天到头都有人，平时也是经常洗衣机啥的成天嘟噜噜地转，咋可能一月用这么点水！那次我上他们家串门我也发现了，他家的水龙头老是滴答滴答地往下淌，那明眼人一看就知道是故意没拧紧水龙头，他家水表不转，还能一直用水，想的倒是挺好，当别人都看不见都心里头没数啊。都是村里头熟人，说实话我也不好意思说他啥，别人我估计也是心知肚明了，但是谁好意思揭穿他，大家伙都是心照不宣，反正偷水的钱是村里头的总水表垫上了，所以别人也没有管闲事的。到了日后我就当着大家伙的面我说咱谁家的水龙头也不能漏水啊，漏水就是漏财啊，可不能让家里头水龙头漏水，要不钱都没了，再说了，羊毛出在羊身上，村里的钱也有咱大家伙的份。当时大家伙也没在意，但是到以后我再去收水费的时候我发现他家和别人家的水表转得差不多了，估摸着是不是他自己心里头觉着不好意思了，也可能是为了不漏财才把水龙头关上了。（讲述人：刘玉柱[①]）

村民刘玉柱几年前是晓村专门负责给村民看水表收水费的人，刘嘴里的"他"是村里另一位张姓村民。其实，不仅是刘的工作性质使其对家家户户的用水量了然于心，在现实生活中，水费、电费一类的生活费用也常常是村民们闲聊时的话题，因此，这样一种损公肥私的搭便车行为事实上是极易被村民发现的，而村民的一句"漏水漏财""羊毛出在羊身上"轻松解决了这一问题。

[①] 刘玉柱，男，66岁，曾在村委工作。访谈时间：2017年6月30日。访谈地点：晓村街道。

水在中国传统文化中有丰富的意象,尤其在堪舆学中,水是财富的象征。清代赵翼在《陔余丛考》中有言,"……其为说主于形势,原其所起,即其所止,以定向位,专指龙、穴、砂、水之相配",因此,水是决定人们住宅之地点与方位的重要因素之一。南方许多传统村落中村民家中设天井,天井的功能之一就是为了聚财,《八宅明镜》记载,"天井乃一宅之要,财禄攸关,……凡富贵天井自然均齐方正,其次小康之家,亦有藏续之意大门在生气,天井在旺方,自然阴阳凑节,不必一直贯进,两边必有辅弼"。北方农村的自来水管也恰恰安置在院落中,因此,滴水漏财往往是村民们尤其要防范的行为,为了讨个好兆头,有心的村民会千方百计避免水龙头滴水、漏水,在这里,民俗起到了化解潜在矛盾的作用。

三 个体与村庄权威不合拍

村落社会是一个主要由血缘、地缘构成的生活共同体,是"人们凭感官能感受到的具体化了的社会"(黎熙元,2007:5)。在这样的村落生活场域中,权力与竞争常常无声无息地上演,而与此同时,持久而无选择性的相互交往成为人们培育关系的首要原则(翟学伟,2007)。对村庄生活的长远预期使人们不得不顾及自身的行为方式和处事之道,在这里,村庄舆论对村民的行为能够起到一定的约束作用。借助村庄舆论和某些特定情境,已有的矛盾又能在某种程度上得以宣泄并重新使村庄秩序恢复平衡。

1. "置身事外"的村庄富人

在将军楼坐北朝南的第一排,楼头临街的墙上总会贴着种种晓村的公告,有时候是提醒晓村有慢性病的村民去村卫生室查体,有时候是告知村民有关安装天然气的相关事宜,有时候是通知节庆期间各家各户去村委领取粮油米面的告示。这面墙位于晓村的主干道上,不远处还有个公共厕所,村民总会有意无意路过这里,瞧一瞧墙上有没有张贴新消息。快春节的时候,有次笔者也路过这里,看到几个村民围站在这里,墙上的红纸颜色鲜艳，这是村里又贴出什么新消息来了。走近一看，是村委会发起的号召晓村民营企业家们在过节期间给村里的困难户们献爱心的告示。原来，为了能使村里的困难家庭欢度春节，村委希望村里开办工厂的村民能有个表率，号召他们每人给这些困难家庭捐钱，告示上明确写着，参与这项活动的有二十个经济实力较强的村民，每人捐了1000元，捐款总额为两万元。这原本是件积德行善的好事，应该大力提倡，可眼尖的村民却一下就看出了问题。

"这捐钱的还只是一部分，还有好几个有钱的没捐呢。"（为什么还有好几个没捐呢？）"至少有两三个，也都是咱村开厂的，他们没选上，没选上就不给村里捐钱了。"

村民嘴里的"没选上"指的是刚刚过去的村"两委"换届选举，用村民的话说，"只要是有钱，就能参加选举，就有人选你，甭管有没有德有没有能"。在这个意义上，晓村的换届选举可以理解为是一场村庄富人的游戏，与学界"富人治村"的判断相吻合（贺雪峰，2017:8）。回到这张告示上来，村民继续说道：

参加竞选的时候话说得比唱得好听，恨不得掏心窝子出来给大家伙看，一没选上，你看，村里这活动也不参加了。

另有村民也说道：

谁说不是啊，当时说的时候说要为村里做这做那的，没选上就没选上嘛，没选上就不能给村里做点事么，自己挣那么多钱，没选上人家就啥也不管了，看吧，这样的啥时候也选不上。还不如人家没参加竞选的呢，没参加的人家好多这不说捐也捐了么。

前一个村民补充道：

这几个是'观点不同'的人，没法比。"（讲述人：赵晨浩[①]等）

所谓的"观点不同"，意思是与现任村干部"不接眼"的人，可以理解为"反对派"。按照村民的理解，这几个不捐钱的有钱村民因为没有如意当选，或因他们所支持的一派没有当选村干部，因而他们就不再履行自己的诺言，不再为晓村贡献一份力量，某种意义上成为村庄发展的"局外人"了。陆陆续续又有村民凑到这张鲜红耀眼的告示前，也总有村民看出了同样的猫腻，笔者听到有的说：

看上去一个个人五人六的，这时候装看不见了都。

或者说：

这还都是平时说句话能有人听的人，算是名人了，就这么办事啊。

以理性行动的分析框架来看，作为晓村的村庄富人，他们掌握着比一般村民更为丰富的经济资本和社会资本，在村庄换届竞选当中，他们想要获得的作为村干部的象征资本没有如愿获得，当这种交换没有成功时，他们遂中止了作为村庄富人在村庄规范层面上所应有的对村庄事务的责任和义务。

在晓村，村干部头衔本身就是一种象征资本，其最大的优势往往在于这个身份所能够带来的开厂经商的经济收益，在村民看来，这些村庄富人已然是晓村里的经济精英了，当这些富人的个体利益没有实现时，

---

① 赵晨浩，男，55岁，村内企业打工。访谈时间：2018年1月31日。访谈地点：村告示墙处。

他们对村庄事务不管不顾的做法引起了村民的普遍不满。同时，这种不满极有可能通过村庄舆论在更大范围内散播开来，这样的情况就可能使这些主动"置身事外"的村庄富人逐渐成为被动性的"置身事外"。

2."风光的后事"

晓村设有红白理事会，并有一名理事会长和两名成员组成。一般而言，村民家的红事与白事处理皆由红白理事会成员参与主持完成。《红白理事会章程》以及《晓村村规民约》中亦明确规定红白喜事不得大操大办。

> 说实话，咱村有不少有两个钱的，也有不少条件好的家庭，但不是谁家都跟老王家闺女儿子似的那么办事。那按理说，咱这的白事就是上午出殡，出了殡以后顶多就是亲戚朋友找个饭店吃个便饭就散了，确实是便饭，比红事吃的喜酒就有不少差距，吃完饭这后事就办完了。结果他们家非得说中午出殡以后吃一顿，晚上还得再吃一顿，而且这种白公事酒席咱这一般就是二百六的标准，二百六也不低了，他们非得说忒低，说咋也得三百六一席的，而且得喝酒。我就说了他们两句，我这个人说话直，我说这都是些规定性的东西，我说你们又三百六还又要请吃两顿饭，还要喝酒，显得你们格外能啊？

孙连庆[①]停顿了一下，露出一脸的不屑。其实，在晓村，像王家这样开办工厂的民营企业不止他们一家，但对于红白喜事的要求，村民多数情况下会按照一贯的标准来办。孙的言外之意是，王家不是村里最财大气粗的，却非要把白事办得更风光，实在不应该。

> 人家别人都是按照大通套的来，都是那个标准，你这又要这个又要那个，那以后是不是别人家办丧事也得这样？你说是吧，再说

---

① 孙连庆，男，69岁，晓村红白理事会成员。访谈时间：2018年2月20日，访谈地点：孙连庆家。

第三章　村民日常生活中的主要矛盾案例举隅

了，咱说句不中听的，这年小的你想孝敬你爹你娘就得他们活着的时候孝敬，是吧，他们人都走了，你摆这些谱给谁看，有啥用，是吧？我这一说他不高兴了，嘟囔一句说又不是花我钱。是啊，确实不是花我钱，但是不能说你有钱你就坏咱规矩吧，谁有钱谁花是不假，但是在这种事上都是有规矩的啊。你这就是不按套路来，那以后咱红白事是个啥标准啊？

孙连庆是晓村红白理事会的会长，今年69岁，按照孙的表述，村民王某的家属想要在王某去世后将后事大操大办，遂遭到了孙的制止，从而引起王某家属对孙的不满。据了解，村民王某生前在晓村开办了一家机械加工厂，算得上是晓村有名的民营企业家。由于家境较好，子女想在其去世后将父亲的后事尽量办得风光隆重。

（后来呢？又怎么解决这个问题的？）"咱这个东西也就是个村规民约的东西，都是凭个人自觉，他实在想显摆他有两个钱，说实话咱也拿他没办法，反正这个东西咋说，全凭个人。他不想听我的后来我就走了，咱也没再说啥了，是吧，该说的都说了，人家有钱人家不听，那我有啥办法。到日后我听说他还是按照咱那个套路来办的，可能是当时别人也说他了，就没大操大办，还是一般化那个情况。平时也没大碰上他，没再见了，就是这不过年啊，在路上见了给我拜了个年，就这个样了，也没再说啥。他们还是年轻，咱也没啥好计较的。"

一般而言，村民各家的红白喜事都会按照约定俗成的标准操办，尤其白事上，酒席的规格过高不仅不符合一贯标准，正如孙说的，尽孝需趁早，在父母过世后大肆操办葬礼不仅打破了乡间白事操办的惯例和平衡，同时亦会让村民觉得这是没有意义的"摆谱"。但借助年节拜年的契机，王某家属给孙拜了个年，而孙作为长辈，亦觉得"没啥好计较的"，

村民日常生活矛盾化解的民间智慧——以鲁中晓村为例

两代人之间的矛盾得以淡化消解。

3."酒席挨熊"

在晓村，吃酒席是红白喜事中的一项重要活动，一般而言，主事家会在男女分席的基础上按照两方面的因素安排来客，一方面是以客人与主家的关系远近，另一方面是尽量把相熟的客人安排在一起。特殊情况下，客人会被随机安插在某一席上。

> "哎呦，一提起来就觉得太没面儿了，当着那么多人的面熊①我，叫谁谁受得了。"（是为什么说你呢？）"那回是表叔家儿子结婚，都去喝喜酒，俺都在一起坐席，我那回有点事去得挺晚，就把我安排到他们那一桌上了，我就坐门口了，迎面冲着俺个爷，不是亲的，就是礼貌上得叫个爷，年轻时候在咱村上小学干过老师，后来受了伤么不是，就早下来了。

周大明②口中的"爷"在二十年前曾在村小学任教，后因身体原因提早退休。由于知书达理，为人正直，在村民中较有威信。

> 他坐上席，正和我对着。他们那一桌都是些年纪大的，都是些长辈了算是，没有下来五十的，我寻思我吃完我就走啊。然后我就坐下在那桌上吃饭，他们都喝酒，我又不喝酒，我就想吃完了早点家去。差不多上完菜的功夫我也就吃差不多了，我就想走，然后我就寻思给小狗打包点东西回去喂狗，我稀罕狗你知道啊。

在晓村，常常有村民在吃完酒席，待客人基本离开后将饭桌上的剩菜剩饭打包带回家喂狗。

---

① 熊：方言，骂人的意思。
② 周大明，男，24岁，晓村村民，城区企业打工。访谈时间：2017年7月29日。访谈地点：笔者家。

- 172 -

第三章 村民日常生活中的主要矛盾案例举隅

我就出去找服务员要了个塑料袋,我把我吃剩的骨头装起来,然后,哎,我还把旁边几个人吃剩的东西也装起来了。正装着功夫,俺那个爷不让我了,他说我,说我这是要干啥,大家伙都没吃完就先打扫狗食了。这一说不要紧,一桌人都看我了,十来个人啊,哎,我当时就不知道说啥好了,我装也不是不装也不是。我还没等做声,俺爷又说,二十好几的人了一点礼数不懂,你爸没教你咋吃饭么,没教你我教你。哎呦也不知道是为啥那天他说话这么严厉,你想想吧,一个七十多的老汉训我,不就和训孙子似的么,当着那么多人,我脸都热了。

很明显,在周看来,"爷"的教训让他在众人面前下不来台,很没有面子。有学者指出,人们所感到的面子威胁是一种主观的知觉经验,通常这种知觉经验会以情绪感受而被加以描述(杨国枢,2012:215),在众人参与的酒席中,"爷"的行为无疑让周大明的面子受到了严重威胁,而周大明的手足无措又使他试图挽回面子的举措变得更加困难。

(呵呵,后来呢?)"后来我也没给小狗拿,我就走了。我当时我也气得慌,不就是那点狗食么,又不是亲爷,就是能叫个爷吧,那么说我,一点面子不留,我气得也不行了。好久都没搭理他。"(记仇了?)"当时是记仇了,你说就算是我不对,你也不能当那么多人说我吧。哎,让我难看。"(后来呢?)"后来过段时间他来俺家找俺爸,就在俺家吃中午饭了,俺爸也知道他当众说我那事,不过俺爸不向着我,他说你给你爷端个酒。没办法我就给他端了个酒,他就哈哈笑了,说我这个小伙子跟他记仇了,后来就说开了就都没事了。其实后来我也知道是我不对了,那一桌年纪大的都还没吃完我就收拾狗食,确实不大对,哎,挨了顿熊,长记性了。"

周告诉我，在晓村，尤其在酒桌上，村民非常在意长幼有序，酒席上的座次、上菜的先后顺序、菜品的摆放等都要特别注意，不然就会被认为"没有礼数"，尤其是向村里老一辈的长辈，更加注重礼数，因此，当酒桌上的长辈们还没有吃完饭，周就开始忙着"打扫狗食"的行为无疑让长辈们强烈不满。

在晓村一带，村民把给长辈敬酒叫作"端个酒"，敬酒人先往长辈酒杯中倒满酒，也就是把长辈酒杯中的酒满上，然后双手帮长辈托起酒杯并递到长辈手中，这是"端个酒"的过程。同时，一般而言，给长辈端酒多是在一些愉悦的场合下，故端起酒之后口中一般要有祝酒词，祝福长辈。周与"爷"的矛盾是在酒桌上产生的，又在酒桌上借助端酒而得以化解，可见，在乡村社会中，酒桌既可成为产生矛盾的导火线，又可成为化解矛盾的契机。

本章小结

家，构成了村民日常生活的中心，是中国人的信仰，是中国人生活的意义与价值所在。"家和万事兴"，这是中国村民最质朴的生活愿望。对多数人来说，人生价值的所有意义几乎都是在"家"这样一个充满社会意义与感性情怀的文化空间中实现的。在现实生活中，和睦的家庭往往都掌握了一套家庭生活的艺术，代际之间、婆媳之间、夫妻之间、兄弟之间以及姑嫂妯娌之间，或许都有各自的相处法则。这套法则可以帮助人们认识如何做到与最亲密的家庭成员之间相处有度，但现实的生活总有牙齿和舌头打架的时候，既然矛盾无可避免，那么这套法则更重要的地方在于教示人们当家庭矛盾发生时应当采取怎样的方式、怎样的态度去化解矛盾，而这正是家庭生活的智慧所在。有时候，不去激化矛盾是一种智慧；有时候，寻求第三方的说合是一种智慧；有时候，借助特殊的情境化解矛盾是一种智慧；有时候，睁只眼闭只眼是一种智慧；也有时候，巧妙的寻找其他宣泄之道也是一种智慧。我们无法穷尽家庭生活中的智慧，因为家庭生活的艺术尚无固定的模式可以复制，一切应以时间、地点、条件为转移。

婆媳关系的好坏对于家庭和谐至关重要，这类关系不仅可以影响小家庭的幸福，甚至可以对两个家族发生作用。因此，稳定的婆媳关系是维持良好的家庭生活秩序，乃至村落秩序的重要着力点。夫妻关系是构成稳定的家庭三角之核心，家庭关系以夫妻关系为支柱而展开，某种意义上说，和谐的夫妻关系是家庭幸福、社会稳定的保障。从这个意义上说，女性在家庭和睦中往往能够起到至关重要的作用，因而从个体微观层面说，村民应当以怎样的标准挑选媳妇事关家庭幸福，而从宏观上说，在新的时代条件下，女性对社会发展所能够起到的重要功能应当引起更为广泛的关注和支持。庄子有言，"生之来不能却，其去不能止"，万事万物的生生不息是自然界最为普遍的现象之一，而生育同时也被赋予了深刻的社会意涵。围绕生养问题，从生育观念来看，传统社会崇尚早育、多育、育男，反对不育，而传宗接代、养儿防老、增加家庭劳动力并提高家庭和家族地位则是传统生育观的目的所在（齐晓安，2006:105—109）。随着时代的进步，传统生育观逐步向现代生育观转变，这种转型过程中充满了个人本位与家庭本位、传统与现代的博弈与较量。思想观念的转变与社会物质文明、精神文明的发展息息相关，因此，权衡和重构一个新时代的生育观对促进社会发展和进步具有重大意义。

在现实生活中，兄弟之间血缘亲情的天平常常随着各自小家庭的建立而厚此薄彼，对大家庭责任担当的淡化容易引发有关赡养老人、分家析产、宅基地等乡间生活中的常见问题。矛盾的产生考验着亲人之间的情感和道义，若兄弟同心，则其利断金，若互不谦让，则家庭不睦。天然的血缘亲情是任何事物都割舍不断的，当各自产生利益分化的矛盾时，人伦之情始终应当成为家人之间化解矛盾的催化剂。《红楼梦》中有关妯娌、姑嫂关系的描写为我们描绘了一幅幅灵动的生活画面，鲜明地反映出现实生活中的种种家庭矛盾和斗争。在日常生活中，"妯娌多了是非多，小姑多了麻烦多"也是人们常常挂在嘴边的话，妯娌、姑嫂之间的矛盾常常与对兄弟的角色期待以及分家、养老问题有关。然而，"兄弟和气金不换，妯娌和气家不散"，当产生不可避免的矛盾时，家庭成员的相互谦让和包容才是"家和人和万事和"的不二法门。

在社会学视野中，德国学者滕尼斯（1999:52—54）最早对共同体的概念做出界定和阐释，认为共同体是一种持久的关系的结合和共同的生活。邻里生活和村庄生活是家庭生活空间的扩大化，化解邻里之间的摩擦与矛盾亦是构建和谐生活的重要方面。

很多时候，邻里之间的交往、社区生活的顺利与家庭生活的和睦息息相关。这一方面是由于在晓村，邻里、村庄并不是城市的陌生人社会，而是一种亲密的地缘关系结成的熟人社会，甚或有不少或近或远的亲属关系，这就在一定程度上暗示了人们在这个村庄生活的交往准则。换句话说，人们彼此之间维持一种友好和睦的交往关系不仅是现实生活的需要，同样也是情感抚慰的需要。因此才有借助某个仪式情境化解潜在问题的意愿，以及相互馈赠的表达关系友善和稳定的礼物。从理性选择的视角看，村民个体之间通过对所控制的"资源"和"事件"的交换以使自身的利益能够得到全面的满足，村民之间的"行为性相互依赖"使多数情况下村民个体的行动常常受到他人行动的影响，从而往往寻求与他人行动的一致以避免不必要的风险和麻烦。村庄人情的往来亦可看作是一种村庄生活的社会规范，遵守规范带来利益，反之则带来不便，因此，村民往往在对可能带来的后果进行权衡之后选择遵守村庄社会规范以获得与他人一致的安全感。当然，随着市场经济的发展，由个体理性而导致的集体非理性同样存在，"搭便车"行为亦难以完全杜绝，还有不顾村庄社会舆论，面临村庄道德风险的少数个体依然活跃。这些矛盾问题往往不单单是民间智慧所能解决的，更与整个社会的进步，现代文明的发展，农村民主法制化建设的发展，以及个体修为的提高密切相关。换言之，这些问题可能与整个社会机体，整个社会秩序系统有紧密联系。

在这一章，本研究选取了部分村民在日常生活中较为常见的典型矛盾，当然，除此之外，人们的现实生活中还充斥了不少这样那样真切存在而又难以化解的难题。面对这些难题，人们可能无可选择。他们需要的或许是整个社会的关注和帮助，而不仅仅是别人居高临下给予的同情。我想，如果一定要说人们在这冷暖自知的日常生活中积累了哪些生活智慧，有着怎样的活法的话，那么，他们的智慧，他们的活法，大概就是学会了努力去接受生活中所有的幸与不幸，接受了生活中所有的甜蜜与苦辣，并选择继续用力地生活着，带着或是清晰，或是缥缈，也或是遥远的没有形状的希望。

第四章

村民日常生活矛盾化解的智慧

日常生活无时无处不存在着大大小小的矛盾，这些矛盾有的不必特意借助必要的手段或资源就能够随着时间的流逝自然而然得以化解，有的则需要借助外界资源或力量才能妥善化解。日常生活矛盾的化解常常没有统一的定数，正如村民所说，"兵来将挡水来土掩，总有过去的时候"。根据晓村的具体现实，在从不同角度、不同方面对已有案例进行分析之基础上，在这一章中，我们将村民日常生活矛盾的化解按照手段、资源、伦理基础以及化解矛盾的行为逻辑这四个层次分别论述，以进一步剖析和理解村民日常生活矛盾化解的智慧。

第一节 日常生活矛盾化解的手段揭示

矛盾的化解手段指的是村民化解矛盾所运用的方式方法，在与村民的交流中发现，有些矛盾的化解是无形的，或者是将矛盾消解于萌芽，这一类手段多是个体内在的生活经验和知识积累；而有些矛盾的化解则需要借助外力，通过外力间接地淡化矛盾。不论是哪一种方式，矛盾的预防和化解皆彰显了村民个体的生活态度和理性追求。

一 暗示与内化

村民已然在过往的生活经历和实践中形成了潜藏在心理与身体上的惯习，这一惯习指导着当下新的实践，同时又经历着新的再生产。

第四章 村民日常生活矛盾化解的智慧

在村民的日常生活中，将尚未形成的矛盾防患于未然往往是一种潜在的集体无意识，这种集体无意识一般来说可通过三种途径获得。第一种途径可归为过往的、内化的生活经验。如曾经发生在周围他人身上或是自己身上的矛盾经验，或是通过现代科技、通信手段的传播而学习和得知的矛盾类型及化解经验等，这些经验成为自身的一种潜在的知识积累，从这些积累中往往可以预测或感知一部分容易引发日常生活矛盾的潜在因素，于是可以在行动实践中倾向于采取某些避免或减少矛盾发生的行动选择。在案例"一碗水难端平"中，"一碗水端平"本身就是一项预先消解矛盾的处事原则和智慧，是一种公平、公正感的体现，在多子女家庭中尤其可以避免今后的生活中产生子女与父母之间以及子女与子女之间的嫌隙。实质上这是一种家庭生活均衡感、平衡感的体现，只有维持人与人之间的相对平衡，才能够保持平稳安定的生活秩序，家庭生活如此，社会生活亦然。在案例"拾掇皮贼"中，明显体现了村民从丰富的生活阅历和生活经验中积累而来的生活智慧。对大多数村民而言，他们本身并不具备丰厚的文化资本，在培养和教育子代问题上，他们也许做不到对子代的谆谆教导，也讲不出深奥的大道理，但就是凭借自身的生活实践，用现实的生活感受启发、警戒下一代，使其亲身经历和体验生活的种种不易，这是一种"实践出真知"的教育智慧，这种对生活不易的亲身感知对子女来说可能胜过千言万语的道理和教导，从而在心理上、身体上激励子代。这种激励子女重视教育，勉励子女不断进取的教育方式是父母自身所得的生活经历内化而成，以此将矛盾防患于未然。在案例"不听老人言"中，俗语"不听老人言，吃亏在眼前"实际上就是一种经验主义方法论，是用过来人的人生经历对后人在面临相似或相同情境中进行理性行动选择时的引导。经验主义固然具有时代的局限性，但也不乏对指导新的生活和新的实践具有重要的借鉴性。在案例"无儿低人一等"中，头胎是女儿的年轻夫妻通过种种途径希望能二胎生育儿子，传宗接代是一方面，改进与婆婆在长远生活中的尴尬关系也是重要一方面。虽然最终未能如愿，但小夫妻为生育儿子的付出婆婆却是看在眼里的，在这种积极迎合婆婆愿望的努力下，婆婆即便对小夫妻，尤其是儿媳妇仍心存怨言，也不再忍心为难，这就在矛盾尚未发生之前尽力消解矛盾因素，维护了家庭的和睦。在"缺钱又少力"案例中，兄弟二人分居两地的现实决定了两人在如何承担共同赡养老人责任问题上的矛盾和困境。两兄弟一人的经济条件欠佳，一人在行动力上受现实限制，这就表明两人在赡养父母问题上都有缺陷，但同时却恰恰能够形成互补。在这种情况下，两人平等的分摊照料父母所需要的人力、财力无疑是不现实的，但两兄弟通过合作的方式则基本能够保证最大程度的满足照顾父母和方便自身的要求。可见，村民在现实生活中常常有很多内化的生活经验可以对尚未发生和出现的许多矛盾问题预先进行提前预防和消解，也就大大维持了村民的正常生活秩序。

第二种途径可归为日常生活中随处可见的民俗控制和规范作用。相比道德、法律而言，民俗对社会成员往往具有更广、更深、更隐性的控制和规范作用。民俗就像一只看不见的手，无形中支配着社会成员的行动选择，指引其做出符合民俗要求的言行举止。应当说，从衣食住行到婚丧嫁娶，从生产生活到精神信仰，社会成员无一不是自觉地接受着民俗作为一种软性控制力量的约束，民俗力量遂成为一种暗示和内化，积极调适和化解日常生活中的种种矛盾。

"人为了个人生活的健全必须维持社会结构的完整。人是生物，不免于死，死亡威胁着社会结构的完整，因之也威胁着未死者的健全生活。因之，任何社区都得预备下一个新陈代谢的机构，以维持人口的安定。这机构并不是自然的而是人为的，因为生物的机能并不能完全保证人类种族的绵延。人类要用社会的制裁力使婴孩不断出生，并且使出生的婴孩有机会长大成人，以备继替衰老和死亡的人物"（费孝通，2011:160）。在晓村，生命的孕育和抚养是家户中顶重要的大事，围绕生养问题有着一系列的传统习俗。比如，村民认为，举头三尺有神明，因之，胎神与孕妇便如影随形。据资料记载，在传统时代，孕妇的房间常常贴有"胎神在此"的红纸固定神位，孕妇便可到别处劳作。而当孕妇感到腹部不适时,口诵"胎神避退,庇佑母子"之辞便可缓解疼痛。[1] 今天看来,这些方法同样是言语通灵的体现之一,着重于心理疗法以化解不适。此外,传统时代的孕妇还有诸多禁忌,比如孕妇不得高举手臂,否则胎儿脱落"奶筋",容易受饿;也不得坐于房檐下,恐怕有滴水或落虫等意外而受到惊吓;还要回避月晕、月食等,提防怪象伤害胎儿;孕妇也不得坐门槛,以防"横产"等,在饮食方面,孕妇不得吃狗肉,防止婴儿咬乳头;不得吃兔肉,防止婴儿生"兔唇"等。[2] 弗雷泽(2012:18)将"顺势"和"接触"巫术统称为"交感巫术",具体来说,这两者的共同之处主要在于均认为事物之间通过某种不为人所知的交感进而相互联系,并可以跨越远距离而互相作用,通过人眼无法观察的"以太"将某物的推动力传递到另一事物当中。由晓村一带孕妇的诸种禁忌可以看出,"交感巫术"曾对人们的生活产生重要影响,至今仍有残存的相关习俗,但人们祈求母子平安、婴孩健康的美好心态却是可以理解的。此外,在过去,这一带的老人们把胎盘称为"衣把 nao",其处理方式也较有讲究。一般来说,男孩者多埋于高岗、山坡或是过门石前后,寓意"高昂"、"顶门户";女孩者则往往多埋于果树、榆树下,寓意"花繁"、"钱多"。因脐带与婴儿"一命相连",故人们认为脐带也有保佑婴孩康健的作用,故要跟胎盘一样,也在深夜时埋好。[3] 孩子顺利出生之后,一般相隔六天、八天或十天时,娘家人要去看望刚刚生产完的女儿,并带上鸡蛋、米、面条等,鸡蛋需要用彩色纸染红,也可以购买专门的"囍"贴贴在鸡蛋上,这叫做"送粥米"或"送祝米"。婴儿即将过"百岁"生日时,第一次剪发称为"铰头",有的家户由家中长辈负责帮婴儿剪头发,口中念着"婶子剪挣大钱","娘娘剪做大官","奶奶剪头长得欢"等。现在也有好多家户直接将孩子抱到理发店剪头发,临走时家长会多给店主留些费用,以示同喜。孩子百岁时长辈还要给孩子送长命锁,保佑其长命百岁,

---

[1] 政协博山区委员会编:《博山民俗》,(内部资料)2013年,第103页。
[2] 同上。
[3] 同上书,第105页。

辟邪去灾。

　　第三种途径是在前两者基础上提炼、总结的日常生活法则。在现实生活中，许多矛盾总是无可避免，化解的方式也总是千差万别，但又总有一定的章法可循。不论是内化的生活经验，潜在的民俗规范，其目的都指向稳定和谐的日常生活。而拥有这样的和睦生活往往是村民不必言说的默认共识，在这样的共识下，围绕这一共同追求，相应地便形成了一系列日常生活的处事法则。比如在村民的表述中常常提到"家和万事兴""不一般见识""寻思寻思算了"等这一类的表述，这种逻辑不能简单地理解为忍气吞声，或是无原则的退让和妥协，也不是遇到矛盾和问题时一味的压抑和退缩，用他们的话说，他们自己"心里头有数"，这个"数"也就是对矛盾把握之"度"。这是他们对自身生活理想的把握和追求，源自内心的对自身行为的要求和规范。这种家庭生活文化的产生和发展皆与我国的历史发展和文化土壤息息相关，文化的相对性决定了没有哪一个国家、哪一种文化是完美无缺的，也没有哪一种先进的文化模式可供我们复制，基于我国国情产生的这种互让型文化或伦理类型，固然有其局限性，但亦有其成熟之处。在我的田野调查中，村民是理性的，对矛盾事态的轻重大小有着清楚的拿捏，他们的行动标准常常取决于情和理两个方面。情与理的重要性没有固定的孰先孰后的区分，一切要以具体的情境而定。他们对家庭生活、村庄生活往往有着长远的预期和评判，在这样的清醒认知下，"家和万事兴"，也就是将"和"作为生活中的最高旨归，在这样的标准要求下，也就相应地要求家庭成员、村落社会成员之间相互包容、换位思考，也就有了"退一步海阔天空"式的相处之道。以此为化解矛盾的原则和方针，在矛盾尚未形成或形成之初也就能够尽量约束自我，寻求更适宜、更理性的方式化解和处理矛盾。当然，这种意识的形成来源于社会生活的方方面面，既有历史教育的感化，也有现代社会的熏陶，还有源自个体自在的德性使然。当这种以和为贵的生活法则成为一种内化力潜移默化地影响着人们的行动时，也就常常在无形当中消解了许多日常生活矛盾。

二　圆融与变通

虽然日常生活中的矛盾问题无时无处不围绕在人们身边，但日常生活是个多面体，这就决定了曲线化解日常生活矛盾的重要性。换句话说，矛盾问题的复杂性和多样性决定了化解矛盾的不同方式和时机。在我们的生活经验中，需要直面矛盾的情况固然存在，但借助特定的环境、特定的场域适时化解有时候或许能得到事半功倍的效果。村民在日常生活中寻求外力化解矛盾的方式多种多样，但几种较为基本的方式方法一般来说包括三种：首先是借助仪式庆典，在特殊的情境中使矛盾或尴尬相对来说自然而然地解决；其次是寻求第三方的帮助，也就是通过中间人的评理说合，找到能够平衡矛盾双方的中和点，并找出一个矛盾双方都能接受的化解矛盾问题的办法；还有一种是通过互赠礼物，在礼物的交换过程中淡化已有的矛盾，礼物的馈赠和接受表达的是双方对关系维系的态度，这更像是一种将言语赋予礼物中以表达情感的矛盾化解方式。

仪式庆典的契机。不论是红白喜事，还是大小年节，都是日常生活中常见的具有一定仪式性、情境性的特殊日子。这些带有仪式感的日子具有许多无可替代的功能：首先，它们是平凡生活中的时间节点。节点带有结束和开始的双重含义，这样的含义就为矛盾的化解和终结以及新生活的开始提供了适宜的契机。其次，它们能够为日复一日的寻常日子增添一抹鲜活的色彩。不论是自农业社会保留至今的传统节日，还是人们在社会交往、生命历程中所经历的特殊庆典，都能够在具体的时空条件下给人们带来不同于以往的生活感受和记忆。在这样的情境中，人们的行为处事往往也具有特殊性，这成为化解矛盾的特殊时空场域。再次，它们能够增强人们对生活，乃至对生命的敬畏感。生活中有些特殊性的仪式能够增强人与人之间的紧密团结感，这种向心力和凝聚力的聚集有时候能够淡化生活中已经发生的矛盾或问题，从而为关系的维持和修复提供一个平台。在笔者的田野调查过程中，同样碰到不少在仪式庆典的时空情境下解开心结的案例。家庭生活中婆婆与媳妇的关系经常被人调侃为家庭和睦的重大难题，在家庭生活中，婆婆与媳妇之间关涉原则的大问题较少，更多的是生活中鸡毛蒜皮的小事以及这些小事的逐步累积给双方造成的心理上的压力和相互排斥，造成问题的原因常常与年龄的差距、观念的不同以及生活方式相异等因素有关。这一类矛盾有的需要他人的说合，有的甚至不需要特意为之，待有合适的时机时，许多矛盾可能就会自动消解或淡化。在"儿媳妇是外人"这则案例中，儿媳因为婆婆只帮儿子、孙子收衣服而不满，说到底，儿媳在意的是一种对新家庭归属感、边界感的缺失和不明，心理上的委屈主要由一种不被接受和认可的失衡感造成。而年关的来临为淡化和化解对婆婆的不满提供了理想的契机，在传统佳节的节日气氛下，与婆婆继续闹别扭显然不利于整个家庭的和睦，同样也与佳节气氛不相适宜，因此，年节恰恰为婆媳化解尴尬提供了机遇。在"说长道短的弟妇"中，姑嫂之间原本因家庭养老等问题早有嫌隙，甚至嫂子对弟媳"不接眼"，但在面临侄女嫁人之际，作为姑姑是不能缺席为侄女缝制喜被这一活动的。正是在这样的喜庆活动中，姑嫂之间的相互不满和抱怨暂时被置于脑后，家族共同体的利益使他们相互包容。村民之间互赠人情是村落人际交往的重要组成部分，持续地互惠平衡使村民有机联结在一起，而在案例"不着调的表叔"中，互惠一方的疏忽给另一方造成了交往的困惑，借助他者的庆典情境，困惑一方以玩笑话的方式提示对方，并间接向对方表达不满，最终当另一方在合适的时机弥补了先前的"互惠失误"时，双方持久而稳定的关系得以继续。在"风光的后事"中，借助当地大年初一村民之间走街串巷相互拜年的契机，村民与作为红白理事会成员的村庄权威化解了在操办后事上的分歧以及由此给双方带来的矛盾心理。同样，在"酒席挨熊"中，年轻人的唐突冒犯了村庄人际交往之间的传统礼数和规约，遂遭到了村庄长辈的不满并引起两代人之间的矛盾尴尬，而同样在另一次酒桌上，年轻人通过给长辈端酒敬酒，表达了对长辈的歉意，两代人也在这样的融洽氛围下化解了矛盾。

在乡村生活中，借助一定的时空环境化解矛盾和尴尬非常常见。比如，亲戚之间一直互帮互助，往来友好，偶有一件事未能做到另一方心坎上，便容易造成另一方的不满，这就是村民常说的"十件事的好抹不去一件事的不好"。意思是能够顺利办成十件事，偶有一件事办不好便连同前面十件事的好处全抹杀了。这样的矛盾有时候便借助一项仪式，一次庆典来化解，比如家族红白喜事，或是孩子生日百岁，或是孩子金榜题名一类的特殊情境化解。在这类情境中，一方通过表达应景的祝愿、感受等，将先前的不愉快有意淡化，而另一方也通常会心领神会，不再计较以往的矛盾情绪。应该说，这类特殊的环境既使矛盾一方有了化解尴尬和不愉快的契机，也就是各种"由头"，同时亦使矛盾另一方不得不接受对方善意的问候和祝愿，因为在乡间生活场域中，人与人相处的重要法则之一便是面子上的互惠，也就是凡事不能做绝，只在意自身的感受而一意孤行往往会引起众人的不满，或许会被冠以"不好处"、"太个别"、"瞧不起人"等恶名，而这无疑对长期的乡村生活是无所裨益的。

评理说合。选择寻求他人的评理说合来化解矛盾一般而言要具备两个条件，一是双方针对某事件都有自己言之成理的理由。只有双方各自的理由能够站得住脚，才有可能产生双方僵持不下的情况，这往往是寻求他人调和的先决条件。二是双方或至少一方有积极解决问题的动力需求。在现实生活中，有时候可能是为解决问题，有时候可能是为争得一口气，无论是出于哪种考虑，总之二者是有寻求帮助的愿望的。反之，如果两者听之任之，发生矛盾后消极处理或冷处理，则不具备第三方介入的条件。被请来当这个中间人的说合人一般是双方所熟知的某位家族长辈或乡村精英，说合人既要有高尚的道德品质，又要有明断是非的能力，还要有能够劝服他人的影响力。需要说合的矛盾一般较少是村庄成员与外部世界的矛盾，多是家庭生活、邻里生活或是村庄内人际交往等方面存在的矛盾，如果涉及村庄成员与外部世界的矛盾，说合人通常是对村庄成员单方面就某些问题提供给其某些意见或建议，因此尚难以成为矛盾双方之间的说合。说合人在劝和双方时常有一些不言自明的原则，比如在婚姻方面，有不少遵循的原则是"宁拆一座庙，不毁一桩婚"，也就是尽全力让矛盾双方和好如初；也有的善于通过示例、对比来给予矛盾双方心理上的平衡感，常提到的是"比上不足比下有余"，从而激励双方化解矛盾；还有不少是找到一个双方均能接受的折中点，从而规劝矛盾双方互相礼让。一般来讲说合人总是会顾及双方的感受和利益，维持相互的均衡力量，而少有明显偏向一方的情况。在晓村，说合人也常常对矛盾双方动之以情，晓之以理，兼顾情理，最大程度地使双方化解干戈。比如在"不着家的老公"这则案例中，说合人就是站在矛盾夫妻各自的立场上分析问题，说服侄女以家庭为重，以父母、儿女为重，当唤起侄女的情感理性时，侄女与丈夫之间的矛盾也就能得到相对妥善的化解。而在"不认账的大哥"案例中，说合人以家庭道德伦理为调和关键，要求兄弟以和睦为重，在权衡双方的基础上选择他们都能接受的利益折中点来处理分家析产过程中的问题，保证了在不破坏手足之情的同时化解二者的矛盾，情与理得到兼顾。而在"儿不管爹"这则案例中，说合人以孝道伦理为依据，说服子女按期支付老人每月的月支，在子女接受此举的情况下，说合人再指出老人在与子女相处中所存在的问题，使老人也能认识到自己的问题所在，如此才使双方平和地接受说合人的调解。一般而言，村庄调解的着眼点是村民在村庄中的长远生活，而不仅仅是眼前矛盾对错的评判，暗含着一种"向前看"的调解旨归。

这种乡间的调解和劝导对于化解矛盾往往发挥着重要功能，虽然大多数情况下是一种口头上的言语劝导，但这些表述的背后常常隐含着村民潜在的对乡村社会生活和文化价值规范的遵守。比如，"都是一个姓的，少说一句不吃亏"，"抬头不见低头见的""谁还用不着谁"等这一类带有浓厚的血缘、地缘、乡缘色彩的说合法则对矛盾双方进行劝导和疏解。[①]

[①] 桂胜教授认为，"缘"是指人与人之间通过自然、偶合或人为构成的一种交往机制和社会组织，是世人先赋或自致所形成的一种归属依赖和社会关系，是一种带来社会资本的社会网络，是一种社会聚合。

以"缘"的观点来看,"缘"本身即具有强烈的维护家庭稳定、社会稳定以及增强人际和谐、平衡和调适人际心理之功能。可以看出,基于"缘"的认同已经成为村民调和日常生活矛盾的潜在依托。

礼物交往。以科尔曼理性选择理论来看,行动者均有一定的资源和事件,从对资源和事件的控制中,行动者得以满足自身的偏好,而当行动者个体所掌握的资源和事件不足以满足个体完全的需要时,行动者之间的交换行为得以发生,通过交换,行动者的利益得到更大程度的满足。

在 20 世纪 90 年代以前,村民之间在生产生活上的换工可以看作是一种特殊的礼物交往,彼此之间的互相帮忙并不通过支付相应的酬劳来获取回报,而是将这份"报"寄于日后长期的生活当中,即当另一方有需要帮助的地方时,在此前接受别人帮助的一方只需以同样的劳力、物力回报即可。如今,村民之间的礼物交往范围不局限于自己的家庭或家族当中,邻里之间以及关系较好的村落成员都是礼物交往的对象。在日常生活中,村民的礼物类型大约分为两类,其一是作为真实货币的随礼。大部分村民的人际交往圈多集中在晓村村内,互惠性的人情交往构成了村落人际交往的主要组成部分。在各家各户的红白喜事、人生仪礼、子女考学、老人祝寿、搬迁开业等各类庆典中,均少不了家族成员、邻里以及村落亲朋间的相互问候和帮忙,礼金的多少遵循差序原则,即视关系的远近而定。一般而言,关系越亲密礼金越高,关系越疏远礼金越低,关系较为亲密而赠送的礼金较少也常常是村民之间产生矛盾的潜在因素。在"不着调的表叔"这则案例中,互惠一方不仅没有按照关系远近奉送礼金,而且是完全忘记了如期奉送礼金,这就极易造成另一方的不满和纠结,如果双方仍然需要维持已有的关系,则需要寻找另一个合适的时机补送礼金,才有可能弥补前期人情交换的断裂。有时候这种人情互惠的情感慰藉色彩较淡,而功利性色彩较浓。比如在"怵头的公事"中,村民对所赠送的礼金就表现了强烈的工具性色彩,希望能够在以后的村庄生活中得到应有的回馈。其二是礼物实物交往。在晓村，这种礼物实物交往常见于家族和邻里之间。比如在年节，晓村这一带流行"忙年"的风俗，忙年通常包括三个方面，一是准备年节期间招呼亲朋的食品，二是彻底打扫家庭卫生，三是各自准备新年衣物。腊月下旬家家户户准备的过年食品就常常成为村民之间相互馈赠的礼物，馈赠食品一来是一种情感上的问候，二来也成为走亲访友切磋厨艺时的谈资。由"不听老人言"这则案例可知，村民之间的这种食物礼物可以小到一碗豆豉腌菜，一个南瓜，一袋玉米面，也有的邻居之间互赠烙饼、汽水包等食物。而在"抢人买卖"案例中，一方为了表达对另一方深深的歉意，通过赠送辣椒茄子、春卷豆腐箱甜饭等这些寻常食物将歉意含蓄地表达出来，另一方接受的态度也就表明双方既有的矛盾得以淡化或化解。这时候的礼物已经不仅仅具有情感上的联系功能，更重要的是表达一种"尽在不言中"的友好和歉意。因此，一般情况下，食物馈赠的价值更在于相互情感的表达，而礼金的馈赠则往往兼具工具理性和价值理性。

三 阶段性化解

矛盾化解的事前、事中与事后是三个化解矛盾的不同阶段。事前化解，即在矛盾未发生之前，防患于未然，将矛盾消灭于未形。事中化解，即在矛盾发生过程中的化解。事后化解，即在矛盾已经发生后，人们通过何种方式弥补已经发生的矛盾。在现实的日常生活中，矛盾的起因和发展有时往往相互交融，这使同一个日常生活矛盾中常常既体现了事前预防，又体现了事中化解，甚至还能体现事后对已有矛盾的弥补。比如在分家中，分家本身是一种事先避免和消解家族成员产生矛盾的家庭再生产行为，即体现了矛盾的事前化解，而分家过程造成的不愉快往往需要家族长辈或乡村精英出面调解，这个过程即体现了分家矛盾的事中化解，而当家族长辈或乡村精英要求分家结果以字据为证时，这是为了防止日后再因分家问题造成兄弟间的不快，这又体现了矛盾的事前化解，当分家完成之后，他人的说合和调解完成之后，作为感谢，兄弟邀请作为中人的家族长辈或乡村精英到家里吃饭，聊表谢意时，这又体现了分家矛盾的事后化解。因此，在现实生活中，矛盾化解的事前、事中和事后机制往往要具体问题具体分析。

事实上，在乡间生活中，村民之间对矛盾的事前化解往往体现在对乡间生活场域的认知认同上，比如，基于未来长远的生活预期，在低头不见抬头见的熟人社会中，常常存在某些人们共同遵守和默认的生活准则，如"远亲不如近邻""你敬我一尺，我敬你一丈""伸手不打笑脸人""人心换人心，八两换半斤"①"一家人不说两家话""事到理上留三分，话到口边留半句"等等。也就是说，在日常人际交往中，关系网内的人都对未来的长期交往有明确的预期，在此基础上，这种稳定生活的共识就成为他们预先避免和化解矛盾的基础。而另一方面，这些村民默认的生活规范亦成为他们在化解矛盾时不得不考虑的准则。这些准则的目的就在于维护乡间生活中人与人之间和谐友善的人际关系。除此之外，许多民间风俗亦是一种将矛盾消解于无形的化解方式，例如春节时期村民张贴的对联、门神，以及端午高悬的艾草等，亦是一种求福避祸的生动体现。事中化解即矛盾发生过程中矛盾双方采取的用于解决矛盾的措施，在前文"儿不管爹"中，父亲为了争取儿子们理应支付的赡养费，在儿子中断履行赡养义务时寻求村干部出面协调，村干部在调解过程中以孝道伦理说服儿子，同样又对父亲存在的不足予以批评，从而化解父子间的矛盾。在"不着家的老公"中，作为长辈的小叔对侄女晓之以理动之以情，也最终解开了侄女的心结，使其回归到平静的家庭生活当中。在乡间，当家庭遭遇变故，或面临生活难题时，家里的老人即便对于问题的实际解决无能为力，也常常通过祭拜神灵来宣泄内心的郁结。如此种种，皆可视为矛盾发生过程中的事中化解。矛盾发生事后，有的人宴请调解方以表谢意，有的人去庙里还愿祷告神灵，有的人携礼品登门拜访，

---

① 旧制一斤为十六两，八两换半斤，即待人真心诚意，便能得到别人以诚相待。在乡间生活中，村民多将此视为人际交往的潜在准则。

也有的总结经验教训并引以为戒。

四 相机而行

相机而行不仅是化解日常生活矛盾的应有态度，亦是一种现实的化解策略。日常生活纷繁而复杂，日常生活矛盾亦多种多样，现实生活的灵动性就决定了日常生活矛盾的化解没有一种恒常的化解方式或手段。相机而行化解矛盾，即一切视具体的时间、地点、条件为转移，在具体的现实情境下选择最为适可的化解方式。在日常生活中，相机而行以化解矛盾的事例数不胜数，比如，将对对方的不满借助特殊情境表现出来，在"不着调的表叔"中，村民在同样的仪式情境下以玩笑话的形式表达出内心的不满，既明确表达出自己的疑惑和意见，又不使对方感到难堪；再如，通常，女性的哭诉亦是表达矛盾的有效手段，在哭诉中将平日里没有办法宣泄的不满表达出来正是一种相机而行的智慧。相机而行就是要灵活运用现有的条件、资源，在对现状有着清晰的把握和判断后做出适可的行为选择。

相机而行既要尽力而为，又须为而不争。正如学者所说，"历史意识的发达是中国实用理性的重要内容和特征。所以，它重视从长远的、系统的角度来客观地考察、思索和估量事事物物，而不重眼下的短暂的得失胜负成败利害，这使它区别于其他各种实用主义"（李泽厚，2015:322）。近年来的大学扩招政策使广大莘莘学子有更多的机会圆自己的大学梦，随着政策的不断推进，晓村里的大学生也逐渐多了起来。在多数村民看来，比起家里的孩子上了哪所大学，更重要的现实问题是大学毕业后能否找到一份适合自己的工作，能否在社会上自力更生，安身立命。

> 现在大学生太多了，不过以前还包分配，现在这些孩子大学毕业了找工作也难。

村民王军[①]说。王的女儿飞飞[②]，今年已经二十六岁，几年前大学毕业后一直待业在家。飞飞告诉笔者。

原来学的是特护，现在死活不想干这个。

原来，飞飞在实习的时候看到过实习护士给一个两三岁的小朋友扎针，结果由于经验不足，没有一针扎进去，足足扎了三针才扎好，结果刚一扎好，那小朋友的家长就扇了这个实习护士一巴掌。

我当时都吓傻了，这跟电视上演的一样啊。

现代社会常见的医患矛盾使飞飞"望护士而却步"了。于是，她开始不断地报考各地各类的公务员，事业编和教师资格证，然而结果均不遂人愿。

我也没啥大的理想，我就想过稳定有保障的日子，安稳的生活。我考了这么多试了，要么就是过了笔试了，复试被刷，要么就是差零点几分过线，真的是快崩溃了。

在我们的生活经验中，这一类考试通常僧多粥少，想要考取并不容易。

等不起了，家里这情况你也知道，我爸妈身体也不好，一天天年纪也大了，总不能一直赖着他们养活我。

---

① 王军，男，晓村村民，55岁，城区企业打工。访谈时间：2018年2月12日。访谈地点：王军家。
② 王飞飞，女，晓村村民，26岁，现待业在家。访谈时间：2018年2月12日。访谈地点：王飞飞家。

村民日常生活矛盾化解的民间智慧——以鲁中晓村为例

飞飞父母在城区打工，家里还有一个小她六七岁的弟弟，按照晓村的传统，儿子将来成人后父母又必然要帮忙买房娶妻，正如她所说，一直耗在家里确实不是个办法。飞飞挑了挑眉毛继续说道：

> 现在大学生这么多，我也不是重点大学毕业的，找工作高不成低不就的确实不好找。

大学生就业问题是一个社会层面的大问题，近几年来，国家针对大学生的就业问题也不断出台相关优惠和扶持政策，只是具体到个人身上，难免还是存在这样那样的问题。

> 人不和命争，我都想好了，如果下次还是没考上，我就不专门在家里准备考试了，这么年轻，还能养活不了自己？要是这次没考上，我准备出去找工作了，找个小药店工作也行，先干着，再继续"啃老"我都不好意思了，实话实说家里的情况也没啥让我啃的了。就先这样吧，有精力的话我就再考，考得上当然好，考不上咱不是还有工作么，反正是不能在一棵树上吊死。

这一句"人不和命争"给笔者留下了深刻的现象，事实上，把现实的不得志归咎于命运是人们在日常生活中常常用来聊以自慰，或化解眼前困境的方式之一。但飞飞的不同在于，"人不和命争"不单纯是一句宿命论话语，而是在她努力后，有所弃，有所取，有所不为，有所为的生活智慧。同时，"'宿命论的解释'体现的并不是一种实际判断或指导行动的生活态度，而更类似一种处理人际关系和释放内心焦虑的方式与技巧"（郭于华，2011:32）。这种退而求其次的变通，即便受到现实生活环境、生活压力的影响，然而，人生路漫漫，谁又能说知难而退不是一种智慧的抉择？

相机而行要审时度势，灵活变通。改革开放已经走过了40多个年头，村民的生活水平相较以往已经有了大幅度提高，但不可否认的是，对于相当部分的村民来说，进一步提高物质生活水平仍然是日常生活中他们所面临的最现实的矛盾。关于农民的生存问题，郭于华（2002）认为，支撑农民在长久的生活困境中顽强存活下来并使家族生命绵延不绝的绝不仅仅是理性，而是一种生活智慧。对此，徐勇（2010）也曾有过专门的分析和探讨，在他看来，农民理性的形成是客观环境在人的行为方式上的反映，这种理性具有思维惯性的作用，也就是说理性是在人们的生产生活中形成的稳定的传统积淀。物质生活的相对匮乏在一定程度上往往成为他们日常生活矛盾的源点。最近几个月，在晓村桥西新开一家早点摊位，主营肉素火烧和油粉，老板是晓村的一对夫妇，门口的招牌是：王氏早点。在离这家早点铺约一百米的桥南面，也有一家卖早点的摊位，卖的是肉素火烧和煎包、油粉，这一家的招牌是：老刘早点。老刘早点的经营项目与王家早点非常相像，但事实上，王家早点不仅超越了老刘早点，而且越是时间一长，就越会明显地发现王家早点的生意要比其他家的生意好太多，几乎每天都有许多村民不约而同地去王家早点吃饭。王家早点的门前常常熙熙攘攘，不少村民排队等着吃，可其他家的客人却稀稀落落，少见有排队的景象。通过几天的观察，很快，笔者发现王家早点的优势在于老板把这小小的早点生意做活了。打个比方，一碗油粉的售价是一块钱，王家盛油粉的碗是油粉锅里的大勺一勺的量，如果有村民要用塑料袋打包带走一碗油粉，那么老板必定会多盛大半勺的量并细心系好口，再套一个塑料袋，保证村民不会在路上洒出来之后才交给村民，一个是量多，一个是态度用心，这是油粉卖的多的奥秘。再举个例子，村民在王家门头的小木桌上吃早点，如果要了两个火烧，那么第一个快吃完的时候，老板会贴心地提议帮忙把盘子里第二个还没吃的火烧放回烤炉热一热再吃，还会多问一嘴要不要再添份免费的小咸菜。这一点，往往会让村民的心在寒冬腊月里为之一暖，这就是藏在火烧里的加分项。

这样的经营之道，也难怪生意如此红火。王家老板[①]这么对笔者说：

> 做买卖不容易，尤其是在村里头，都不舍得早饭多花钱，卖早点的又多，大家一回觉得不好，就不会再回来买了。庄户人家都讲实际，要卖得实在，还得要想法留住人，凡事尽量想到人家前头，让大家伙觉得舒服觉得好才是真好。看起来咱是有点亏，可是往长处想，咱一点也不亏，一天一天的攒，大家伙都来买我的早点不就又挣回来了么，将心比心，村民过日子没有容易的。

在晓村激烈的早点市场竞争压力下，王家早点不仅为村民提供物美价廉的美味食物，还从村民角度出发给予了村民看得见的实惠和用心，而对此，村民对其最大的回报便是一传十、十传百的良好口碑，以及持续不断的重复惠顾，王家遂得到了更长远的利。由此看来，王家老板在看清早点竞争的激烈形势后相机而行，眼光长远，吃小亏赚到了大福。

第二节　日常生活矛盾化解的资源分析

矛盾化解的资源，是指村民在矛盾化解过程中一般来说具有哪些可资利用的条件，或者说可以寻求哪些外界的帮助，在晓村，村民化解日常生活矛盾通常需要家族权威、乡村精英、外力援引、内力萌生四个方面的帮助。

一　家族权威

虽然不像福建、江西等地多具有正式的宗族族产及宗族组织结构，但晓村同样保留着宗法精神和家族意识。在田野调查期间，村民在面临

[①] 王某，男，晓村村民，47岁，经营早点生意。访谈时间：2018年1月10日。访谈地点：王氏早点店铺。

日常生活中的矛盾时，亦常常想到请家族内的长辈出面说合或调解。这样的家族长辈通常被家族成员默认为家族权威，请求家族权威出面化解的矛盾通常是家族成员内部的家庭和睦问题。其实，正如前文提到的，家族权威主要符合两个条件，一是在年龄上多是家族中的长辈，二是在家族事务中须具有一定的发言权。这里其实暗含了家族成员对已有矛盾和家族权威能否化解矛盾的预先判断，家族权威出面化解的常常是小家庭内部尚无法化解但又不需要由外力或"外人"干涉的矛盾。这个过程仍然在一定程度上体现了家丑不可外扬的隐含思想，而"家"是有伸缩性的，既可以是至亲的小家庭，又可以是一个或大或小的家族。

"不着家的老公"和"不认账的大哥"两则案例明显体现了家族权威对于村民化解日常生活矛盾的重要性。事实上，请求家族权威出面化解矛盾隐含了对家庭、对家族的重视，而家族权威在某种程度上说可以理解为和睦家庭的象征符号，或至少其本身的基本立场就是家庭和家族的稳定。而在具体矛盾的化解过程中，家族权威也多会站在大家庭的立场，从家庭的整体利益出发，权衡矛盾各方的利益得失，从而做出一个相对来说对大家庭、对小家庭以及对家族成员个体来说均较为适宜且可以使矛盾各方接受的决策。村民刘先贵以其侄女年迈的父母和尚未婚嫁的女儿为撒手锏，劝服侄女；村民赵文宝同样以家庭的和睦和兄弟手足之情来说服两个因一间老屋而不和的兄弟。除了日常生活中的矛盾化解，家族权威的功能和作用也体现在家族成员的重要人生礼仪当中。

在以往的生活经历中，晓村的家族权威在对待和处理家族事务中更多的是发挥组织、传达并与家族成员就某家族事务进行平等协商的功能。2018年春节期间，笔者参加了一位张氏亲属的葬礼，据了解，在该亲属去世直至葬礼结束，家族权威仍然发挥了重要作用。在张氏的葬礼上，张元生[①]作为与死者同辈的家族长辈，发挥了重要的组织、协调功能。比

---

① 张元生 男，60岁，晓村村民，城区打工。访谈时间：2018年2月11日。访谈地点：殡仪馆。

如向各家族成员通报死者去世消息，并与家族成员商议到达葬礼地点的时间、路线、参与人员安排、集合地点、车辆安排、就餐安排等，以及在葬礼举行过程中积极与殡仪馆负责白事各项进程的公事人员配合等。家族成员在葬礼进行过程中但凡有任何问题，都会自觉找到张元生寻求解决。张元生自己认为，他自己并不是所谓的家族权威，只是自己目前是家族中年纪较长且还能够主事的人，因此在有些事上也就给家族里的小辈们"提提醒"，并没有"权威"的地方。其他家庭成员则表示，张元生是家族中的长辈，不论家族里的红事还是白事，长辈经验丰富，因此家族事务总是要由长辈牵头，晚辈们才不容易出错，所以他们乐于听从长辈的安排。据了解，作为家族权威，张元生曾经就张氏患病期间的医药费分担问题积极向张氏献谋献策。为了家庭和睦，防患于未然或者避免引起不必要的矛盾和麻烦，张元生对张氏的建议是，医药费问题在自己能够负担的情况下应当尽量由自己负担，而不是让两个儿子平摊。张元生的理由是，一是由于两个儿子经济条件相差较大，大儿子的经济条件远好于二儿子，让两个儿子平摊医药费显然并不合理；二是同样不能让经济条件较好的大儿子负担大部分医药费，因为大儿子本身在张氏患病期间已经跑前跑后，若再让其负担大部分医药费，两个儿子对父母的赡养和付出相差巨大，则有可能使大儿媳心理不平衡，造成大儿子夫妻二人不和，从而影响整个大家庭的和睦。因此，在张元生看来，最适宜的办法就是张氏夫妻二人尽力自己担负医药费，让两个儿子少出钱多出力，尽力保证两个儿子小家庭的付出平衡。张氏认为张元生的建议在理，遂采纳建议。而且张氏的两个儿子也都能够各尽其能照料生病的张氏，没有发生许多家庭在赡养老人和照料患病老人过程中常常发生的子女互相埋怨和推诿的家庭矛盾。由此可见，当家族发生各类红白喜事时，家族权威是各家族成员从分散状态到聚集状态的枢纽，发挥着重要的联结功能；而家族权威对家族成员的意见或建议也能够在一定程度上左右家族成员的行动选择。

但另一方面，在传统的生活方式和思想观念正一步步遭遇现代化洗礼的今天，晓村家族权威的作用力和影响力已经在逐步弱化。一个显而易见的事例便是葬礼各项仪程的简化和改变，某种程度上大大削弱了家族权威在葬礼安排上的主导性。由于生活方式的改变，许多村民住上了楼房，而这样的居住安排使原有的儿女将父母遗体放置家中并搭设灵棚等传统事象发生了改变。就拿张氏死者来说，自张氏在医院宣布死亡后，并不是按照传统，由子女将遗体搬运回家中，并由儿子为其守灵，约在死亡两日至三日后方才举行葬礼。事实上，张氏自医院死亡后，由亲属为其穿戴整齐，便直接送往了殡仪馆，这样做的原因很大程度上是因为楼层较高，实在不方便上下来回搬运遗体，故遗体被置于殡仪馆的冰棺中，待死亡第二日即举行葬礼，并进行遗体火化，也就是出殡。在现今的丧葬仪式中，既没有长明灯，也取消了原有的儿子为亡人守灵，既没有亲朋好友送亡人最后一程的那段象征性路程，也取消了许多原有的由家族权威配合"大总"[①]来进行的白事进程。按照传统，葬礼的主要进程安排是在家中进行，在"起灵"之后只有少部分家族人员跟随搬运遗体的殡仪车前往火葬地点。而现今，各至亲好友各自鞠躬吊唁后，保留了"摔碗"和儿子指路这几个步骤，接着便将遗体送入火化室。在笔者看来，让至亲好友亲眼见证亡人火化，亲身感受烟囱飘出的一缕青烟并闻到刺鼻的火化味道，这一幕缺少一定的对生者的人文关怀甚至也缺少对亡者的最后尊重。此外，原有的仪式过程所具有的一个重要意义是，亡人的子女在为父母按部就班准备后事的过程是一个向家族权威学习和传承的过程，因为每一个步骤，每一步安排都有其相应的象征意义，也都暗含着对亡人的关怀和慰藉。而脱离了亡人生活的家——这个熟悉的场域，一切交给殡仪馆陌生的工作人员，虽然一定程度上简化了烦琐的丧葬仪式，但与此同时也弱化了仪式过程中所体现的孝道伦理，淡化了生者与死者之间的交流和沟通，家族权威无从将传统的后事处理方法传授给年轻一辈的同时，寄托于仪式过程中的血缘情结的传递亦相应淡化。从这个现象

[①] 如前所述，指专门从事主持红白喜事和人生仪礼各项进程的人。

来看，现代生活方式的改变正一步步推动着传统发生相应的变化。

二 乡村精英

在物质资源匮乏的计划经济年代，人们对有限资源的争夺常常是引起家庭成员、村落成员之间种种矛盾的重要因素。村大队不仅在协调村民生产上起到重要作用，对村民日常生活秩序的维持也负有重要责任，此时的乡村精英主要是位于国家政治体制末梢的乡村政治精英。村大队具有类似村落"大家长"的身份象征，村民在生产生活中遇到的问题和矛盾都能寻求村大队的帮助。有村民反映，在那个年代，家里婆婆给女儿用布票做了条新裤子都能引起婆媳之间的矛盾，媳妇认为婆婆偏心，只给未出嫁的女儿做新裤子，婆婆却认为媳妇刚过门有新衣服穿。婆媳僵持不下时就会到村大队请来干部调解婆媳矛盾。在那个时期，远没有如现在这般紧张的基层干群关系，村干部是村庄权威的代表，村民与村干部之间有较高的信任关系，同时，村干部又掌握着村庄各项生产生活资源，因此村干部在村庄中具有较高的权威和影响力。在政治色彩浓厚的时代背景下，村干部的身份本身就是一个权力符号的象征，村干部对村落生产生活秩序有重要的引导作用，其调解村民日常生活中的矛盾也能够切实起到相应的作用。

20世纪80年代之前，晓村还是这一带重要的蔬菜生产基地，改革开放以后，受国家政策影响，晓村逐渐将发展重点由农业转移到工业建设中来。原有的蔬菜种植基地逐渐被租用为加工机械产品的厂房、车间等。90年代以来，随着基层自治制度的逐渐普及以及国家政治、经济和文化的发展，越来越多的晓村村民在村庄内或城区附近打工营生，也有不少村民经营小生意做起了个体户，分散化的各自营生使村民的收入来源日趋多元化。时代发展至今，村民的生活条件和生活水平相比以往已经有了大幅度提高，生活方式也发生了相应的改变，独门独户的居住方式很大程度上减少了大家庭中的日常生活矛盾。正如许多村民提到的，现在各家各户不碍着不碰着，"互相看不见摸不着"，矛盾因此少了许多。可见，社会发展水平的进步和生活方式的改变在一定程度上使村民相互之间的边界感越来越强，这种边界意识明确了人与人之间各自不相抵触的生活范畴。独门独户的居住方式从地理边界上真实划清了你我的界限，内外的界限，而伴随着这种清晰化的地理边界而来的，还有人与人之间心理上、情感上的边界再确定。

据村干部介绍，在今天，村民在家庭、邻里、村落生活中的大小矛盾仍然是存在的，但有了矛盾以后积极寻求村干部出面调解的情况相比三四十年前已经少了很多。出现这一现状的原因可能应从以下几个方面考虑，一是村组织功能的弱化。一些村民反映，现在村委组织的主要职责是对国家下达的相关政策措施向村民传达，以及政策实践过程中的协调和组织，村民与村干部之间的联系较为松散。二是随着村民收入的提高和收入来源的多样化，以及现代传媒、通信、交通等全方位的发展和进步，村民化解日常生活矛盾也有了更加多元化的方式，比如对部分家庭条件较好的村民而言，婆媳之间的矛盾问题可以在合适的时机通过家人一同外出旅游的方式得以缓和与淡化。三是随着现代社会和市场经济的发展，村庄中逐渐涌现了一批经济精英、文化精英，对晓村而言，尤其是经济精英在村庄内日渐具有较高的威望。由于村庄政治精英和经济精英并不是完全重合，多元精英的存在一定程度上分散了单一类型的乡村精英对村庄生活秩序的协调和整合功能。此外，如上所述，生活方式和思想观念的改变使人与人之间的边界确定更加明晰，隐私意识进一步增强，村民整体素质也有所提高，村民个体可控范围内的矛盾较少主动寻求村干部的支持和帮助。当然，作为村庄政治精英的村干部虽然相比以往在调解村民日常生活矛盾发挥的作用有所弱化，但依旧是维持村庄生活秩序的主体。比如在"儿不管爹"这则案例中，村干部站在老人和儿子双方立场上加以引导劝服，在尽量不影响双方亲情关系的基础上使双方都能认识到自身的问题所在，从而妥善化解了儿子在赡养老人过程中出现的矛盾。

从一定程度上说，晓村经济精英、文化精英和政治精英以及其他权威人士的共同存在为村民日常生活矛盾的化解提供了多元化的有力支持。随着现代社会和市场经济的发展，村民化解日常生活矛盾的方式亦有了更多的自由选择，针对不同的日常生活矛盾，他们可以选择寻求不同权威人士的帮助。比如在孩子的教育问题上，他们可以就有关子女教育问题、学业问题上寻求晓村较高学历的文化精英的帮助；而在就业、打工等问题上，听取经济精英的意见建议不失为可行之策；而在日常家庭矛盾的化解中，他们亦可以从谙熟家庭生活艺术的女性精英处寻求帮助等。总之，日常生活的矛盾纷繁复杂，多元权威和多元精英的存在为村民解决各类生活矛盾提供了有效的资源支持。与此同时，必须指出的是，晓村的多元精英从一定程度上来说还尚未完全发挥出对村庄建设和村庄发展应有的效果和功能，因此，如何充分挖掘和激发多元精英的能力和潜力尚需进一步讨论。

三 外力援引

在日常生活中，村民化解日常生活矛盾亦越来越重视援引多种外力，村民常常援引的几种外力资源如现代法律资源、村规民约、村庄舆论以及随时代发展而来的其他外力资源等。

1. 现代法律资源

对现代法律资源的运用是村民在日常生活矛盾化解的援引外力之一。事实上，现代法律意识早已经进入到村民的日常生活当中，并一定程度上影响着村民的生活方式和思维方式。在笔者的生活经历中，村民们对现代法律的态度是积极接纳的，但在实际的日常生活中，村民能否真正运用现代法律化解日常生活矛盾则要根据具体的情况而定，或者说，村民既具有制度理性，同时又常受到情感理性的左右。

在前述案例"一碗水难端平"中，秀芬的表述中已经涉及村民黑顺的儿子、女儿为分得财产一事闹上法庭的概况。虽然村子距离城区较近，是个典型的城郊村，现代社会的生活方式和思维方式也无孔不入地影响着人们的行动选择，但村民的观念和行动却依然延续了许多传统社会的行事惯例。在家庭生活中，尤其在家庭养老当中，女儿扮演的角色较为特殊。其原因一则在于，在村民的观念意识和舆论评判中，或者说按照村民一以贯之的乡村生活传统来说，儿子确实是有其必须承担赡养老人的责任和义务，而女儿并没有如同儿子般必须赡养老人的责任。或者说，女儿对父母的赡养多出自发自内心的与父母的情感依赖，儿子当然也有这种天然的血脉相连之情，但在现实的日常生活中，儿子对父母的赡养从乡间舆论的评判来看具有一定的强制性。与之相应，老人的财产亦主要由儿子们分配，女儿因不负有赡养老人的责任，相应地也就没有分得老人财产的权利。这是依照晓村已有传统所得出的"应然"状况，而"实然"的赡养现状是，在家庭养老中，女儿发挥的功能角色并不比儿子差，甚至在某些家庭中，女儿的功能要大于儿子。这也是为什么在许多村民看来养儿子可能不如养女儿"划算"的原因之一，也因此，在现实生活中，"多子"是否真地象征"多福"引起了许多学者的关注，并做了大量研究。原因之二在于，虽然村民理性上明白按照传统惯例，女儿不负有赡养老人的责任，但从情感上，村民仍旧希望女儿能在父母的生活上对其有所照料，甚至对女儿与儿子平分赡养责任有所期待。尤其是当晓村某些家庭的女儿对娘家十分照顾时，比如通常表现在女儿经常给父母带回多种礼物，或给父母多方面的物质支持和精神陪伴时，这样的榜样很容易在乡村舆论中获得人们的一致认可。从而间接鼓励其他家庭的女儿向这些榜样或表率家庭的女儿看齐，所以无形之中其实是给女儿提出了更高的赡养标准。此外，当女儿中断了对父母持续性、累积性的关心和照料时，其可能承受更高的道德评判风险。

然而，不论女儿在赡养父母问题上做得或多或少，在村民的传统观念中，女儿是不能与兄弟均分父母财产的，其中隐含着情感理性与制度理性（乡村惯习）的潜在博弈。虽然国家法律对此早已做出修正，但乡间社会的处事惯性往往是一股强大的制约力量，这也就是为什么当黑顺的三个女儿为分得财产一事将兄弟告上法庭而引起村民广泛关注的原因。三个女儿因为同样对父母尽到了赡养的责任，于情于理应当与兄弟一起均分父母财产，这不仅得到了法律上的认可和支持，而且从秀芬的讲述中可知，有的村民是默认支持尽到赡养责任的女儿参与财产分割一事的。换句话说，在父母财产分配中，许多村民的思想观念可能先于行动惯性，意识中已经接受了女儿分得财产的事实，只是实践中还没有将这一理念普及开来。这样的现状至少说明了两个问题，一是村民生育观念、养老观念正在悄悄发生着变化。也就是说，女儿可能也具备赡养老人的客观条件和能力，在赡养老人甚至其他方面，女儿具有与儿子发挥同等功能的可能性。这也就能够部分解释为什么在晓村，许多年轻人并不很情愿生育二孩，或对生育儿子的执着远远没有他们的上一辈人那样强烈。二是现代法律意识、制度理性明确存在于村民的思维观念中。除了黑顺三个女儿为财产一事与兄弟打官司之外，现代法律观念也是他们在日常生活当中常常提及的概念。事实上，现代法律在村民的日常生活中并不陌生，尤其是现代交通、通信、传媒、网络等各项科技的发展，许多在城市多发的问题在乡村地区也日益增多，比如消费者权益保护问题，劳动法规问题等等。在笔者看来，村民是否选择运用现代法律化解日常生活矛盾取决于两个方面。一方面是矛盾事态是否具有动用法律武器的必要性。虽然村民非常在意打官司所需要耗费的时间、人力、物力、财力等各项成本，但当矛盾事态对其生活产生较大影响时，他们仍会第一时间选择通过法律途径化解矛盾。比如，村民李贵[①]十几年前将该地某机械厂告上法庭，理由是该机械厂拖欠其高达六万多元的欠款。六万多元对于一个普通村民来说不是一笔小数目，尤其还在十几年前，这笔款额无疑关涉到李贵一家的生计问题。在这样的情况下，通过打官司追回这笔欠款不仅是必要的，也是必需的，而打官司所耗费的所有成本也就几乎可以忽略了。另一方面是矛盾双方的关系问题。乡村社会现今仍旧是一个讲人情、关系、面子的社会，矛盾化解的程度从某种程度上说与矛盾双方的人际交往有密切关系。亲人之间、朋友之间、邻里之间，除

---

① 李贵，男，62岁，晓村村民，曾为个体户，后待业在家。访谈时间：2018年1月8日。访谈地点：李贵家。

非牵涉重大利益或原则性问题，通过法律途径化解矛盾的情况毕竟还是相对较少的。在村民看来，打官司、闹上法庭很大程度上意味着矛盾双方撕破脸，意味着以往关系的中断，这可能使双方都面临着一定的道德风险、经济风险等隐性问题。

村民的日常生活往往是由种种不期而遇的大小矛盾所组成，村民在解决这些矛盾时，在运用民间思维逻辑的同时亦深受国家法律与行政力量的影响，因而，现代法律意识无疑存在于村民的意识观念中，但是否运用及如何使用该项资源往往要依照具体情境而定，在一定的条件和情境下，矛盾中暗含着制度理性与情感理性的潜在抗衡。一般来说，村民倾向于通过现代法律途径化解个体与外部世界的矛盾，而可能不是化解与自身处于同一生活共同体中的其他个体成员。当然，除此之外，村民的现代法律意识同时还体现在如拨打法律热线、到镇信访办或镇纪委反映问题、运用电视媒体调解等多种途径化解矛盾上。

2. 村规民约

传统村落是悠久的农耕文明传承与发展的最重要的载体，凝结着历史的记忆，浓缩着亲族、血缘在一方地域空间中的盛衰起落，是中华民族的文化根脉所在。长期稳定的地缘交往使村落成员间形成相互协助、相互劝勉的生活传统，这是儒家仁爱精神与墨家"兼爱"思想的双重体现，北宋的《吕氏乡约》更是将乡亲邻里的相处之道记录成文，倡导"德业相劝，过失相规，礼俗相交，患难相恤"，实现了德治向礼治的转变与提升，这四项宗旨遂具有了民间习惯法的约束力。村落社会相互扶助是乡风敦厚美善的重要条件，在村民日常生活矛盾的化解中，村规民约主要运用道德、教化的方式管理和组织乡村。

按照科尔曼的观点，村规民约可以看作是理性的村民有意创造的社会规范，遵守这种规范可以获得在村庄生活的利益和方便，因此，村民在对是否遵守村规民约所带来的可能赏罚结果进行权衡时，常常会选择前者以获取村庄生活的便利，并避免受到不利影响。在晓村，村规民约主要包括五部分内容，分别是：社会治安、消防安全、村风民俗、邻里关系、婚姻家庭。据介绍，在晓村，村规民约主要通过村民主动自觉的遵守相关约定来发挥作用，虽然不具有强制力，但能够对村民的日常行为起到约束和引导作用。同时，村规民约也是化解村民日常生活矛盾的重要依托，据村干部反映，村规民约上的具体内容都是对村民在村庄生活中的最基本的要求和制约，村民之间的矛盾化解要以村规民约中的具体内容为准则。村民请村干部或村民调解委员会成员化解日常生活矛盾时，工作人员即以村规民约为基本准则，比如较为常见的家庭代际之间的月支支付问题、邻里纠纷、夫妻矛盾以及在红白喜事操办过程中出现的矛盾问题等。村规民约的主要功能在于通过道德伦理教化人们劝善戒恶，敦厚乡俗，其功能既表现在可以防患于未然，在村民之间尚未发生矛盾、纠纷时事先勉励规劝村民，于无形中约束村民的言行举止，内化为村民日常行为的潜在准则；另一方面，又可以在问题发生之后作为一个化解和处理矛盾的指导原则以妥善处理矛盾，此外，村规民约不仅着眼于眼前矛盾的化解，更注重如何最大限度地在长远的日常生活中维持或增进村民之间的情感。用费孝通（2005:51）的观点来说，也就是教化人们知"礼"，"在乡土社会的礼治秩序中做人，如果不知道'礼'，就成了撒野，没有规矩，简直是个道德问题，不是个好人。一个负责地方秩序的父母官，维持礼治秩序的理想手段是教化，而不是折狱"。正是因为国家法律无法覆盖日常生活的方方面面，又有着远高于依靠村规民约化解矛盾所需支付的人力物力成本，故村规民约充实并弥补了现有法律的不足，发挥着村庄公德的重要作用。

此外，还需指出的是，晓村的村规民约在发挥其功能作用的同时亦还存在不完善之处，比如在村民面临现实的生活矛盾时未能提供一个相对具体的调解原则和方式，对村民"情"的培养和"理"的约束也尚未有效彰显，因此，在解决村民实际困难和矛盾时的作用力尚待有效提高。

3. 村庄舆论

村庄舆论指的是村民在村落生活共同体中对人、事、物所形成的趋于一致的看法、意见和态度，是一种反映社会心理的社会评价。一般来说，村庄生活中总有一定的村庄舆论存在，也就是村民总会对村庄生活中的人、事件有所评论，只是这种舆论存在的力量大小和强弱方面可能存在不同。换句话说，在村庄生活中，村庄舆论存在的更重要的意义在于对村民行动选择的影响性。有一定影响力的村庄舆论会对村民的日常行为产生一定的引导和约束作用，也就是对自身的行为以及行为之后所产生的后果和影响有所顾及，在这样的隐性约束机制下，村庄生活秩序也就在无形当中得以维持。反之，对村民行为毫无约束力的村庄舆论也就无法对村民的行为起到潜在的导向作用。此外，健康的舆论导向对村民行为有积极的正面引导作用，比如一个村庄以勤劳致富为荣，以好吃懒做为耻，这样的村庄舆论可以形成一种淳朴向上的村风村俗，无形当中熏陶着村民的行动交往；而如果一个村庄以相互攀比为荣，铺张浪费成风，此时的村庄舆论就成为一种畸形引导，不利于村庄的整体发展。

依照科尔曼对有目的的行动者所划分的"行为性相互依赖"类型，每个行动者的行为都要以其他人的行为为参照，并由此对自身的行为进行检视和反思，以决定最终的行动选择。换言之，就是要遵守既有的文化规范，重视别人的意见和评论。在晓村，许多村民提到的一种表述是"怕教人笑话"，在这里，"别人笑话"指的就是一种他人对其行为的评价，而"怕"表达的是一种对别人评价的在意，是一种态度。这就说明，在晓村，村庄舆论对村民的日常行为是能够起到一定的约束作用，从而使村民在行为处事时能够受到这种评价机制的左右，不至于使自身行为与村庄舆论的期待相差太远。作为一个受城市化、市场化影响较深的城郊村，之所以尚存在一定的村庄舆论，其原因可能在于：一方面，正是由于晓村距离城区较近，受到城市现代化的洗礼程度较深，故村民的生活方式、思维观念等与城市居民有不同程度的相似性，也是由于这种便利的交通位置，除少数因考学、婚姻或其他原因流出的村民外，大多数村民只在村内或城区周边打工营生，村庄生活能够基本满足他们对于城市生活方式的需求，因此村民对晓村生活仍抱有较为长远的生活预期。在这样的现实下，村庄舆论就有能够发挥作用的村庄土壤，故能够对村民的行为起到一定的引导和约束作用。另一方面，晓村地处鲁中工业地区，20世纪80年代以前以种植蔬菜为主，90年代以来发展工业以至今天积极向第三产业转型发展，这种发展历史使晓村一直以来物质基础相对较好，也就使村庄舆论观念能相对较为稳定地延续至今。

"关起门来算账"这则案例虽然只是夫妻之间鸡毛蒜皮的小事，但小事恰恰更能够体现村民对他人评价的关注和在意；在养老问题上，因为怕被村庄舆论冠以不孝的恶名，在"不仁不义的妯娌"案例中，大儿子和大儿媳主动承担起赡养老人的大部分责任，图的就是一个自己的心安；而在"忒没词儿"案例中，接受别人礼金而不在合适的时机主动回赠以礼金的行为无疑遭到人们的批评，在村庄舆论的影响下，这样的村民极有可能被孤立成为村庄中的边缘人士，而这反过来又激励了主流村民对村庄交往规范的遵循。

除了现代法律意识的提高以及村规民约、村庄舆论对村民日常生活行动选择的潜在引导外，随着社会的不断进步和发展，以及村民综合素质的逐步提高，针对日常生活中繁杂琐碎的多种矛盾，村民亦灵活借助外力以化解日常生活矛盾。比如，在对待求子问题或日常疾病问题上，许多村民从过去注重到庙里求神拜佛，求助民间巫术，转变为更加相信和依赖通过现代医学资源以求达成所愿；村民在城区寻找工作时，除了走访劳务工市场外，亦善于通过微信、网络等现代科技资源应聘；读书看报、看电影亦成为村民调适日常生活的重要方式。总之，面对日常生活中的种种矛盾，村民化解日常生活矛盾的方式方法、手段资源亦随时代与时俱进。

四　内力萌生

日常生活矛盾的化解不仅要有种种外力的约束，更要有内在自觉力量的有力引导，一般而言，个体内在修为、家风家训、乡村民间俗信等都是注重引导个体自觉化解日常生活矛盾的几种主要内力资源。

1. 内在修为

以布迪厄的惯习视角来看，内在修为就是村民在日常生活实践中习得和积累的惯习，这种惯习将影响着村民现实的行为选择，而惯习自身也将在不断地被实践和传承中得以不断再生产。

随着社会的发展和进步，村民的内在素养和修为也在逐步提高。在调研过程中，许多村民提到生活水平的提高对人的素质的影响。"现在生活比以前好了，一些以前计较的东西现在都不计较了"，在物质资料匮乏时期，生产、生活资料的相对稀缺往往成为人与人之间潜在的矛盾因素。在案例"各顾各的兄弟"中，几个兄弟同住一个院落，在这样亲密的生活空间中，兄弟之间既是手足又是邻居，在对待盖棚一事上，邻里之间的交往标准明显压过了兄弟亲情。兄弟之间可以为盖棚所占的十几二十公分加以阻挠，可以想方设法避免兄弟紧挨着自家的檐墙盖棚，也可以将兄弟已经搭建好的杂物角落拆掉重新修建另外的生活所需。对有限资源的占有淡化了亲密的家族成员间应有的关心和帮助，在这样的生活氛围中，盖棚的村民能够以长幼有序来约束自己，使自己与同一院落的其他兄弟在同一屋檐下而不激化矛盾，这就是化解矛盾应当具备的一种修为，这种对亲情的重视亦是一种情感理性的体现。在现实的日常生活中，矛盾固然无可避免，但人却能够在面临矛盾时充分发挥自身的主观能动性，使矛盾始终控制在可控范围内，而不是双方都去激化已有的矛盾。在案例"老屋分割"中，同样，兄弟二人虽然借助他人调解对老屋的分隔做出妥善安排，但不可否认的是，孝道伦理和手足亲情对两兄弟而言都是内心默认的共识，正是因为潜意识中遵循这种共识，才使调解方的建议得到他们的认同，矛盾才有了妥善化解的可能性。反之，如果两兄弟彼此毫无对父母、对手足的亲情认同，也毫无内心道德对自己的约束力，关于老屋的分隔就有可能成为两兄弟间的死结。可以看出，家庭成员之间的矛盾化解往往遵循特殊主义关系伦理，价值理性和情感理性得以凸显。当然，现实生活有能够化解的矛盾，也就必然有不得不悬置的矛盾和问题。该以怎样的态度面对这些可能无法妥善化解的矛盾同样考验着一个人的内在修为。在"面儿上的同胞"这则案例中，兄弟之间因为父母在世时各自的赡养态度和做法引起相互不满，如果一味计较父母生前其他兄弟在赡养老人过程中的恶劣态度和利己行为，势必将已有的矛盾不断扩大和加深，这不但对早已成为事实的后果于事无补，反而还会平添烦恼。所以该村民选择"不去计较"，这一句"不去计较"，用村民自己的话来说，就是不与其"一般见识"，也就是一种控制自己言行举止的内力约束，一种潜在引导自身行动选择的内在修为。正是这种修为所表现的态度，使兄弟之间的交往能够维持相对的平和。内在修为不是遇到矛盾和问题时一味的压抑和退缩，而是源自内心的对自身行为的要求和规范，是个人在人际交往过程中的德性体现和沉淀，是日常生活矛盾得以化解的能力和气质。

2. 家风家训

家风家训是主要以儒家思想为主体的社会意识形态在家庭领域和家庭关系上的体现，是一种家庭的风范和文化心理（王长金，2006:36）。家风家训亦是以惯习的形式对村民的日常行为选择发生潜在作用。家风即门风，是一个家庭或家族世代相传下来的精神品格，家训是家庭对后世子孙立身处世、待人接物、持家治业的训诫和约束。良好的家风与家训对个人修养、家庭和睦、村庄和谐乃至一方的民风民情都有显著的积极作用。《朱子家训》有言，"刻薄成家，理无久享；伦常乖舛，立见消亡"，又有"家门和顺，虽饔飧不继，亦有余欢"。《曾国藩家书》中亦有云，"夫家和福自生。若一家之中，兄有言弟无不从，弟有请兄无不应，和气蒸蒸而家不兴者，未之有也。反是而不败者，亦未之有也"。被奉为治家圭臬的这些经典家训，无不是以一个"和"字贯穿始终。

在晓村，少数大家庭有明确的族规祖训，如晓村赵氏家族的族谱上明确写明族训以"孝""仁""义"为族训的核心要义，具体来说，即"以孝立身，仁义立世，勤奋学习，服务社会，成就自己，光耀家族"。晓村的家族组织较为松散，大部分姓氏家族虽然多数并无明确的家规祖训，但普遍都有约定俗成的家规。一般而言，家规的主要内容多从这样几个方面约束家族成员：一是要孝敬长辈，服从家长管理；二是不论务农或经商，均应和气待人；三是男子要奉公守法，不惹事端；四是女子要孝敬公婆，自尊自爱。这是一般家庭共有的用以维持家庭和睦的家规祖训。此外，虽家族组织薄弱，但村民对家风尤为重视。据了解，村民在给孩子说亲时，家风门风是他们首要考虑的条件之一。

> 给人说媒你最起码得先去了解了解人家家是个啥情况，孩他爸她妈人品咋样，他们周围邻里百家对他们啥评价，看看这家人实不实在，厚不厚道，就是把人家家这个情况先摸摸底，要是打听一圈听说这家人不咋样，整天贼大火烧的，家里头一点也不和睦，整天这个吵那个打的，就不能给人家说了，说了也白搭，为啥，他要是家里头家风不好人家没有愿意跟的。（讲述人：周栋[①]）

可见，良好的家风家训是村民得以在村庄中立身处世的基本条件之一。在村民看来，家风好的家庭矛盾就少，矛盾少的家庭自然能够赢得村民更多的尊重和支持。

在晓村，多数村民越来越重视对子代的教育和培养，这种教育和培养主要体现在两个方面，一是德，二是才。尊老爱幼，孝敬父母是最基本的"德"之体现。一个最简单的例子是在路上碰到长辈时，主动与长辈打招呼行礼是最基本的礼仪规范，村民把这叫作教孩子"学叫人"，孩子不按礼仪规范做事是要被家长训斥的。村民把缺乏最基本的礼仪素养称为"不长人样"，古人云"子不教，父之过"，这样的谴责针对的不仅仅是孩子，还有其父母。因此，即便大多数村民文化水平并不高，但最基本的做人做事的道理是一定会教给孩子的。在对孩子"才"的培养上，越来越多的家长非常重视子女的文化素质教育。在"拾掇皮贼"一例中，父亲通过让儿子亲身实践去体会生活的艰辛和不易，从而让儿子把精力用于学习上。此外，据我所知，孩子们的学习成绩亦成为村

[①] 周栋，男，45岁，晓村村民，在村内企业打工。访谈时间：2017年8月1日。访谈地点：笔者家中。

们茶余饭后的谈资之一，村民总会有意无意鼓励子女向成绩好的同龄人看齐。可以说，鼓励孩子勤奋学习亦越来越成为家风家训的重要组成部分。

其实，良好的家风家训不仅在家族外人看来能够获得良好的舆论评价，在家庭生活内部，这种潜移默化地熏陶也成为村民化解日常生活矛盾的重要内力之一。以家风家训为依托，能够自然而然地避免许多日常生活中的潜在矛盾，也能够在矛盾发生时寻找到更为妥善的化解方式。将每个家族的家风家训放大化，个体素质于无形中得以不断提升的同时，村庄社会风气、精神文明也就得以进一步提高。此外，随着社会的发展，村民的家风家训已经越来越不局限于族谱上的条例内容，而是倾向于更加包容平等、自由进取方向发展。比如在晓村，孝亲敬老自然是村民一以贯之的道德准则，但随着现代交通、通信以及传媒手段的发展，"父母在，不远游"已经成为过往，越来越多的村民表示，只要子女有出息，他们并不需要局限于守候在父母身旁发展，对父母来说，亦越来越接受子女有更大的发展空间。

3. 民间俗信

老子说，"祸兮福之所倚，福兮祸之所伏"（《老子·第五十八章》），荀子说"福莫长于无祸"（《荀子·劝学》），《尚书·洪苑》载，"五福，一曰寿；二曰康宁；三曰富；四曰攸好德；五曰考终命"。在漫长的历史长河中，平安吉祥，福寿绵延自古至今成为中华民族亘古不变的向往和追求，趋吉求福的热望在这个以农为本的国度里代代相传。其影响所及，不仅存在于人生礼仪和衣食住行以及各类风俗习惯中，更体现在丰富多彩的日常生活实践和人际交往过程中。在晓村，村民生活的方方面面都散布着祈福纳祥的朴实愿望和真切追求，这其中便充满了点点滴滴的生活智慧。

在村民看来，祈福求吉的方式可以有千万种，但不管通过什么样的手段和方式，达到最终平安、康健的目的才是最终目的之所在。在"长命之法"中，不论是"认干亲"、改姓还是起贱名，其目的都是希望保证子代的生命安全和健康成长。通过这样的俗信形式，村民获得了内在的精神寄托，从而得到心理上的安全和满足感。而在"偷水与漏财"中，查水表的村民巧妙利用人们祈求财源广进的民俗心理，机智制止了村民的偷水行为。

有学者认为，文化是人类创造的一个复杂的整体，深层的文化内核，总要借助于一定的感性形式表现出来（沈丽华、钱玉莲，2005：50）。通过民俗力量化解日常生活矛盾的案例在现实中随处可见，民俗的化解功能既可以体现在对矛盾的事先预防，亦可以体现在矛盾发生时和发生后的巧妙化解上。比如，在晓村，推开许多村民的门楼，映入眼帘的是影壁上火红鲜艳的"福"字，影壁不仅有减少大风直灌，遮挡外部视线以增加院内私密性的功能，还体现了村民驱鬼镇邪和祈福纳吉的幸福观。不少家户将"福"的偏旁"示"变形为狗头的形状，这叫作"狗头福"，"狗"谐音"勾"，寓意将"福"勾到家中。也有的把"示"变形为鹿形，另一部分变形为鹤形，如此一来，整个"福"字便取"福禄寿"之意。还有的家户将雕刻有"福"字影壁的四角刻上蝙蝠和祥云，以此构成"五福临门"。[①] 与此类似的还有村民年节时在大门上张贴的门神画、对联以及"福"贴等，这些方式方法无一不是生动地表达了人们趋吉求福的普遍心态。学者认为，人们通过运用谐音、寓意、附会等多种艺术加工手段从而在吉祥物与其所表达的吉祥内容之间建立了象征与被象征的联系，而此时的吉祥物所表征的吉祥意涵往往是人在一定社会环境下的观念意识之体现（居阅时、瞿明安，2011：632）。此外，为了在本命年求吉利保平安，在晓村，本命年人们的忌讳往往比平时更多。常见的是人们往往要穿大红色的内衣裤，大红色的袜子，有的还要扎一条大红色的红布条作为腰带。更讲究村民要去庙里专门求"太岁符"以保平安。当然，正如有村民说的那样，"没病没灾的时候啥也不用信，有难事了啥法子都能试试"，功利心态和实用心态在这里表现得淋漓尽致。还有观点认为，道教将老子宇宙创生的观念作为"符"所立足的基础，认为"符"中所

[①] 政协博山区委员会编：《博山民俗》，（内部资料）2013年，第11—12页。

蕴含的奇特笔势，体现了老子"道"的精神，故而可以祈福得吉（郑小江，2008:7）。事实上，这无疑是借助外物给予自身心理上、精神上安慰和鼓舞，从而获得一种心理上的踏实感和安全感。

在晓村，村民还有应对孩子不小心跌倒的"咒语"。当孩子跌倒在地，有经验的村民不是赶忙上前扶起，而是一边搀扶一边念叨："揪揪毛，吓不着，吓着别人吓不着我们家××"，这段"咒语"在晓村非常常见，尤其是老一代村民在照顾孙子孙女时常常用到。有时念完这段"咒语"还要佯装往地上吐两口唾沫，或者再用脚使劲跺跺土地，以用来表示为这个摔倒了受到惊吓的孩子"报仇"或者出气。言语辟邪在日常生活中较为常见，除了这段"咒语"外，还有小孩夜间哭闹时，有的村民会将一张写了"咒语"的纸片贴在家门外的电线杆或是墙上，希望能够使孩子停止哭闹，尽快入睡。其内容大致是：天晃晃地晃晃，我家有个夜哭郎，过路君子念三遍，一觉睡到出太阳。孟子倡导"以善养人"，这种通过言语疏解不快和矛盾的现象亦常常体现在日常生活中习焉不察的小事当中，例如，大年三十晚上打破一只碗，道一声"岁岁（碎碎）平安"；丢了钱包，道一声"破财免灾"；大病初愈或遭遇飞来横祸，道一声"大难不死，必有后福"；计划总有变故，道一声"好事多磨"等等，这一类的话语本身就能从心理上帮助矛盾方放平心态，舒缓压力。此外，在乡间，我们也能看到村民的家里常常供奉着观世音菩萨的塑像，每月初一十五，信奉神灵的村民便会准备几个小菜或是几盘水果点心之类的贡品拜祭菩萨，并在神像前或是倾诉近日家庭中的苦恼，或是许下还未实现的愿望，这都是村民与神灵沟通的手段，用以缓解和宣泄内心或生活中的压力和矛盾，并成为他们心灵的寄托，某种程度上充当着他们日常生活中的避风港，维持着既有家庭秩序、村庄秩序乃至社会秩序的稳定。事实上，不论是避免孩子跌倒受惊吓还是保护孩子入睡，抑或是影壁上醒目的"福"字，村民于无意识中传承了言语通灵的古老思维。古人认为，言语自有一种神秘的魔力，可以在冥冥之中左右事物的发展。同时也可以看出，人们之所以希望吉祥话能够多多益善，原因亦在于此。

民间俗信可以在尊重人们普遍的趋吉求福的心理基础上，采用更加容易为人所接受的方式方法，灵活巧妙地消解矛盾。当然，民间俗信的正确利用和引导需要人们在对本土文化充分了解熟悉的基础上科学取舍、为我所用。

第三节 日常生活矛盾化解的伦理基础

村民化解日常生活矛盾的内在伦理基础是一种潜藏于村民身上的惯习，联结了历史、现在与未来，它使传统能够一如既往地继续存在，从而保证了传统的稳定性，同时又使这种惯习具有了强劲的生命力，并通过村民的日常生活实践源源不断地被再生产出来。

礼之用，和为贵。早在两千五百多年前，荀子就已提出"人生不能无群"，既有群，则纷争难以避免："人生而有欲，欲而不得，则不能无求；求而无度量分界，则不能不争；争则乱，乱则穷。先王恶其乱也，故制礼义以分之，以养人之欲，给人之求，使欲必不穷乎物，物必不屈于欲，两者相持而长，是礼之所起也"（《荀子·礼论》）。也就是说，不论身处哪一类群体中，礼、让是都化解矛盾纠纷的不二法门。随着时代的变迁，人们的思想观念、思维方式和价值取向已经发生了不同程度的改变，然而，传统社会或礼治社会所留存的传统，因其依然在人们的现实生活中发挥着应有的功能而被反复践行。正如埃里克·霍布斯鲍姆（2004:2）所言，"'被发明的传统'意味着一整套通常由已被公开或私下接受的规则所控制的实践活动，具有一种仪式或象征特性，试图通过重复来灌输一定的价值和行为规范，而且必然暗含与过去的连续性。事实上，只要有可能，它们通常就试图与某一适当的具有重大历史意义的过去建立连续性"。

一 积善之家，必有余庆

儒家认为，"孝弟也者，其为人之本也"（《论语·学而》）。作为"为人之本",对孝的传承和坚守是无数世家大族世代繁衍生息、家道昌盛的秘诀所在,"敬老孝亲""孝义治家"遂成为这些典范之家的持家智慧。

孝是人之所以立足于社会的准则,是长辈对晚辈维系与发展自我本质承续的价值关系。应当说,孝是中华民族整体生存方式和深层文化心理的重要组成部分,是一切敬善情感的源发点。家庭之善,最突出的体现即是孝,由孝出发,才能生发出诸如和、顺、礼等道德要素。孝与和是以礼治规则使家庭和睦,费孝通(2005:52)认为,"所谓礼治就是对传统规则的服膺。生活各方面,人和人的关系,都有着一定的规则。行为者将这些规则化成了内在的习惯。维持礼俗的力量不在身外的权力,而是在身内的良心。所以这种秩序注重修身,注重克己。"在现代社会,人们的家庭幸福依旧延续了这项传统礼治规则,孝与和相辅相成,家庭的幸福和睦几乎都是围绕这两个方面生发出来。

在晓村一带,《孝经歌》从生活细节出发,体现了子女对父母的关爱和体贴:开了的花儿要结果,大了的姑娘要出阁。老娘还在那梦中笑,自个儿早已烧上了锅。柴禾轻轻折,香菜轻轻切。米儿轻轻淘,鸡蛋轻轻磕。烟呛轻轻咳,炒菜轻颠勺。不让狗汪汪,不叫鸡咯咯。老娘养俺不容易,俺要让老娘大歇歇。[①]孝为万德之先,百善之本。晓村一带自古孝风盛行,这里不仅有孝经歌,更有妇孺皆知的孝道榜样:颜文姜。在晓村一带,不仅每年的庙会期间有不少村民去往文姜祠祭拜,在平日里也常常有村民跪拜在颜奶奶像前倾诉生活里的不幸。颜奶奶俨然是一位慈眉善目的邻家奶奶,亲切温和。但在这一带,曾经流传着一个有关颜奶奶"生气"的故事。故事的大体情节是,在很多很多年前,颜奶奶庙附近的村民经常在外出时将家里无人照料的孩子放在庙里,拜托颜奶奶帮忙看护孩子。刚开始时,据说颜奶奶真的会显灵,村民回庙里抱孩子时,孩子多数都是毫发无损地坐在像前的空地上玩耍。但后来,当村民再回来抱孩子时,

---

① 政协博山区委员会编:《博山民俗》,(内部资料)2013年,第229页。

孩子有时候磕破腿，有时候满身脏，样子非常狼狈。村民说，这是颜奶奶"生气"了，不给大家好好看孩子了。原来，孩子玩耍过后经常弄得颜奶奶的庙堂屎尿满地，人们只知把孩子抱到颜奶奶跟前，却不知帮颜奶奶打扫寺庙。按照村民的说法，颜奶奶"生气"了。于是，带着对颜奶奶的敬畏之心，人们后来每次请求颜奶奶看护孩子时，走时必会将庙堂悉心打扫一番，再诚心诚意地向颜奶奶表示感激，据说自此之后，颜奶奶又"好好"帮大家看孩子了。

孝妇颜文姜的传说故事于无形之中感染、影响着人们的孝念孝行。身处这样的孝文化环境中，人们的孝念孝行于无形当中得以滋养。在晓村，孝老敬老不光被写入村规民约，同时这也是化解代际冲突或矛盾的第一原则。正如在"儿不管爹"一例中，子女对老人应尽的孝道是调解人不言自明的首要标准，在此前提下，才有进一步的明辨是非。而兄弟之间在分家析产、赡养老人方面的矛盾以及化解，也要以老人的切身利益为核心，就如在"不仁不义的妯娌"一例中，村民为了尽孝，坚决承担起为老人送饭的大部分义务。在晓村，这样孝敬父母长辈的子女会受到村民的称赞，并为村民们津津乐道。当然，并不是说晓村的村民各个都能敬老尽孝，只是说，在晓村，对老人应有的尊重和关爱是多数村民最基本的行为准则，即便并没有强大的家族组织力量，晓村也鲜有老人自杀或遭受虐待等极端事件的发生。对少数不敬老爱老的人，甚至与父母产生激烈冲突的人，村民一提起这样的人，他们的看法常常是："伤天理啊""这还了得"一类的表述。就如在"面儿上的同胞"一例中，村民对二哥的不孝充满忿恨：伤天理啊他们，他们要是过得好真是老天不开眼啊……将这种不孝上升至"天理"，认为二哥若是没有得到应有的报应和惩罚，则是"老天不开眼"，能够反映出村民对孝道伦理的遵循与敬畏之情。

中华文化从《诗经》，到各地孝子传说，再到小说的孝子典型，以及戏曲、音乐、歌谣等宣传的"孝道"，传递了孝观念，树起无数孝子符号。"读尽天下书，无非一个孝字。"孝文化是闪耀着人伦之光的中华文化瑰宝。以孝义治家的浙江浦江县郑氏家族被明朝开国皇帝朱元璋所赐为"江南第一家"而名冠天下。浦江郑氏家族经宋、元、明，立下"子孙出仕，有以脏墨闻者，生则削谱除族籍，死则牌位不许入祠堂"的家规。"一门尚义，九世同居"，时称"郑义门"，现发展成为集镇，九座牌坊矗立在古镇入口。九座牌坊，展示着郑氏九世同居的深远文化内涵与历史信息。牌坊群的第一坊，朱元璋所赐的"江南第一家"。第二座牌坊叫"孝义门"，因郑氏家族的孝义家风被历朝所推崇，孝义事迹被乡民传颂和朝廷表彰，而将原仁义里（郑宅原称谓）改成了孝义门。[1]无独有偶，位于黄山余脉和九华山余脉之间的桃花潭是一座历史悠久的皖南古镇，这里不仅有诗仙在此留下的传奇佳作，更有孝义家族的典范。万氏家族祖籍陕西扶风县，在南北朝时为躲避战乱举家南迁，来到桃花潭西岸定居下来，唐贞观年间，万氏五代同居，和睦相处，人称"义族"，旌表万氏为"义门"，至唐文宗时，朝廷派官员巡视江南，听说万氏家族已经发展到三百余人还未分家，三百零二人同食同坐，生活井然有序，家族共居一处，没有矛盾纷争，巡视的官员回奏皇帝，唐文宗深感万氏家族情义难得，亲书"义门"御赐。两代帝王，两次旌表的"义门"，从此成为万氏家族的荣耀。[2]杨国枢（2012:32—60）认为，从文化生态学的观点来看，孝或孝道是一种主要用于促进家庭的和谐与团结，以及促进家庭之延续的文化设计。只有在如此复杂且精致的文化设计之下，家庭才能够更好地生产与生活。亦由此，孝成为其他诸种德善品质之源。作为一种民族之精神和文化心理结构，孝文化已经持久地渗透到人们日常生活中的点点滴滴，潜移默化地滋养人们的心灵，无形中成为人们的行为准则，由此化解家庭生活、社会生活中的各类矛盾，成为一种历久弥新的强固智慧。中华孝文化理应在新的时代背景和发展条件下，在社会主义核心价值观的内在要求下得以重构与创新，如此才能超越时空，

---

[1] 资料来源：http://news.eastday.com/m/20071108/u1a3215616.html，搜索时间：2016年10月。

[2] 资料来源：央视四套大型纪录片《记住乡愁》第三季第四十一集。

突破局限，迸发出持久而旺盛的生命力。

二 德不孤，必有邻

古语云，"救灾恤邻，道也。行道有福"（《左传·僖公十三年》），意思是这种与他人的守望相助就是人间正道，而"行道"则会带来"福"，这与"积善之家，必有余庆；积恶之家，必有余殃"（《周易·坤·文言》）恰恰两相呼应。正是这种亲密的邻里关系，增强了村民的归属感和认同感，使村民在日常生活中自觉不自觉地维持着熟人社会的秩序与规范。

1. 相携互助

中国农民自古聚村而居，费孝通（2005:8—9）曾对此有过专门分析，他指出，产生这种现象的原因主要在于三点：一是耕地、生产的需要；二是水利合作的需要；三是出于安全的需要；四是子代继承遗业的需要。由此，人口得以在一个地方代代积累起来，由此而成为相当大的村落。传统农业社会，小农经济对自然条件的依附性极强，除了家庭成员的团结一致，邻里、村民之间也有着近乎刚性的互助需求。作为一个生产生活的共同体，他们的交往关系是附着在土地上的，同时，由于人口较低的流动性，这种关系得以有效维持并获得了不断再生产，因而是可以世代传承的。应当说，正是由于这种长久性的、实用性的交往关系，村落才更可能成为一个利益相关的生活共同体。李泽厚（2015:26、320—321）认为，实用理性是中国传统思想在自身性格上所具有的一个特性，这种理性极端重视现实实用以及如何在日常生活中妥善地处理它，小农经济的耕作经验使这种实用理性具备了顽强的生命力。

在晓村，不论姓甚名谁，村民之间均以族谱辈分或姻亲关系为依据，各自以亲属称谓相称。长辈多以"大爷、叔、舅、大娘、姨、婶子、姑"等相称，同辈则多以"哥、嫂、姐"相称。这种泛亲缘化的称呼恰能反映出人们对长幼有序的重视。与阎云翔（2000：40）所调查的下岬村一样，村民把村子看作是一个姻亲的共同体，也就是杨国枢所认为的"泛家族主义"①。不仅如此，村民相互聊天或交流时还喜欢用"咱"这个字眼来表示亲近，在这里，血缘与地缘的亲密结合维持了村落生活中长幼之序的礼节和相扶相助的生活愿望。在九十年代以前，村民盖房除了有自家人帮忙，邻里乡亲也会主动搭手帮忙，主家无需支付酬劳，只需日后在邻里盖房需要时换工相抵。九十年代以后，随着经济的发展，村民盖房的任务主要承包给了包工队，但许多小工类、零活类依然由热心的邻居帮忙。等到房子建成，主家常常会宴请邻里乡亲，表示感谢，有时候邻居不仅出人出力，还会在这时候为主家随礼，一则表示庆贺，二则表达帮助主家缓解困难的心意。

近三十年来，晓村虽然已经几乎没有耕地，但在日常生活上，邻里之间依然有机联系着，邻里之间相携互助的传统观念，依然不同程度地在人们的生活中发挥着作用。晓村的地理区位使村民的生活方式和思维方式不断遭遇现代化，也正因为此，村民的村庄生活从一定程度上说与邻近的城区生活相差无几。许多村民在城区打工营生，他们在城区挣到的经济资本依然带回了晓村，他们对晓村的生活也依然充满长期而稳定的生活预期，晓村也依然是他们生长生活的故土，除去少部分因考学、婚姻、就业等原因迁往别地的年轻一代，多数的村民未离土，也未离乡。这使得传统礼治社会的观念、意识形态在城市化、现代化的冲击下仍然不同程度地保留着。

老话说得好，远亲不如近邻，近邻不如对门。北方村落建筑多聚居而建，房屋一排排一户户紧密相连，邻里之间常常只有一墙之隔，地缘上的亲近使村民在生产生活上离不开相互之间的互帮互助。在晓村，村民半夜突发疾病时，邻里可以以最快的速度赶来帮忙，危急时刻甚至能够挽救其生命。可以说，虽然没有农业生产上的互助相携，但这份"拆

---

① 杨国枢认为，这种将家人关系与家族伦理的形式与内涵推行到非家族性团体或集体的过程，可以称之为家庭化历程。经由家庭化历程，将家庭以外的团体或集团视为类似家庭的心态与观念，可以称为泛家族主义。参看杨国枢《中国人孝道概念的分析》，载《中国人的心理》，中国人民大学出版社2012年版。

第四章　村民日常生活矛盾化解的智慧

了这道墙就是一家人"的邻里情谊却早已渗透在生活中的大事小事上。邻里情谊在平日的日常生活中也尽显无遗。在晓村，村民乔迁新家时要宴请亲朋好友和邻里乡亲，同时要准备一种专门用于搬迁和孩子百岁时用到的年（粘）糕。这是一种用黄米、红糖和小枣制成的米粥，需用文火熬炖三四个钟头才能食用。这种食品在搬迁或是孩子百岁时很受欢迎，几乎每个来访的客人必须要人手一碗。为了方便人们早餐食用，熬制这锅粥要很早准备。这时候，熬制之前的准备工作就会有左右邻居热心帮忙。邻居们知道，主家这一天要招呼许多亲戚朋友，也有许多大事小事要做好准备，因此便会主动承担他们所力所能及的事情，以帮助主人办好要紧的公事。而且也并不需要主家主动邀请邻居的帮忙，在这一天，邻居多会早早地过来搭手帮忙。村民的婚事也同样离不开邻居的帮忙，在晓村，新婚夫妻婚后的第二天，男方家会在家门口支起一口大锅，三三两两的邻居一大早便会热火朝天地聚在一起擀饺子皮，剁饺子馅儿，娴熟麻利地包饺子。按照当地习俗，这是年轻人结婚的重要习俗之一，这饺子就代表着新婚夫妇团团圆圆的幸福生活，他们把这喜庆的饺子包给亲朋好友，包给街坊四邻，就象征着把福气散播给大家。即便是邻里之间在日常生活中产生了一点摩擦，也会在这样一些特殊的情境中得以化解。比如，"扮玩"是一项村落公共事务，是这一带的人们每逢正月十五须要举行的一种大型民间表演艺术形式，其形式主要有三类，一是民间舞蹈，这是扮玩艺术的主要部分，二是民间杂技，三是武术。[①] 在这一天，街道上的扮玩队伍声势浩大，气氛热烈，参与表演的人装扮美轮美奂，多者可达上千人。许多这一带的所有乡镇、村落社区都会派出专门的锣鼓秧歌队参与到这场节日的盛宴中来。晓村同样也有许多热心参与的村民每年在这个时候摩拳擦掌，准备让整个地区一睹晓村锣鼓队的风采。从积极地准备亮相到正月十五这一晚的闪亮登场，为了村集体的荣誉，村民各个认真负责，积极协调，相互帮忙，平日里"小我"之间的摩擦和恩

---

① 政协博山区委员会编：《博山民俗》，（内部资料）2013年，第143页。

怨早已经在展示"大我"的这场精彩绝伦的狂欢中淡去。或者说，强烈的共同体情感和村民之间的相互联结成为节日情境下的主体。正是在这样的节日契机下，本地特色的民俗活动不仅统一了社会成员的行为方式，更重要的是维系着群体共同的文化心理（钟敬文，1998:30）。应当说，大到紧急救命，小到借醋借菜，邻里之间可以信任和亲密到一家锁门离家时把钥匙放在邻居家的程度。正是这种亲密且长久的地缘关系，以及极具地方特色的民风民俗，维系了村民的集体记忆，使村民于无形中化解了日常生活中的许多潜在矛盾。

凡事当留余地，得意不宜再往。即便没有小农生产上的互助合作，同住一个村庄中，日常生活中村民之间实际上总有需要别人插手帮忙的时候。在熟人社会中，长久的生活预期使邻里之间的相携互助、相敬互让成为一种生活智慧，这种智慧通常是一种"历史（经验）加情感（人际）的理性"（李泽厚，2015:322）。另一方面，与邻里相携互助所表达的意义并不仅仅停留在以居住空间为划分依据的交往关系，这也不仅仅是"睦乃四邻"，而是将亲善仁爱之心推己及人的表现。以己之心，度人之心，常怀恻隐之心，与邻里相处时做到己所不欲，勿施于人，己欲立而立人，己欲达而达人，如此方能实现孟子"乡田同井，出入相友，守望相助，疾病相扶持，则百姓亲睦"（《孟子·滕文公上》）的仁和世界，也才能够实现墨子"有力者疾以助人，有财者勉以分人，有道者劝以教人"（《墨子·尚贤下》）的济世情怀。

2. 礼尚往来

"礼尚往来"不仅是一种物资交换的方式，同时也是一种劳务交换的方式。比如，在晓村，不论婚丧嫁娶，总有邻居主动过来帮忙，在九十年代以前，盖房子也需要乡亲的帮忙。那时候的相互帮忙往往是不计酬劳的，只需要在另一家需要帮忙时同样伸出援手即可，相当于是一种换工。莫斯（2016:16—19）在有关礼物交换的研究中发现，在一些原始民族的观念当中，人们往往存在一种"礼物之灵"的意识，也就是说，人与人之间相互馈赠的礼物带有"礼物之灵"的精神，这种"灵"使每一种礼物都希望能够通过回报的方式返回原地，否则就将产生严重的后果。应该说，这使人与人之间的礼物交换一定程度上带有了某种强制性，但同时又在人们之间形成了紧密的社会联结功能。阎云翔（2000:14）认为，"与许多别的社会不同，中国的社会关系结构在很大程度上是由流动的、个体中心的社会网络而非凝固的社会制度支撑的，因而礼物馈赠和其他互惠交换在社会生活中扮演着重要的角色，特别是在维持、再生产及改造人际关系方面。"在晓村，阎云翔（2000:61）的"非仪式性情境中的表达性礼物馈赠"是村民之间传递亲善情感的重要方面。民以食为天，村民之间最常见的日常礼物交换就是食品的相互馈赠了。他们送出的很少是贵重高端的食品，他们的礼物很简单，也很朴实，而小小的礼物里却融汇了浓浓的乡情。

　　老话说，冬吃萝卜夏吃姜，百菜不如白菜。天气越来越冷，萝卜白菜成为村民们饭桌上的常客。一碗白菜豆腐炖粉条，想吃肉的再加几个肉丸子，或是加些半肥半瘦的五花肉，热气腾腾端上来，闻着喷香。爱喝上两口的再炸上一盘花生米，撒上一小把晶莹的盐粒，倒上一盅十几块钱一斤的白酒，有酒有菜有饭，这样的小日子，村民们笑谈，"主席的日子也没我好，我还没有那些国家大事要操心哩"。也有不少村民买上十几斤或是几十斤的大青萝卜，一部分用来做萝卜条炒豆腐，一部分包顿饺子吃，剩下的多数就用来晒成萝卜干咸菜。趁着为数不多的暖和天气，把萝卜切成小长条，晾晒在屋顶上，风吹日晒个三五天，待萝卜的水分蒸发，再把萝卜条收起来洗干净盛在干净的小坛子里，放入花椒面，辣椒面，少许盐、味精，喜欢稍甜一点的就再拌一点白糖进去，再倒点麻油香油进去搅拌均匀，弄好之后往坛子上盖一层保鲜膜，放在阴凉地方搁个两三天，让萝卜条入入味，就可以吃了。这萝卜干，做了饭菜的时候村民们它当腌菜吃，犯懒没做饭或是一个人在家凑合吃一顿的时候，萝卜干腌菜升了级，成了正儿八经的下饭菜。萝卜干好吃，但一人吃、一家吃毕竟不香，因此，哪家哪户晒好了萝卜干，一定会分给左邻右舍的邻居们一起享用。"礼尚往来。往而不来，非礼也；来而不往，亦非礼也"(《礼记·曲礼上》)。正如费孝通（2005:68）所说，"亲密的共同生活中各人互相依赖的地方是多方面和长期的，因之在授受之间无法一笔一笔地清算往回，亲密社群的团结性就依赖于各分子之间都相互地拖欠着未了的人情。"吃了邻居家的萝卜干，另一家则在家里新做了食物的时候也给邻居送去尝鲜，送的食物也很普通，比如自家烙的馅饼，做的水煎包等。虽然村民相互之间赠送的礼物都是如这般不起眼的食物或是其他生活用品，但正是这份融进了日常生活的情谊使得邻里之间相帮互助，邻里之间由此不断维持和再生产出地缘结成的亲密关系。

另一方面，在红白喜事、各类仪式及庆典中的礼尚往来同样是村民日常生活人情交往的重要方面。

> 大家伙的意思是给他照应他的事也就是看在他爷爷的份上，他爸和他妈离婚那么些年了，他爸整天找不到人在外头瞎胡混，要不是他爷爷，他一个小屁孩凭啥让别人给他照应啊，他又一分钱不给别人照应。（"忒没词儿"）

在晓村，村民随礼被称为"照应公事"，给别人照应公事的意义一则是一种相互间的情感慰藉，感情色彩较浓。除了常见的婚丧嫁娶类红白喜事，日常性的比如亲戚间探望病人，或是资助亲属的孩子上大学，或是其他帮助其度过生活中的困难等，这时候的礼物价值，或说随礼多少是次要的，而礼物包含的情感意义才是重点。二则是工具性的随礼或赠送礼物，对于晓村大部分村民来说，工具性的人情往来在日常生活中占据不小的比例，比如仅仅是因为同在晓村居住，或是偶然其他原因参与到彼此的人情交往圈中。当然，在真正的日常生活实践中，照应的每一件公事中，也就是随的每一份礼中往往总会兼具表达性和工具性意涵在其中，只是倾向性有所不同罢了（阎云翔，2000:44）。在这里，村民因小伟爷爷早年积攒下的人情，给小伟随了礼，并认为小伟理所当然应该在他人需要的时候回馈这份礼，也就是说，村民与小伟之间几乎不牵涉礼物的表达性情感，只怀有给予与偿还的心态。这就如"去吧，硬着头皮去吧，难免以后有点啥事用着人家。再说了，他们都去，咱不去显得咱和他们不一伙，也不好，再得罪人家了也不好"（怵头的公事）相似，在这样的随礼动机中，礼物中工具理性的价值显然占到更大的成分。

人家厉害，人家成天当啥事没有一样，装傻卖呆装不知道，装不懂，还一口一个姑啊姐啊哥啊喊着，见了就笑，见了就笑，我就琢磨这人的脸皮真有这么厚的啊，没治了，都烦他这一手，讨人厌（忒没词儿）。

很明显，小伟接纳了别人的人情馈赠却又拒绝参与到这种礼物循环中使其他村民议论纷纷，在场的其他村民甚至说出了"肉包子打狗有去无回"这样的话语。小伟只接受了村民人情馈赠中"物"的部分，却有意无意忽视了作为重点的"礼"的文化意义。接受并主动偿还作为当地重要的地方性知识，是一种具有规范性的民俗常识，在日常生活中，民俗对人的控制是一种深层且强有力的"软控"，人们很难意识到民俗的规范力量（钟敬文，1998:29）。小伟无视当地民情民风的有力规范，也就是打破了乡间社会人际交往之间应有的平衡秩序，而这必然引来了村民对其行为不满，这种不满通过村民之间的闲话得以传播开来，施为一种地方社会中的道德惩罚。

"结果他叔来喝酒了也没照应，我说这不是亲叔吧也叫他个叔了，来喝酒了还没照应，这办得啥事"（不着调的表叔）。

在晓村，村民之间相互关系的联结在很大程度上正是依靠礼尚往来，或者说，恰恰是礼物的交换使村民在某种程度上产生了较强的共同体感、"局内人"之感，这事实上是一种人与人之间边界的划分和确认。正是通过不断的礼尚往来，人与人的交往关系得以维持并不断再生产。借着他人仪式庆典这样的特殊契机，一方看似"随口一提"，实际上是在给对方一个弥补人情的机会，其本质是对双方既有关系的再确认。

> 有时候是照应公事，就是人家有事了那咱去给人照应公事，这都是以前欠下的，你不能装不懂吧，你去给人照应公事了那肯定也就说开话了又，伸手不打笑脸人啊是吧（腽应木头）。

"伸手不打笑脸人"不仅仅是村庄生活的逻辑之一，在更大更广的范围内同样具有普适性。通过"笑脸"给别人照应公事，这在主动向人示好的同时，也使对方自然做出符合村庄地方社会舆论和道德价值判断的选择。因为在村庄生活规则中，不善于接受别人的示好或是当有"台阶"可下时拒绝言和的行为往往容易被人视作不好相处，或是不合群，而这样的形象在村庄舆论中通常是负面和消极的。也就是说，在这样的情境中，双方各自的情、理须得以平衡，这种平衡感主要来自于满足了双方主观的预期和感受。当情理合一以后，明智的选择是使已有的矛盾或摩擦在村庄公共视野中淡化。如此看来，"乡村社会中私人网络的培养既是一种权力游戏，又是一种生活方式，关系不仅涉及工具性和理性计算，也涉及社会性、道德、意向和个人感情"（阎云翔，2000:85）。

此外，在不同村民的口述中，他们常常提到的另一种话语表达是"怕教人笑话"，如此在意别人对自己的评价，也就是说，村民通过外界的评判来获得一种内在价值的自我认可（翟学伟，2013:157—158）。陈柏峰等通过对李圩村的田野调查认为，村庄舆论的关键不在于是否有无的问题，而在于是否能够发挥应有的作用，而舆论的力量则与村庄传统生活世界、村民的价值取向密切相关（陈柏峰、郭俊霞，2009:158）。"怕教人笑话"既是一种对"面子"的维护和追求，也是一种村庄生活的生存之道。换句话说，村庄舆论在村民的日常生活中具有规范和约束功能。由此看来，在熟人社会中，儒家思想对村民的日常生活具有强有力的渗透和嵌入作用，正如翟学伟（2014）所说，长时效性意味着生活于其间的人需要找到让关系长久下去的方法，长久性是这一文化模式的需要，而从阳性角度看，"礼"是维持长效有序交往的最合适规范。

三 礼之用，和为贵

正如《菜根谭》所言，"天地不可一日无和气，人心不可一日无喜神"。家和万事兴，这是每一个中国人最真诚的生活愿望。对于晓村村民来说，家庭和睦、生活幸福亦是他们不变的追求。

一家人平平安安和和气气比啥也强""你让一步，我让一步，才能好好过日子（"驴脾气闺女"）。

对他们来说，生活的意义几乎尽在家庭中体现，只有家庭幸福，日子才能过得好，而衡量家庭是否幸福的主要标准，就在于家庭成员之间的和气。与此相应，在晓村，"贼打火烧"是村民形容家户日子过得极不和谐的语汇，其意义相当于是"鸡飞狗跳"，说到这样的家户，村民常常摇摇头，有时候嘴角向下一撇，这表情充满了对此类家户的不屑。在他们眼里，这样的家户并不是他们眼中"踏踏实实"过日子应该有的状态，有时甚或成为他们茶余饭后谈及的反面教材。

一家人过日子，还能动不动就不过了？（"谈不拢的婆婆"）

平凡的生活日复一日，年复一年，不管现实生活是甜是苦，"过下去"是村民心中不言自明的准则，是他们的底线。在绝大多数人看来，再大的坎儿咬咬牙也能坚持过去，更何况，家庭的温情对每一个人来说是那般宝贵，即使在家庭生活中受了委屈，在不超过他们可承受的范围之内，大多数村民依旧会选择大事化小小事化了，或者说多一事不如少一事。这看似有情感上的无奈，但不可否认的，他们的选择中充满了对生活乃至对生命的坚韧不拔。

> 大过年的，家和万事兴啊（"儿媳妇是外人"）

有时候，矛盾的解决正是依托种种不同的生活情境，这些特殊的情境为人们化解矛盾提供了一个难得的契机。身临这样的情境中，重归于好或是有意忽视和忘记矛盾是一种智慧，因为生活毕竟要往前看，一味执拗于过往的心结不仅造成他人的不适，更重要的是使自己始终无法释然，从而亦束缚了自己的心境。因此，一个特定的场域，一个特殊的场景，实在是给人提供了一个"一笑泯恩仇"的自然而然的台阶。

> 只能说是两头劝着，劝和不劝分啊肯定是（"不着家的老公"）。

费孝通（2007:53）认为，在乡村里所谓调解，其实是一种教育过程。在熟人社会中，长辈的调解、说合同样以"和"为原则，这并不能简单地看作"各打五十大板"，其原因在于，不论是家庭生活抑或村落社会交往，人与人之间的互敬互让、包容理解是与整个村庄生活相契合的。不管是作为当事人的互相妥协忍让，还是调解方的苦心劝和，都不仅仅是村庄生活的默会性选择，同时也是地方社会生活连带感的体现。从"宁拆一座庙，不毁一桩婚"、"忍得一时之气，免得百日之忧"，"小不忍则乱大谋"，"忍一忍风平浪静，退一步海阔天空"等这些人们张口即来的民谚中可见人们对和谐生活的认同与遵循。

> 都在一个家里头，肯定凡事有商有量和和气气的好（"关起门来算账"）

孔子说，"君子和而不同，小人同而不和"（《论语·子路》）。在日常生活中，小到家庭生活中，大到村落社会、国家社会乃至国际社会，"求同存异"是"和"的重要表现之一，这是一种包容的智慧，协商的智慧，以及有效沟通的智慧。举例来说,在被称为"朝秦暮楚"之地的陕西漫川关,针对恶性竞争的市场秩序,买卖双方相互交流协商,以解决有关桐油市场上的无序竞争矛盾。当地流传着"天大的事坐下来,板凳搭拢我们都能商量好"的相商规则。[①]而这种相商规则的智慧,说到底还是一个"和"字。事实上,这更是一种人们对待生活的态度,是对人对己的尊重。正是这种开放、包容的心态,无形当中化解了日常生活中的种种矛盾和尴尬。

人家是老大是老二,我老三,我最小,再说我还住北屋,那人家说咋办就咋办了("各顾各的兄弟")

本是同根生的兄弟之间随着年龄的增长,"及其壮也",往往"各妻其妻,各子其子"(檀作文,2015:17)。在回报父母与养儿育女的天平上,后者往往压倒前者,而在同胞兄弟与亲生儿女的天平上,大多人的选择亦然。中国文化往往讲情理,重差序,分内外,依此文化土壤来看,及至壮年的兄弟之间,各自成家立业之后,小家庭成为更小的"私",由此而产生了相同血缘关系上的厚此薄彼,也因此,家庭之"和"的主要矛盾应当在此。

老话说家和万事兴啊,不能说没有他爹他娘了这个家就不和了,就散了("不认账的哥哥")

《颜氏家训》有言,"二亲既殁,兄弟相顾,当如形之于影,声之于响;爱先人之遗体,惜己身之风分气,非兄弟何念哉?兄弟之际,异于他人,望深则易怨,地亲则易弥"(檀作文,2015:18)。子代的世代繁衍与生生不息使家族生命得以永存于世,个人生命的意义也在此生命序列中得以升华。在一代代的生命继替中,维持血缘亲情的不是父母长辈之"形",

---

① 资料来源:央视四套大型纪录片《记住乡愁》第三季第四集。

而应当是血浓于水之"神"。因之，曾国藩禀父母时尤其提到，"兄弟和，虽穷氓小户必兴；兄弟不和，虽世家宦族必败。男深知此理，故禀堂上各位大人俯从男等兄弟之请，男之意，实以和睦兄弟为第一"（张智，2012：84）。

老话说，家和人和万事和，将家庭之"和"推而广之，才能达到"万事之和"。在"不着调的表叔"中，借着他人的喜事，村民以玩笑的口吻表达了内心对人情失衡的"不和"，这就是一种以玩笑之"和"表达内心不满的方式方法，从而巧妙地令对方了解自己的心理状态，以重新达到"人和"。在"抢人买卖"中，原本沾亲带故的邻居因为生意上的竞争关系变得面和心不和，而一方赠送另一方的礼物既表示着对重新修复邻里情感的心意，又表达了对邻里和睦的努力，而另一方也秉承着"都住一村里，还天天见的，太那个了也不好"的处事原则，在接受对方礼物的同时亦选择了谅解，这一方面使邻里之间的人际关系更加和睦，另一方面也使自身重新恢复了"自己过好自己日子，没病没灾"的平和心态。而在"膈应木头"中，村民因木头而结怨，又因村庄分粮而解怨，一方笑脸搭讪，另一方"伸手不打笑脸人"，并且"你敬我一尺我敬你一丈"，这同样是村庄生活"和"的体现。在"风光的后事"中，富裕村民与村庄红白喜事人员因后事举办的标准问题产生分歧，遂引起相互不满，而在拜年的喜庆气氛中，两代人之间的不愉快也得以和气化解。应该说，不论在家庭生活，邻里交往，还是村庄生活中，"和为贵"是村民不言自明的生活常识和生活智慧，这既是和谐生活的需要，也是和合精神的自然流露。

"和"的精神是中国传统文化之精要所在，伴随着社会的不断变迁和城市化的迅猛发展，"和"的精神、和合理念不仅是维持家庭秩序和地方社会安定团结的要旨所在，同时更是在生态文明建设、公民道德文明建设以及发展先进文化和维护社会秩序等方面依旧发挥着不可替代的重要功能。作为一种优秀的文化传统，正如美国学者希尔斯（2009：51、217）所言，"它们的形成是基于每个人的原初遗传天赋以及一种传统沉淀的过程，即在某个盛行着特定的信仰和习俗的既定环境中，一代代人所经历和继承的传统的沉淀"，而其之所以随着时代的发展而历久弥新，一定程度上正是因为"某种东西是有效的，所以才是合理的，它是一种达到某种目的的明显有效的手段。但是它并不是由使用它的人所设想出来的，他们发现它的时候它已经存在了，他们之所以继续使用它是因为它'满足了他们的需要'"。李泽厚（2015:335）曾说，"实际上，中国现代化的进程既要求改变根本经济政治文化的传统面貌，又仍然需要保存传统中有生命力的合理东西。没有后者，前者不可能成功；没有前者，后者即成为枷锁"。应当说，"和"的精神早已成为一种民族文化的基因，深深烙印在华夏儿女心里。

第四节 日常生活矛盾化解的行为逻辑分析

从日常生活的微观视域出发，村民在化解家庭生活、邻里生活和村庄生活中种种矛盾的行动选择和处事态度中，可以发现村民自有其普遍性的对待日常生活的一般性思维规律，也就是一套应对现实生活问题的行为逻辑。他们的行为在大多数时候都可被看作是一种理性化的选择，而他们看似并不"理性"的行为亦同样可以被理解和解释。由此，了解这套逻辑有利于勾勒出村民在日常生活中的所思、所想、所盼，从而深切感知和理解弥散于村民行为中的生活智慧。

一 大事化小，小事化了

实际上，村民化解日常生活矛盾的逻辑从许多常见的俚语中便可见一斑。"多一事不如少一事"、"大事化小小事化了"这些常常挂在村民嘴边上的话体现的正是村民对待"事"的基本态度和反应。而这里的"事"，一般而言指的就是日常生活中时时面临的矛盾、问题和困境。将"多事"化为"少事"，将"大事"化为"小事"，由"多"到"少"，由"大"到"小"，正是辩证对立的矛盾化解思路。这种化解思路的背后隐藏了一个共识性的生活愿望，那就是对生活顺利、生活美好的期待。正是因为秉持这样的生活期待，同时又对现实生活的复杂和艰难有着清醒的认识，才会在真正遭遇和面临日常生活中的种种问题时，经常采取将问题简单化甚至模糊化的处理策略。这种处事逻辑对人的现实生活大致具有两方面的积极影响：一方面，从系统层面来说，有利于维护村民平稳和谐的生活秩序。多事化为少事，大事化为小事，这是一种善于抓主要矛盾，善于避轻就重的生活智慧。这种智慧对村民生活的意义在于，在这种平凡的生活流中，只有积极发挥人的主观能动性，对纷繁的生活矛盾依其重要性区别对待，才能不陷于日常生活矛盾的泥淖，把好生活中更具有决定意义的重要关口。在田野中，一个深深的体会是村民在对待和处理日常生活矛盾时往往是理性而冷静的，对于无关原则，无伤大雅的矛盾，用他们的话说，"睁只眼闭只眼"也就过去了，而对于某些对现实生活具有重大影响的问题，村民会从多个方面做出理性决策。另一方面，从个体层面而言，这种化解逻辑从一定程度上而言有利于提高村民个体的内在修为。村民的日常生活往往正是由种种烦琐细碎的小事、杂事构成，在许多情况下，将已有的矛盾简单化、模糊化并不一定意味着妥协和退缩，而是代表了一种对待矛盾，甚至可以说是对待生活的态度和选择，当村民对种种生活矛盾能够以一种更豁达、更洒脱的方式看待时，个体内在修为亦在无形当中得以提高。此外，值得注意的是，这种多一事不如少一事、大事化小小事化了的处事逻辑应当警惕事不关己高高挂起、浑水摸鱼蒙混过关以及无原则、无底线的退让。

在现实生活中，村民之间相互的矛盾或问题有时不必通过口头上对另一方直接表达歉意来化解，而是需要一种双方心照不宣的默契。比如在"儿媳妇是外人"这则案例中，在年节的节日情境下，婆媳之间互相僵持对彼此的不满显然是不合时宜的，作为晚辈，儿媳在这样的特殊情境下选择主动淡化与婆婆的矛盾实质上是给予自己也给予婆婆一个言归于好的台阶，而婆婆默契的配合显然是因为婆媳之间存在对好好过日子、好好生活的共识。在"不着家的老公"案例中，听从长辈的劝说，以年

第四章　村民日常生活矛盾化解的智慧

迈的父母、未出嫁的女儿为重，实际上遵循的也是一种多事化为少事，大事化为小事的逻辑。而在"打狗不看主人"中，妻子对丈夫的埋怨没有直接发泄，而是借助打狗这一途径间接宣泄不满，由此就通过一件相较而言的小事化解了夫妻间的不和谐。在"各顾各的兄弟"中，面对兄弟的冷漠，这位村民没有选择将矛盾扩大化或加以深化，而是凭借自身的内在修为和素养，依照家和万事兴和长幼有序的道德伦理，淡化和平息了内心的不满。在"不接眼的妯娌"中，妯娌之间刻意地保持距离，减少接触，实际上正是一种将矛盾化"有"为"无"的智慧，不去激化和加深矛盾遂成为一种维持和谐的努力。

怀揣对和谐有序的生活理想的追求，一般而言，人们对日常生活矛盾所秉持的准则可以说是将矛盾化大为小，化多为少，化有为无。然而，同样是积极的生活理想，在现实中却也有可能使人们对化解矛盾的态度和行为走向另一面，或可说是一种非常态的化解矛盾的行为逻辑。比如，在我的田野过程中，据村民张天生[①]反映，他在马路上骑摩托车时遇到突发状况紧急刹车，车子恰好停在一个用自行车载着孩子的妇女旁，妇女受到惊吓停车，孩子不小心从自行车后座上摔倒在地，并被路牙石磕到鼻子，致使鼻子流血不止。该村民急切询问孩子伤势，出于内疚，村民主动提出送孩子去医院检查。去到医院后，医生却发现孩子流鼻血事小，浑身软塌却暗示着孩子脑部存在重大问题。据村民口述，他急刹车是真，但并未碰到骑自行车的妇女和其孩子，孩子身体如何软塌？待孩子父亲及时赶到医院后，孩子父亲一口咬定孩子本来健康活泼是被该村民碰撞成这样，要求村民赔偿巨额医药费和精神损失费。该村民具有强烈的法律意识，当场要求报警，并要求调出视频监控录像，而孩子父亲却横加阻拦执意私了。最终，孩子母亲说明真相，原来，孩子是个先天脑瘫儿，跟该村民并无关系。出于同情，该村民还是给孩子留下五百元医药费了

---

① 张天生，男，40岁，晓村村民，城区企业打工。访谈时间：2018年1月4日，访谈地点：晓村街道。

结此事。在这则案例中，孩子父亲看似不愿将事情闹大，但事实上，出于从此事中借机谋取经济利益的目的，他所遵循的矛盾化解逻辑却是将"小事"化为"大事"，将"少事"化为"多事"。当然，这并不是发生在村庄内部村民之间的矛盾，但至少能够说明两方面的问题：一是在具体条件、场域限制下，存在"多事"与"少事"，"大事"与"小事"的双向矛盾转化逻辑；二是矛盾的多样性和复杂性决定了矛盾的化解须灵活变通，具体矛盾具体分析。

二 人情留一线，今后好相见

《礼记·中庸》记载，"执其两端，用其中于民"，执两用中这一观念，在指导村民化解日常生活矛盾过程中的主要表现就在于不走极端。人情留一线，今后好相见，即遇事不走极端，不仅是化解矛盾时为人处世的潜在规律，同时也是个体人生的生活态度、人生智慧的体现。在家庭生活当中，一般情况下，紧密的生活空间和割舍不断的亲情联系使村民在化解家庭矛盾时自然而然不会通过极端的方式解决。不过，在吴飞、刘燕舞等学者的研究中，存在家庭成员将极端的自杀方式作为化解矛盾的手段这一现实，但这一情况就整个我国农村社会的现阶段发展现状来说尚不是一个普遍常态，就晓村来说也尤其不是。"自杀"当然是一种极端化解矛盾的手段，但就晓村来说，"极端"的内涵主要不是表现在"自杀"上，而是体现在诸如村民之间断绝一切往来，甚至互相辱骂诋毁等方面。在邻里交往以及村庄社会交往中，村民之间的矛盾是无可避免的，但一般情况下较少出现老死不相往来的极端情况。村民有句话说，"事到理上留三分，话到口边留半句"，做事不走极端势必会使矛盾双方互留退路，也就使事情有了回旋的余地，有了可以协商的空间。从村民个体利益角度来看，互留退路是村民对长远的村庄生活预期的理性选择。除了"低头不见抬头见"这种表达，自身遇到矛盾问题或是劝解别人的困难时，村民常常提到的另一种表达是"谁还用不着谁"。这种表述与"三十年河东三十年河西"，"风水轮流转"，"给别人留退路就是给自己留退路"等民间俚语有异曲同工之处。这种思维逻辑是以动态发展变化的眼光来看待眼前的现状，也是一种换位思考的化解逻辑。换言之，由别人的处境想到自己的处境，由今天的别人想到明天的自己。从理性选择的视角来看，在一个相对稳定的生活空间中，在与他人的相处和交往过程中，淡化矛盾，实质上是在对自身的未来生活做出理性判断的基础上做出的符合个体利益的理性选择。

在"驴脾气闺女"中，岳母没有逞一时之快为女儿辩解和争理，如果这样做，后果可能是激化了女儿与婆婆之间的矛盾，甚至扩大化为两亲家之间的矛盾。相反，通过劝诫女儿以和为贵，以长者为尊，并主动礼让，最终使女儿收获了美满的家庭生活。家庭是村民日常生活的主阵地，家庭生活充满了杂事、琐事，在"谈不拢的婆婆"中，家庭成员通过召开家庭会议以共同协商处理家庭事件的方式能够照顾到各家庭成员的态度和建议，成为一种有益的家庭问题协调方式。而妯娌之间因养老、分家等问题所造成的矛盾有些在短期之内可能得不到妥善的化解，在"不接眼的妯娌"案例中，两妯娌尽量减少接触机会，由此避免增加冲突和矛盾的可能性，此时，矛盾的悬置使矛盾保持了一种平稳状态而没有被激化，这也是不走极端的一种表现。而在"膈应木头"中，借助村庄福利的机会，矛盾一方的主动开口其实是向另一方发出了示好的信号，矛盾另一方此时获得心理上的平衡感和满足感，"伸手不打笑脸人"，双方之间原有的矛盾也就迎刃而解。

本章小结

在这一章，我们主要通过对已有案例从不同角度和不同侧重点进行分析，进而讨论了村民在日常生活矛盾化解中常常利用的手段、资源，以及化解矛盾过程中所蕴含的伦理基础和化解的行为逻辑。在村民的现实生活中，村民化解日常生活矛盾的过程往往是将种种手段、资源加以系统整合利用的过程，这一方面是由矛盾所处的有机联系的外界环境决定的，另一方面，矛盾本身具有的一定的复杂性也在现实层面决定了化解和处理矛盾时的多元途径。在田野调查所得的案例基础上，为了摸清村民究竟是如何对待和化解矛盾的，也为了全文分析的便利，本章侧重于分析矛盾化解中起到主要功能的某一方面力量。值得注意的是，在现实生活中，须知矛盾及其妥善化解从不同角度来说可能有手段、资源和其他力量三个方面不同程度的体现，因此面临真实的日常生活矛盾时，往往需要具体问题具体分析，选择合适的一种或几种手段与资源，妥善化解矛盾问题。

就矛盾化解的不同手段来说，根据不同的矛盾主体，以及矛盾问题的严重性，村民往往采用不同的矛盾化解手段。有些矛盾的化解借助的是村民在日常生活中所积累的丰富的默会知识，也就是根据生活经历内化而来的处事方法、态度等。这一类的矛盾往往无需刻意化解，通过以往的生活惯性，矛盾问题常常可以自然化解。还有部分矛盾需要借助一定的外力才能妥善化解，较为常见的比如通过仪式庆典、评理说和、礼物交往等手段淡化或化解矛盾。此外，还有一部分矛盾需要根据矛盾发生发展的不同阶段予以防范和化解，而相机而行则是根据具体的时间、环境、条件限制灵活采用相应的化解方式妥善化解矛盾。就矛盾化解的资源而言，随着社会的不断进步和发展，村民化解日常生活矛盾所运用的资源亦处于一定的变化过程中，比如在传统社会，家族权威往往是化解村民家庭矛盾的重要资源，在现代社会，晓村的家族资源固然仍发挥着重要作用，但家族权威在日常生活的不同事象中其权威性已有所下降，这种下降的原因与人们生活方式、思想观念等随时代变化而变化这一客观环境因素有紧密关系。乡村精英亦是村民化解家庭矛盾、邻里矛盾、村庄矛盾的重要资源，在今天，晓村的乡村精英出现了诸如经济精英、文化精英等不同身份群体，一定程度上分散了乡村政治精英对村庄社会秩序的主要作用力，使不同层面的乡村精英均有了发挥其功能的契机。就化解矛盾所需的不同作用力而言，村民化解日常生活矛盾的外在作用力主要有现代法律、村规民约、村庄舆论等三种外力资源。现代法律资源是村民化解日常生活矛盾所需的外力资源之一，在晓村，现代法律资源主要被应用于村民与外部世界的矛盾，村民之间相对较少涉及，但随着社会的不断发展和进步，现代法律的重要作用已然深深地印刻在村民的思想观念之中。村规民约对村民行为的功能主要体现为一种潜在的规约和引导，使村民于无形中自觉约束自身行为，同时，村规民约亦是村民化解日常生活矛盾的指导准则之一。此外，村庄社会舆论主要通过村庄共同体对待事物的看法和态度来对自己和他人加以约束，从而于无形当中规范着村庄的日常生活秩序，村庄舆论也作为一种外部作用力对人们的行为施加影响，尤其从村民"怕教人笑话"的表述中体现出来。村民化解日常生活矛盾的几种内在作用力主要是村民个体内在修为、家风家训以及民间俗信的作用。内在修为是一个人化解日常生活矛盾的能力与气质，是一种德性的积累和日常生活经验的沉淀，良好的内在修为在一定程度上可以避免某些日常生活矛盾的发生，亦有助于已发生矛盾的化解。家风家训与个体内在修为一道，作为一种隐性的内力规制了村民的行为选择，潜在引导着村民对矛盾问题的看法、态度以及化解。民间俗信往往是一种先于村民个体而存在的稳定的文化力量，生活于潜在的民间俗信当中，村民深受其影响而并不自知，村民往往通过特殊的言语、行为等表达自身内在的精神寄托，获得心理上的安慰和满足，从而在某种程度上缓解或化解面临矛盾的风险或遭遇矛盾时的困境。

就化解矛盾的伦理基础而言，一方面，在家庭生活中，几乎调适一切家庭矛盾的智慧就在于一个"和"字。这看似是个简单明了的生活常识，须知，在现实的家庭生活中，想要一个家庭达到"和"的最佳状态是何等不易。其原因在于，"和"的关键不仅在于家庭成员个体致"和"，还要家庭作为一个紧密团结的有机整体而从系统层面致"和"。换言之，家庭生活的最佳状态可能暗含着对家庭成员不同程度的"和"的限制。正是因为家庭成员的有"进"有"退"，家庭生活才能维持相对均衡。孝是百善之首，亦是维持家庭和睦的一个关键，晓村一带自古深受孝风孝行的熏陶，使大部分村民自觉不自觉地受到约束，从而潜在化解了许多家庭矛盾。将家庭之"孝"、"和"推广至社会、国家层面，无一不是推动社会文明进步的精神抓手。另一方面，在邻里与村庄生活交往中，村民之间的相携互助可看作是一种实用理性之体现。虽然缺乏土地上的生产互助，却依然在日常生活中彼此总脱不了这般那般的相互帮忙。紧急时刻，"远亲不如近邻"的意义彰显无遗。这种智慧与其说是内化的生活经验，不如说是长久的交往实践所积攒的备用资本，可以悄然将许多矛盾化解于无形。维持邻里和睦关系的一种较为常见的途径就是礼尚往来，通过这一"礼"的智慧，村民之间相互交织成一个潜在的关系网。关系网除了邻里之间还涉及整个村庄社会，并且兼具了工具性与情感性双重色彩，村民正是通过长久稳定的村庄生活预期不断维持着这张网的均衡，从而不断实现稳定关系的再生产。

　　不论是哪一种手段、资源和力量，在化解矛盾的过程中都不同程度地体现了村民的工具理性和价值理性、制度理性和情感理性的相互交织，由此，他们的理性选择变得更加可以被理解。在此影响下，从日常生活的微观视域来看，一般情况下，村民化解日常生活矛盾的逻辑可以归为多事与少事，大事与小事之间的相互转化。此外，在熟人社会的生活场域中，不走极端与互留退路亦是村民化解日常生活矛盾的一项智慧。这既是村民和谐生活理想的理性选择，也是维持稳定的村庄社会秩序的需要。难题亦是村民日常生活中的重要组成部分，难题往往是村民在日常生活中所面临的在目前的人力、物力、财力以及现实的时空条件下尚难以化解的矛盾。

第五章

结论与思考

第一节　结语：日常生活意义的变与不变

　　民俗学是直面民众生活文化的学问，生活中的大事小事、喜事悲事无一不是民俗学的关涉范畴。在学科内涵的背后，更深层次的是"人"作为生活的主体在现实世界中时刻体验和经历着的喜怒哀乐和酸甜苦辣。自从接触民俗学以来，每一次或是有组织有计划的外出田野调查，或是随心的日常所见所闻，我时常能够感受到在人们的日常生活中，在那些常常为民俗学者和人类学者们所深深关注的仪式、节日、习俗等变迁的背后，往往蕴含着人们异常饱满与丰富的感受和体验。这些感受和体验的背后，蕴藏着人们对生活、对生命的认知和把握。或者说，人们做的每一件事，不论大小，几乎都包含着其一以贯之的思维逻辑与行为方式。时代在变迁，社会在发展，许多老一辈的传统，或是观念意识，似乎在逐渐丧失其原有的色彩。然而，在我有心或是无意的田野当中，却依旧能够感受到人们无意识地在行为上和思想上对传统、对过去的沿袭和传承，从这个意义上说，传统给予人以归属感、认同感。的确，时代在变，人的生活方式在变，思维观念在变，但人们对美好生活的那份期待和向往却从未改变，正是这份真切的生活愿望，往往使人能够理解并解释其行为和思想，这一愿望亦恰恰成为人们面临生活选择时的最终指向。

　　对于晓村大部分普通村民而言，在城区打工已然成为他们生活的一部分，这是他们得以维持晓村稳定生活的手段，而他们的家庭、他们所在的村落才是他们的人生真正充满意义的生活场。村民的日常生活往往就是家里家外与门前门后，就是由大大小小、无法预期的矛盾组成，新旧矛盾的不断出现构成了村民生活的常态，化解矛盾的过程往往就是人与家庭、人与村落、人与社会不断博弈、不断调适的过程。因此，本研究以村民的日常生活为分析文本，通过田野调查试图挖掘村民在家庭生活、邻里交往以及村落生活实践中常常面临的那些细小琐碎的日常生活矛盾，当然，即便本研究竭力挖掘那些村民日常生活中具有代表性和典型性的矛盾案例，在有限的时间里这一愿望恐怕也不能完美地实现。但即便如此，本研究依然希望透过村民面对这些生活矛盾的态度和化解方式，能够提取他们内化于心的生活智慧，也希望能够以此一窥这些智慧的背后所隐藏的深层文化密码。

本研究将村民在日常生活中所面临的主要矛盾大致划分为三个维度：家庭生活、邻里交往以及村庄生活。对大部分普通村民而言，家庭生活几乎是多种生活事件最主要、最重要的生发场。在晓村，村民用"过日子"来表示日常生活，尤其是指日常生活中的家庭生活，这句朴素的话语表达的重心在于一个"过"字。日子怎么过，也就是村民各自有着怎样的"活法"，这个"法"就是过日子应当遵循的法则或规律，有了"法"才能"过"，正是这些法则和规律使日子能够一如既往地过下去。可以说，过日子就是遵循生活的法则和艺术，使人们的生活顺利进行。在村民的家庭生活中，代际、婆媳、夫妻、兄弟、姑嫂妯娌等家庭成员之间往往存在着许多潜在的矛盾和问题，矛盾的化解除了要讲"理"，更多的时候需要讲"情"。梁漱溟（2011:91）提出，中国社会是"伦理本位"的社会，"伦理本位者，关系本位也"。也就是说，在中国这样以家为本位的社会制度中，人与人之间的一切关系，都须嵌套在家的关系或是"类家庭"、"泛亲情"的关系中。费孝通则认为，在"差序格局"的社会关系形态下，人与人之间的关系以己为中心具有强大的收缩性，恰恰是这种收缩性或者说这种待人处事的"弹性"决定着中国社会人际交往中的不同行动选择。从此类观点立场出发，则家庭成员之间矛盾的化解更大程度上在于矛盾双方天然不可分的情感关系，而不只在于矛盾事态本身。如吴飞（2007）所说，家庭的意义主要在于它是生命过程发生的场所，具有根本性的存在论意义，家庭生活既具有情感性，又具有政治性，两者的相互交织与动态平衡往往决定着家庭成员的行动逻辑，而亲密和谐的家庭关系是家庭成员相互交往的基本前提和最终目的。此外，从家庭生活中的常见矛盾亦可看出，女性在维持家庭和睦中能够发挥重要功能，从一定意义上说，女性既能够对个体家庭生活产生影响，又能够对村庄人际交往发挥作用。在新的时代条件下，应当充分挖掘女性在乡村基层社会秩序中所具有的重要功能和潜力。

在家庭生活之外，邻里交往和村庄生活同样也是村民们日常生活的基本领域，邻里关系在传统社会中是农民生产生活的互助机构，是乡土社会中最重要的地缘关系，由邻里关系扩展至村落社会，内含着村民与外部世界的交往与互动。和睦的邻里关系是增强村庄凝聚力、整合力的重要基础，同时也是保障地方秩序、维持村庄和谐的重要方面。在乡村社会中，作为家庭血缘关系的扩大，地缘关系往往也呈现一种"类亲情"或"泛亲情"的样态。村民之间有时候借助村落社会中的各类红白喜事等仪式性情境进行交往实践，仪式既给予村民相互联系的机遇，又为村民提供了化解日常生活矛盾的场域。礼物交往也是村民维持和促进相互和谐关系的重要方面，按照阎云翔（2000:69、78、83）的观点，在维持和发展多种人际关系的过程中，表达性礼物与工具性礼物都是人们日常生活实践的重要组成部分，交换的互惠与情感的联结是同样重要的。在实际的日常生活中，道德情感的需求有时甚至会超越现实理性的需求而成为人们进行行动选择的出发点。当然，随着现代社会和市场经济的不断向前发展，个体理性算计常常与集体理性产生矛盾，甚至一定程度上扰乱村落社会生活秩序。费孝通（1998:24）曾说，中国乡下佬最大的毛病在于"私"。"公"与"私"往往是相对的，是有弹性的"私"，"公"与"私"的理性常常不能兼顾，这时候"私"的理性在很大程度上往往处于上风。贺雪峰（2006）认为，市场经济和社会变革所带来的个体理性或个人主义逻辑不断改变着农民关于"私"的范围，进而也将深刻影响着农民进一步的行动选择。对村民的行动选择起到一定制约作用的是村庄社会舆论和道德压力，多数情况下，这种舆论和压力往往会对村民的行为举止起到潜移默化的制约引导和规范惩戒作用。

　　村民化解日常生活矛盾的过程往往是将各种手段、资源等加以系统整合的过程，矛盾各自的特殊性和复杂性决定了化解矛盾的多元路径，因此，矛盾的化解可能需要综合借助多重外力，也可能主要依靠村民在丰富的生活经历中内化而成的默会知识。有着丰富生活经验的村民对矛盾往往有着自己清晰的判断并积极借助适宜的人、情境寻求问题的解决。借助外力化解矛盾的方式主要有仪式庆典、评理说和、礼物交往等。家族权威、乡村精英、现代法律、村规民约、村庄舆论等常常是村民化解矛盾所需要的几种主要外力资源；而村民化解日常生活矛盾所依靠的几种内力资源往往是村民个体的内在修为、家风家训以及民间俗信。可以说，不论是哪一种手段、资源，从理性选择理论的角度看，在化解矛盾的过程中都不同程度地体现了村民的工具理性和价值理性、制度理性和情感理性的相互交织，并统合为一种现实的实用理性。在这些理性行为的背后，往往潜藏着村民对人、对事的看法和考虑。从微观视域角度分析，村民在矛盾化解中常常一以贯之的思维逻辑是在多事、大事与少事、小事之间相互转化，同时亦注意不走极端和互留退路，这既是维持乡村社会和谐有序的生活秩序的需要，亦是他们在具体的时空条件限制下追求美好生活的理性选择。

　　日常生活矛盾的化解亦离不开自古而然的道德伦理支持，这些传统文化思想已然成为一种潜在的文化力量深深印刻在民族血液中。孝，不仅是家庭生活中代际成员之间的相处准则和化解矛盾时的基本规范，更是百善之先，百德之首。由"孝"出发打破家庭的局限，使"孝"推而广之，便引发出整个社会层面、国家层面的尊老文化。尊老不仅是人与人之间人文关怀的深刻体现，作为一种源动力，它更能突破时空界限促进个体人格和社会良知的完善和发展。与孝紧密相关的是"和"，家庭是社会的细胞，家和则国旺，国旺则人兴，个体层面的和与邻里、村落、社会的和从来是相互依存和转化的。将家庭成员间的和予以放大化，便成为社会一般意义上人与人之间的礼让、亲善、包容、和谐与平等。这些深入血液并成为一种集体无意识的民族文化基因，是"这个民族得以生存发展所积累下来的内在的存在和文明，具有相当强固的承续力量、持久功能和相对独立的性质，直接间接地、自觉不自觉地影响、支配甚至主宰着今天的人们，从内容到形式，从道德标准、真理观念到思维模式、审美趣味等等"（李泽厚，2015:314），而这，也正是中华文化的自信之由。

应当看到，平淡的日常生活看似波澜不惊，却如人饮水，冷暖自知。在晓村，同样有许多村民面临着依靠目前的人力、物力和财力尚无能力化解的矛盾，这便成为村民日常生活中的难题。难题亦是村民日常生活中的重要组成部分，严重时甚至成为制约村民正常生活的死结。个体生活中的矛盾和难题从来都与社会结构及其变迁存在千丝万缕的联系，正如米尔斯（2016:6）所说，社会学的想象力"可以让我们理解历史和个人的生活历程，以及在社会中二者间的联系"，也即布迪厄（2015,2017）等所秉持的个人性即社会性。对于每一个社会个体来说，日常生活中总有种种不尽如人意的问题或压力、困窘，面对这些人生中的"酸"、"苦"、"辣"，人们必须竭尽全力以拥有还算过得去的生活，必须有一种坚韧不拔的生活力量，去迎接弥散于生活中的种种挑战与困境，并从中构建起属于他们自己的生活逻辑。这样的智慧是沉甸甸的，是灰白的，是饱含着苦痛的无奈之举。这些难题的化解既需要时间，更需要依托社会的不断文明和进步，以获得社会更多的关注和支持。

村民化解日常生活矛盾的背后往往隐藏着他们一以贯之的生活智慧，而这些生活智慧则具有重要的文化和社会意义。正如格尔茨（2008:5）所说，"文化就是这样一些由人自己编织的意义之网，因此，对文化的分析不是一种寻求规律的实验科学，而是一种探求意义的解释科学"，许茨（2011:5）也认为，"我们关于这个世界的所有知识（不论是常识方面的知识还是科学思维方面的知识）都包含着各种构想，也就是说，都包含着为思维组织的各个层次所特有的一整套抽象、一般化、形式化和理想化……它们始终是经过解释的事实——要么由于某种认为的抽象而被看做是与其脉络相脱离的，要么被看做是处在它们的特殊环境之中的"。从村民在日常生活中所面临的主要矛盾以及矛盾化解的不同手段、资源、伦理基础及其化解逻辑来看，应该说儒家文化对中国人生活方式、交往方式所产生的深远影响早已成为一种文化惯习或是成为一种文化基因印刻在民族记忆中。"这种精神不只是儒家的教义，更重要的是它已经成为中国人的普遍意识或潜意识，成为一种文化——心理结构或民族性格"（李泽厚，2015:329）。

在田野调查中，常常会感受到村民面临种种矛盾时并不是被动的、简单的接受来自外部社会力量的输入与改造，事实上，对外部世界的接受与涵化是并存且主动的。换言之，在社会向前发展的征程中，民众的作用并不渺小。就像刘晓春（2009）所说，今天的民俗生活实际上是传承民俗的人们与现代化、全球化相互作用、相互博弈而形成的文化事实。在晓村，可以深刻地感受到社会的发展、时代的进步对村民的生活以至对日常生活中的矛盾化解所带来的方方面面的变化，在这些变化发生的同时，传统的稳定性、延续性、集体性和权威性却依然得以沿袭，对于村民而言，传统并不是遗留物，而是活生生地存在于他们的生活世界当中。在日常生活中，村民的生计方式变得越来越多元化了，安身立命与养家糊口却是不变的主题；四世同堂的传统院落少了，独门独户的房屋多了，人与人之间的矛盾少了，彼此之间的边界感增多了，但对家庭和睦的追求却一如既往；红白喜事的仪式过程在变，人们对生命的感怀却始终如一；村门大街的喧嚣叫卖更迭不断，为生计而拼搏的努力却没有变；每一次赶集推动着日子向前，去集上晃晃的闲适没有变；节日的味道看似"淡了"，和乐祝祭的愿望没有变；串门拉呱的内容在变，言多必失依然值得注意。在日常生活矛盾的化解上，多元化的乡村权威、现代法律资源、交通通信资源、医疗资源、多媒体网络资源亦越来越成为化解日常生活矛盾的新资源、新手段，不变的却是生活顺意的理想与追求。可以说，村民化解矛盾的最可宝贵之处就在于，他们的智慧既充分体现着传统的稳定性，又充分汲取了时代进步所带来的营养。

最后，必须要申明的是，本书是在田野调查的基础上得以完成，对于晓村，我既有"局内人"的熟悉和情感，又必须带着"局外人"的眼睛去观察和体会，由熟悉到陌生，再由陌生到熟悉，虽然想努力处理好这种双重角色，但总有不尽如人意之处。正如赵旭东（2018）所言，田野调查乃手段而非目的，我的目标应当是从这些真实存在的个案当中体味人们如何在一定的社会关系和文化网络中生活。当然，日常生活是一个鲜活灵动的整体，琐碎的、片面的生活片段、生活故事或许只能揭示生活之一角，更具代表性、或更具典型性的生活场景或许尚未被我捕捉到，由于个人力所不及，更难以曲尽生活之妙。高丙中（2007）曾说，民俗学应当着力提高对普通人日常生活的完整图景之表述能力，虽然本研究还远未达到这一期待，但怀抱着这样的理想，但愿在不远的未来，我还能有机会在这片熟悉的土地上挖掘到更多村民的生活智慧，体悟到更深刻的村民的活法。至此，本书已经基本完成，然而生活还在继续，村民的矛盾还在上演，他们也仍在化解一个又一个的矛盾过程中不断超越自我，不断接近生活的本真面目。新的矛盾与新的智慧正是在这个过程中此消彼长，交替发展，这是生活之本质所在，亦是生活之魅力所在。

第二节　讨论

尽管现代化的浪潮已席卷神州大地，中国大部分农村地区却仍然具有浓厚的礼俗色彩。在探索这些地区的发展之路时，开展一切工作的前提应当是立足本土发展的实际，探索一条能够充分使乡村社会自治运行的治理之路。在现实的日常生活中，围绕家庭、邻里和村庄构成了绝大多数村民生活的主要阵地和发生场，通过德行调解和化解村民生活当中常常遭遇的各类矛盾是成本小、见效快、同时"副作用"最小的矛盾处理方式。孔子说，"道之以政，齐之以刑，民免而无耻；道之以德，齐之以礼，有耻且格"（《论语·为政》）。在村落熟人社会中，人情、面子往往为村民所看重，在这样的村落语境中，在了解和熟悉村落民风民俗的基础上寻找一条最易为人所接受的使村民"有耻且格"之路是村落事务的组织者、策划者以及乡贤群体必须要仔细考虑的。与此同时，在具体事务的处理上，又必须要有"法"的规范与约束，做到公私分明，对事不对人，扭转部分民众自由散漫，法规意识不强的行为惯性。德治为人，法治为事，意在充分发挥农村社会亲密的社会交往关系对于开展各项工作的最大优势，同时逐步培养村民的契约意识、法制意识及理性精神，在减少外生权威对基层社会治理成本的同时循序渐进地将现代公民意识渗透进乡村社会的生活、理念之中，以切实推进乡村和谐。

一　民间智慧与乡村和谐

民间智慧与乡村和谐紧密相依，在这里，本研究就现代乡贤、村规民约和家风家训之于乡村和谐的重要性做一番简要讨论。

（一）现代乡贤与乡村发展

"乡"，甲骨文写作"🔥"从字形来看，意为两人相向而坐，共食一簋的样子。故"乡"的本意有用酒食招待人之意（古敬恒，1991:370）。由此可以看出"乡"本身带有亲密、友好的社会交往及社会互动的意思。《论语·阳货》载，"乡愿，德之贼也"，可见"乡"具备了表示空间范围及地缘的含义。《说文解字》有云，"乡，国离邑，民所封乡也"，故而此时"乡"具备了行政区划之意。而"贤"从字形上看，"贝"应与钱财有关，"以财分人谓之贤"（《庄子·徐无鬼》）。许慎认为"贤，多才也"，欧阳修《章望之字序》道，"孝慈友悌达于一乡，古所谓乡先生也，一乡之望也"，后世将"贤"由钱财之义多引申作道德、才能解。"乡"、"贤"合而为"乡贤"，始于汉代，意指一定地域空间内具有崇高威望、为民请命的社会贤达。

现代乡贤的内涵较之以往有所不同，主要体现在现代乡贤的多元化身份上，退休官员、知识分子、企业家、复员军人、优秀大学生、先进农民工等，只要在各行各业品质高尚、表现出色并拥有一颗赤子之心，愿意为家乡发展贡献绵薄之力的各界人士都可称乡贤。乡贤身份的多元化意义有二，一则为怀有浓厚的地缘与乡缘情结的人提供更广阔的回馈故乡的平台，鼓励每一个有能力、有爱心、有善念的故乡人加入到乡村建设中来，构建积极有为的联动与合作机制；二则以身作则，发挥榜样的带头与示范作用，激发他们的行动自觉和文化自觉，提升与带动本地村民建设家乡的自主性和积极性。

现代乡贤对推进家乡发展的优势在于，一方面，作为生长于斯的村落一员，他们熟谙村落传统社会的地方性知识，了解人们固有的思维观念与行为方式，深知村落民众的所思所想，故而在开展各项工作时能够根据民情民意做到游刃有余，成竹在胸，从而减轻了外部行政干预进入乡村社会管理时的水土不服，大大提高办事效率。另一方面，"君子生非异也，善假于物也"（《荀子·劝学》）。面对资金、技术、人才等相对匮乏的农村发展现状，善于借力是现代乡贤在激烈的市场竞争中亟需具备的发展手段与生活智慧。现代乡贤可灵活运用在城市生活中积累的多种社会资源、人脉关系，积极搭建交流投资平台，以挖掘地域特色，整合优势资源，从而加速地方文化资本向经济资本的转化。

这些来自社会不同领域的乡贤拥有众多精神上的共性，最为突出的即德行在先、义利为上、争先进取。德行在先，意为德才兼备，以德为先。"德者本也，财者末也"（《大学·释治国平天下》），"君子进德修业"（《易·乾卦》）。现代乡贤不仅要注重在自身行为规范上以德行天下，更要注重推小德成大德，以德育人，引导地方社会塑造德行风气。换言之，一人之私德不可谓之乡贤，乡贤之德应为泽被乡里之公德。在晓村，乡贤的德性对村民日常生活的影响主要应体现在两个方面，一是引导村民培养公德心。作为一个典型的城市近郊村，受市场经济理性的影响，在日常生活中，忙于打工的村民往往不能在村庄范围内结成一个紧密的联合体，由于各自着眼于眼前的私人利益，也就未必能够妥善解决破坏村民居住环境、违反村庄公共利益等这一类村庄公共矛盾，个体的理性常常导致集体的非理性。梁启超曾在《论中国国民之品格》中对国人公德心的缺乏有过具体论述："公共心智缺乏。人者，动物之能群者也。置身物竞之场，独立必不足以自立，则必互相提携，互相防卫，互相救恤，互相联合，分劳协力，联为团体以保治安。然团体之公益，与个人之私利，时相枘凿而不可得兼也，则不可不牺牲个人之私利，以保持团体之公益。然无法律以制裁之，无刑罚以驱迫之，惟恃此公德之心以维此群治，故公德盛者其群必盛，公德衰者其群必衰。公德者诚人类生存之基本哉。"20世纪30年代梁漱溟在乡村建设运动中也曾指出，"公私一体，为公即为私；此西洋人所以被训练成功团体生活良好习惯的由来。反之，中国人之所以缺乏公德，其理亦明"（2015:57）。二是以身作则，引导村民提高自身的道德素养和个人修为。早在春秋时期，叔孙豹就提出了"太上有立德，其次有立功，其次有立言"的"三不朽"论，这是中国人群体社会观的体现，同时更是一种深厚的人文历史观之表达。孔子将"德"与统治阶层的国家治理直接地结合起来，提出"为政以德，譬如星辰，居其所而众星共之"（《论语·为政》），又提出了个体达到这一目的的具体做法："其身正，不令而行，其身不正，虽令不从"（《论语·子路》）。晓村家族力量的缺乏使晓村时常有违反村庄公共生活准则的矛盾问题发生，而这恰恰是乡贤发挥应有价值功能的重要体现。对于村庄公共生活中的大小议题，村民私人家庭生活中的大事小事，乡贤理应在孝亲敬老、兄弟和睦、邻里和睦等各个方面发挥榜样的带头作用，于无形中感染村民，教化村民，化解矛盾于无形；应当勿以善小而不为，通过积少成多、积善成德，充分发挥自身的德性品性，引导村民逐步推进生活有序、和谐健康的乡风文明。

义利为上，即大气包容，以义为上。"大人者，言不必信，行不必果，惟义所在"（《孟子·离娄下》），"君子之于天下也，无适也，无莫也，义之与比"（《论语·里仁》）。真正的乡贤在面对阻碍地方社会发展的棘手问题时，应当仁不让，知难而进，同时，在获得成功后不是自私自利，独善其身，而是要胸怀天下，拥有责任自觉，与民众同心同德，共同发展。一方面，改革开放以来，随着市场经济的不断发展，晓村也涌现出了短时期之内财富迅速激增的村民，对于村庄公共事业，如村庄公共文化设施建设，村庄公共文化娱乐活动开展，村庄困难村民帮扶以及村庄自组织建设等方面，这少部分经济精英群体应当大有可为。他们所发挥的作用不唯是经济上的支持和投入，更是对其他村民参与到村庄建设上来的鼓励和带动，而这种鼓励和带动无疑会使这部分经济精英获得经济以外的村庄声誉和权威，这将反过来促使他们拥有更高的声望和信誉，从而使其事业得以更加良性发展。黄家亮（2012）的研究表明，乡土场域中存在一种"差序信任"和"具象信任"，也就是说，基于乡村本土场域中的精英更有赢得权威和信任的资源和优势。而目前为止，晓村富人群体的"兼济天下"之精神尚未得到挖掘，对村庄建设应有的责任感和使命感亦尚未得以显现。另一方面，在推动村落社会的向前发展上，普通村民同样可以有所作为。市场经济是利己经济亦是利他经济，合作、竞争是市场经济的一体两面。尤其对于以晓村为代表的城市近郊村，应当充分培养行业之间的协商合作和有序竞争精神，整合村落共同体的集体竞争实力并逐步走向市场。换言之，将个体理性、个体利益熔铸于集体理性、集体利益之中，从而实现村庄与个体的共荣与共赢。"利者，义之和也"（《易·乾卦》），作为村落社会之成功典范，现代乡贤不仅要具备高度的村落共同体意识，还要引导村落社会成员形成于集体利益中实现个人利益的共识，培养村落成员的利他意识和法制意识，提高对市场经济的适应能力。

争先进取，是要在瞬息万变的现代社会具有远见卓识，善于思考，把握先机。现代乡贤既要熟悉国家政策，又要学会运作乡土资本；既要深知市场经济供求关系，又要掌握乡村经济运行的基本逻辑；既要增强法律法规意识，又要善于化解礼俗社会的矛盾纠纷；既要学习先进的科学文化知识，又要不断以实践促进认知。通过考学、参军、工作等原因流出晓村的村民有很大一部分正是既熟悉村落民风民情，又掌握一定科学技术的各类人才，这部分人才的流失无疑成为村庄建设上的损失。因此，晓村急需借助某种方式将推动村庄发展的人力物力资源集中整合。相比之下，在维系和利用优秀人才资源的实践当中，隶属于湖北省罗田县凤山镇的饼子铺村堪称模范。饼子铺村地处凤山镇北边，义水河西岸，是一个拥有1565人的行政村。在这个平凡的村庄中，截止目前已经产生了11名博士，19名硕士，考上大学的人数多达300余名。为了充分利用本村充裕的人才资源，村党支部通过现代通信手段专门建立微信群以联系在外学子，由村支书担任群主。[①] 群主会随时在群里发布相关信息，在外乡贤群体随时都能够了解村、镇、县的发展动态，亦能够主动参与家乡发展，同时也方便彼此之间的相互交流学习。在外子女为家乡竭尽所能，在村庄中继续生活的家人由此也获得了来自村庄内部更高的声望和荣誉，村民相互学习赶超，饼子铺村形成了人人主动，人人参与的良好氛围和乡风文明。由此，村庄各项事业得以稳步发展，该村亦成为这一带的模范村。他山之石可以攻玉，在立足本村实际的基础上，晓村也应当摸索出一条适宜联系乡贤、组织乡贤的手段和方式，为他们提供参与家乡事业的平台和机会，使其充分发挥自身的资源优势，为村庄建设添砖加瓦。

正如曾国藩（原才）所言：风俗之淳厚，在于一二人心之所向：此一二人之心向义，则众人与之赴义；此一二人之心向利，则众人与之赴利。"乡贤"本身就是包含着无尽的历史感怀与道德伦理色彩的本土语汇，事实上，乡贤群体从未走远，尤其是乡贤精神更是从未被历史尘封。时代发展至今，天将降大任于乡贤，心系桑梓的乡贤必应当砥砺前行、不辱使命，以实际行动感恩家乡、回馈乡亲。

（二）村规民约与村庄秩序

《周礼·地官·族师》中对村落共同体意识已有所体现："五家为比，十家为联，五人为伍，十人为联，四闾为族，八闾为联。使之相保、相受，刑罚庆赏相及、相共，以受邦职，以役国事，以相葬埋。"《左传·隐

[①] 信息来源：湖北省黄冈市罗田县凤山镇饼子铺村村支书胡华胜先生，在此表示感谢。

公六年》载,"亲仁善邻,国之宝也",孟子对于邻里之间的交往提出了更为具体的主张:"乡田同井,出入相友,守望相助,疾病相扶持,则百姓亲睦",管子在《五辅篇》中主张"养长老,慈幼孤,恤鳏寡,问疾病,吊祸丧"(《孟子·滕文公上》)。

将古代先贤的乡约思想继承并予以发扬光大的重要代表之一当属20世纪三四十年代乡村建设运动的主要领导人物之一梁漱溟了。梁认为,面对内忧外患的国际国内形势,中国当时的问题正在于伦理本位和职业分立遭遇破坏遂导致的严重文化失调,以及由此而导致的社会构造的崩溃和政治上的无办法,而社会秩序所赖以维持的要点就在于教化、礼俗与自力。他直言其对乡村的改造,乃是基于古代乡约基础上的补充,就是要通过乡约整顿乡村,敦化民俗。他要建设的也正是一个新的社会组织构造,即建设新的礼俗,"礼而成俗,就是一个习惯"(2015:255)。在他看来,乡村建设离不开知识分子的带动和引领,以及广大村民的全力参与和配合,两者必须拧成一股绳,才能形成强大的合力。在他所设计和领导的乡学试验背后,所隐含的正是对中国理性文化,也就是中国儒家文化的倡导和推崇。因此,从这个意义上说,梁漱溟所领导的乡村建设运动,也就是一场儒学的复兴。在他所设计的村学乡学试验中,处处彰显着对"情"和"以人生向上为目标"的重视,而这也就是他所指出的伦理本位和道德教化为主的文化传统。吴飞(2005)认为,梁漱溟完全以民间力量为基础以期建立各级政府的设想虽然失败,但从礼乐传统的角度思考社会改造问题却极富现代意义。钱理群(2016)指出,梁漱溟对中国传统的坚守使其不同于晏阳初、陶行知及卢作孚等强调中西融合的其他乡村建设者,梁漱溟走的是一条"中学为体,西学为用"的乡村建设道路。钱认为,梁漱溟从乡村建设入手,但绝不局限于乡村建设,他的目标早已超出了乡村建设问题本身,而是在更大范围和更深程度上着眼于解决中国的大问题,他是要在比较中西文化的差异中取长补短,是要通过新礼俗、新文化寻找到一条植根于中国文化传统的发展之路。梁的乡村建设之路固然失败,但作为一代儒学大师,从其为我们描绘的乡村建设图景中我们看到了一代有为青年对国家命运的忧心与自信，这是知识分子责无旁贷的历史使命与责任担当，除了他本人心系国家所散发出的人性魅力，今天，在我们面对乡村发展和振兴中亟待解决的种种问题和矛盾时，也不得不再次感叹梁漱溟的远见卓识和批判力量，其对中国问题、中国乡村的思考和实践，他所倡导的立足本土发展的实际以寻求发展道路的理念，以及以人为本实现"团体与个人的相对均衡"、解决问题须情理并重等思想见解，对于我们今天尊重乡村地方发展的自治逻辑，推进今天的乡村建设和发展仍然大有裨益。

乡约本身是一种带有地方自治精神的民间组织，乡约的治理规范则主要体现于乡规民约的内容上，或可说，乡约的效力主要是通过乡规民约得以体现。谢晖（2004）认为，乡规民约是在国家法律制度这一"大传统"之外用于维系人们社会生活的规则和制度系统，他将乡规民约分为广义与狭义两种意涵，前者泛指乡土社会在公共层面上所具有的同一性规则，而后者则指结合了官方与民间两种性质的地方性交往规则。

在今天，理想的现代村规民约应当汲取外部国家力量的嵌入及乡村内生资源的支撑，一则是在国家法律的制度框架下，以村民的自主意愿为依托，由村民自觉、自愿共同遵守并执行，是一种内生性的村庄公共意志，发挥着稳定乡村社会秩序的重要功能；二则村规民约不应当只是一种宣告性的条例或公告，而应当能够因地制宜，切实解决村民日常生活中所面临的种种问题。在当前的许多农村地区，乡规民约的制定多有其形而无其实，这种流于形式的规则条约尚未真正发挥应有之功能，由此便不能真正解决村民日常生活中的矛盾与问题。在晓村，村规民约[①]主要包含社会治安、消防安全、村风民俗、邻里关系、婚姻家庭五个部分，每个部分下设具体条款，多则八条，少则三条，共计二十七项条款。这

[①] 学界对"村规民约"与"乡规民约"的含义看法基本一致。在传统社会，由于"皇权不下县"，县是为农村社会的基层，乡规民约则是乡民共同制定并遵守的行为规范，新中国成立后，乡镇下设村一级实行村民自治，乡规民约则称之为村规民约。在周家明、张明新、王帅一等对乡规民约的著述中均将"村规民约"与"乡规民约"视为同一。

些规约对化解村民日常生活中的多种矛盾提供了重要依托，但与此同时，晓村的村规民约还有进一步挖掘的潜力。比如增加村民在面临具体矛盾或问题时应当遵循的化解方式和办法，增加村规民约对维护和促进村民之间对情感道义的重视和对村民的教化意涵等。

事实上，村规民约的制定应当既能体现作为社会上层精英知识分子的价值烙印和观念意识，又能彰显广大社会民众所代表的草根文化或生活文化。与此同时，现代村规民约应当与时俱进，取传统之精华并弃其糟粕，注重不断创造出适宜村庄发展的新型条约，满足村民走向现代化生产与生活的需要。

（三）家风家训与乡风文明

在笔者第一次集中回到晓村做田野调查时，恰逢赵福贵（"忾头的公事"案例中的村民）的家族刚刚编修家谱，当笔者问到编修家谱的用意时，他的回答是"说编就编了"。"说编就编了"看似没有回答我的问题，但事实上，对村民来说，这句大白话也就是他们编修族谱的理由，那就是有人带头说编，一个家族的人也就编了，无所谓笔者所说的编修族谱的用意。对此，笔者也曾问过几个其他姓氏的人有无族谱，或是有关家风家训的记载，村民要么回答是"找不着了，忘记搁哪了"，要么是"不知道"，还有的回答说"为了认人，以后好人情来往"。从这里或许一定程度上可以证明晓村的村民并无明确的家族观或家风家训的观念，但另一方面，在生活中，村民又有明确的"一家人"观念，比如村民若有家族成员受到外人欺负时，家族中的其他成员会放下平日里的小恩小怨而选择结伴去为这一成员"讨回公道"。之所以如此，合理的解释应当是大部分村民可能尚不具备把他们的家族观清晰明确地表达出来的能力，但事实上家族观念却已然内化到他们的行为当中。

可以说，家谱是一个家族的家风与家训的谱系化，而家风与家训则是一个家庭之魂。党的十八大以来，习近平总书记在多次讲话中曾经专门提到家风家训之重要性。家风家训之所以如此重要，原因在于：其一，家庭是社会的细胞，良好的家风家训不仅关涉到家庭的和睦，更关系到乡风民风，进而关系到一国之风气。老话说，一屋不扫何以扫天下，一个家庭倘若没有良好的家风家训引导家庭成员，一个社会又怎会和谐运转？家是最小国，国是千万家，家国一体性决定了家风家训建设是事关社会建设、文化建设之落脚点和出发点。家风家训，说到底是在家庭生活当中，由家庭成员所共同遵守的家庭核心价值观。也就是说，家风家训在一定程度上或可说与社会主义核心价值观具有内在的高度契合性，以及文化的同根性和同质性（牛绍娜、陈延斌，2017）。实现社会主义核心价值观，家风家训的培育既是基础亦是路径。其次，家风家训事关家庭成员的人格塑造和价值观培养。家庭是孩子的第一所学校，从某种程度上说，家庭承担的育人功能并不比学校弱，家庭在对子女良好人格的培养以及正确价值观的培育上发挥着无与伦比的重要功能。家风家训不仅对子女具有引导和约束作用，对家长同样具有规范和制约性。这就使得家长必须以身作则，成为孩子在家庭这第一所学校中的第一任老师，通过自身行动言传身教，使孩子在潜移默化中培养健全的人格和良好的品质。可以说，通过家长的垂范，整个家庭塑造了一种独有的文化氛围、内在素质以及价值信仰，而这种家庭文化本身对于良好社会风气的培育和再生产均具有重要意义。再次，培育良好的家风家训尤其应当注重女性在家庭生活中的独特地位与作用。古人有云，"闺阃乃圣贤所出之地，母教为天下太平之源"，自古以来，母亲作为家庭教育中的重中之重，向来是子女成人成才的重要保证。这一点，从已有的田野调查案例中亦能体现。可以说，女性在一个家庭中充当着三代人之间的桥梁，亦充当着家庭幸福的润滑剂，女性的包容、理解、大度对于家族和睦兴旺具有不可替代之功能。

在晓村，虽然尚无族产及其他家族组织，但绝大部分村民依然有浓厚的家族观念，这使他们在某种程度上依然结成了有机联系的共同体。而家风家训对于村民来说，更多是一种隐性的存在，这是因为村民对家风家训的感受常常是一种潜在的、模糊的感知。举例来说，当村民家族中出了一位优秀企业家、大学生、军人时，村民可能会十分自豪地告诉别人，"这就是我们家养出的×××"。这样的表述在晓村并不少见，这种表述的背后其实暗含着村民对家风家训的感受和认可，即便多数村民可能无法明确清晰地表达出究竟是怎样的家风家训可以培养出优秀的人才。

应该说，家风家训在村民的日常生活中往往是一种隐性的文化制约，对于大部分村民来说，正是通过这种不自觉的熏陶和教化来使子女受到教育。从一定程度上可以说，家风家训在村民的家庭生活中仍有较大的潜力可挖，如何结合实际条件，通过多元化的途径将家风家训对家庭成员发挥最大化的作用，仍然有待进一步的考察和研究。

二 民间智慧与理性选择

民间智慧属于"小传统"，是发源、生长于民间，主要用于指导平民阶层生产、生活的智慧，具有明确的现实理性或实用理性，也就是说，其往往以解决日常生活中的实际问题为最终指向。强调这种"民间性"，并不意味着民间智慧只局限于广大平民阶层，或说它是封闭保守、故步自封的，事实上，虽然民间智慧生成并发挥功能的主要阵地在"民间"，但其发展和完善却离不开精英群体对主流思想的传播和助推。或是由于官方统治阶层的大力倡导，或是通过士林阶层的社会流动，或是在于草根人士的不断崛起，总之，有识之士不断将精英智慧"解码"，使其被转译成平民阶层通俗易懂、耳熟能详的话语表达，使其得以不断注入到民间智慧当中，从而使民间智慧在"国家—社会"之视野下具有了鲜活的生命力和创造力。就如同四书五经固然是中华文化之元典，与这些经典一脉相承的《三字经》《百家姓》《千字文》等人们朗朗上口的蒙学经典又何尝没有教给人们为人处世之道？当然，民间智慧对主流思想同样具有反作用，民间谚语、歌谣、传说故事等无不是民风民情的真实反映，或可视为民众现世心态与情绪之间接反映，而这又成为上层决策者采风问俗，"观乎人文，以化成天下"的现实依托。从这个意义上说，民间智慧与精英思想正是在不断的互动过程中相互促进和发展。

村民日常生活矛盾化解的民间智慧——以鲁中晓村为例

民间智慧的主要特点体现在具有延续性、时代性和场域性上。延续性，亦可理解为是传统性，在晓村的田野调查可以体会到，当村民面临种种日常生活矛盾时，自然而然地首先考虑运用民间智慧化解矛盾。之所以如此，一个主要原因在于，传统作为一种深深潜藏在村民文化和心理结构中的惯习，具有强大的延续力量。从某种程度而言，当面临生活中的问题时，传统的力量，或者说身体与心理中习得的惯习会自觉成为解决问题时的"默认首选"。而依附着传统的民间智慧亦在化解这一矛盾的过程中实现了进一步的延续与再生产，因为惯习既是一种经验、感受、力量的累积，同时又是一种不断进行中的生成结构。因此，我们可以说，人们运用民间智慧化解生活中的矛盾，同时民间智慧又在这一过程中不断有了新的建构。而民间智慧的时代性在于，村民面临的每一个大大小小的生活矛盾，无不映射着外部世界的变化，因为每一个村民无不处于"国家—社会"体制之下，个体的生活又怎会孤立于社会的发展，个体面临的日常生活矛盾又怎会脱离于时代发展之外呢。正是由于个体与国家、与社会的互动与回应，使化解日常生活矛盾的民间智慧得以不断被充实和补充，而新力量的源泉可能具有多重来源，如国家力量对乡村基层社会的持续渗透、大众传媒无孔不入的传播力等。这就使民间智慧有了变迁的生命力，从民俗学的学科本位而言，变化即传承的过程，正如赵世瑜（2011）所言，"'变'是'传承'的题中应有之义……只要它有生命力就必然是变的"。与此同时，民间智慧亦具有场域性，这一特性关涉到民间智慧如何才能发挥其功能和效果，在何种情境中其可被视为一种理性选择。通过前文村民日常生活矛盾案例的列举，可知村民对待不同的矛盾可能有不同的化解方式，而他们所做出的选择从某种程度而言并不是完全理性的（比如"天大的愁事""不仁不义的妯娌"等案例），这里隐含的一个问题是，民间智慧是否意味着绝对的理性？或者进一步说，村民化解日常生活矛盾的态度或方法是否一定意味着将从中得到什么。事实上，民间智慧或村民的理性选择既不意味着在面临矛盾时无原则的妥协和退让，也不意味着一切选择都最终指向个人利益的得失，而是旨在重新恢复日常生活中身心舒适的适可状态。可见，不同于精英群体的理性选择，从某种意义上说，乡村民间智慧是在乡村生活场域中的理性选择，是乡土社会中的独特生活逻辑。当遇到种种生活矛盾时，村民的理性选择应当以具体的时间、地点和条件的改变而改变。进言之，村民化解日常生活矛盾的行动选择往往是一种"实用理性"的体现和表达。

了解民间智慧以及村民理性选择背后的处世之道对于贯彻落实社会主义核心价值观、推动实施乡村振兴战略有所裨益。村民对家庭和睦、邻里和谐、村庄协调的高度重视契合了社会主义核心价值观之内在逻辑，或可说是社会主义核心价值观在乡村生活场域中的在地化应用。具体来说，社会主义核心价值观的重要精神内核，即发挥对民众精神文明的重要引领作用，并使社会主义核心价值观自觉融入民众的情感认同、行为习惯当中，而村庄精神文明的建设和发展很大程度上正是取决于村民在家庭、邻里及村庄公共生活中的相扶互助、亲仁善邻，只有家风、村风、乡风进一步转好，社会主义核心价值观才能真正落地。此外，从村民化解日常生活矛盾的理性选择中，可知乡土社会自有其内在运行之逻辑，对其内在运行逻辑的把握有助于体察乡村社会发展的走向，而这对于因地制宜寻找乡土社会的持续健康发展具有重要意义。

三　日常生活中的难题分析

村民的日常生活时时处处处于各类大小矛盾当中，矛盾的多样性和复杂性决定了现实中既存在可以得到有效化解的矛盾，又存在目前条件下尚难以解决的矛盾。这部分短时期较难解决的问题，便成为村民日常生活中的难题。正如面临各类大小矛盾是村民日常生活的常态一样，难题亦是难以避免的日常生活组成部分。难题的化解除了村民个体的力量之外，常常需要整个社会系统的关注和支持，因此，村民所面临的难题有时是社会物质文明发展、精神文明发展的缩影，难题的悬置往往充满了个体的无奈。

村民日常生活中不可避免的难题之难大致可以体现在四个方面。首先，难题化解时间上的延时性。在日常生活中，时间因素在难题的化解中占有重要地位。也就是说，眼前被悬置的难题也许要等到一定的时机成熟时，难题才有可能迎刃而解，化解这一类难题的关键主要在于未来时间的问题。其次，难以化解的心结。在现实生活中，总有些矛盾无法化解，成为生活中一部分无解的难题。之所以无解，原因常常在于矛盾双方具有难以化解的心结，尤其当关涉到为人处世的基本道德原则和人之为人的底线问题时更是如此。再次，现实生存压力造就的难题。现实生活从来不是一件容易的事，这种不易不仅仅体现在每日必需的柴米油盐酱醋茶中，更体现在成家立业、养家糊口、养儿防老、生老病死等每一个人生的必经阶段中，个体的生命历程往往与家庭、家族熔铸在一起。物质条件的匮乏作为一种巨大的生存压力已然极大限制着村民的行为选择，与此同时精神上难以找到出路的难题和矛盾更使村民的生活充满无奈。最后，社会发展带来的困境。随着时代的进步和发展，个体理性、个人价值追求不断发展，个体理性与集体理性在一定情境下时常发生冲突，个体理性所导致的集体非理性也时而发生。在这类问题上，如何提高村民的整体素质，提高他们对公共环保问题的认知和认同，将是一个同社会文明的进步和发展密切相关的问题。

除文中列举的案例外，村民的日常生活中也总有这样那样的矛盾和这样那样的难题。老话说，家家有本难念的经，每家每户总有些不为人知的难处和矛盾，或是为钱，或是为人，或是为事。面对生活中无处不在的矛盾，村民已然将现实生活的种种不易内化为自身丰富的生活经验，并由此形成了对待生活甚至生命的独特人生哲学："有钱多花，没钱少花"。在村民看来，有钱人有有钱人的活法，没钱人有没钱人的活法，过好自己的日子，不比不攀，知足常乐；"大鱼大肉是一天，馍馍咸菜也是一天"，也就是说，不管怎么活，日子都是一天天过；"老伴老伴，多少儿女也赶不上一个老伴"，这是村民极言夫妻对彼此的重要性，在晓村，村民常常认为夫妻中先走的一方是有福的一方，因为有老伴的陪伴和伺候，而后走的另一方则不得不依赖子女，而子女对父母的照顾又难免具有许多不确定性,因此才有儿女替代不了老伴的说法;"人在做,天在看,做事无愧于心",这是许多村民约束自己,也警惕他人的做人准则;"天无绝人之路,办法总比困难多",现实生活总是充满不期而遇的困难甚至险境,学会在困境中生存,才能成为生活的强者。

村民类似的生活感悟还有很多,个体现实中的矛盾和难题总是与社会整体的转型和发展密切相关,从这层意义上说,社会进步过程中的矛盾往往潜在影响着个体的现实生活,而个体生活中的困境又总是反映出社会机体运行中的问题。因此,家与村,村与乡,乡与国,国与世界,处处体现着前途与命运的一体性。

参考文献

典籍

安小兰：《荀子》，中华书局 2016 年版。

陈晓芬：《论语》，中华书局 2016 年版。

戴圣：《礼记》，中州古籍出版社 2016 年版。

古敬恒：《新编说文解字》，中国矿业大学出版社 1991 年版。

洪英明：《菜根谭》，华夏出版社 2006 年版。

李小龙：《墨子》，中华书局 2016 年版。

老子：《道德经》，中州古籍出版社 2016 年版。

孙通海：《庄子》，中华书局 2016 年版。

檀作文：《颜氏家训》，中华书局 2015 年版。

万丽华：《孟子》，中华书局 2016 年版。

杨天才：《周易》，中华书局 2016 年版。

左丘明：《左传》，中华书局 2016 年版。

中文著作

曹锦清：《黄河边的中国：一个学者对乡村社会的观察与反思》，上海文艺出版社 2013 版。

曹锦清、张乐天、陈中亚：《当代浙北乡村的社会文化变迁》，上海人民出版社 2014 年版。

陈柏峰、郭俊霞：《农民生活及其价值世界》，山东人民出版社 2009 年版。

陈功：《社会变迁中的养老和孝观念研究》，中国社会出版社 2009 年版。

邓伟志、徐榕：《家庭社会学》，中国社会科学出版社 2001 年版。

戴茂堂、江畅：《传统价值观念与当代中国》，湖北人民出版社 2001 年版。

费孝通：《乡土中国 生育制度》，北京大学出版社 1998 年版。

费孝通：《乡土中国》，上海世纪出版集团 2005 年版。

费孝通：《生育制度》，生活·读书·新知三联书店 2014 年版。

冯友兰：《新世训：生活方法新论》，北京大学出版社 2011 年版。

冯友兰：《中国哲学简史》，北京大学出版社 2013 年版。

冯天瑜、何晓明、周积明：《中华文化史》，上海人民出版社 2010 年版。

桂胜：《荆楚民间风俗》，武汉出版社 2014 年版。

郭于华：《死的困扰与生的执着》，中国人民大学出版社 1992 年版。

郭于华：《仪式与社会变迁》，社会科学文献出版社 2000 年版。

郭于华：《倾听底层》，广西师范大学出版社 2011 年版。

高善东：《邹鲁民俗》，齐鲁书社 2016 年版。

高丙中：《中国人的生活世界》，北京大学出版社 2010 年版。

黄宗智：《华北的小农经济与社会变迁》，中华书局 2000 年版。

黄光国：《儒家关系主义：文化反思与典范重建》，北京大学出版社 2006 年版。

贺雪峰：《治村》，北京大学出版社 2017 年版。

居阅时、瞿明安：《中国象征文化》，上海人民出版社 2011 年版。

金耀基：《中国文明的现代转型》，广东人民出版社 2016 年版。

靳海林：《中国传统节日及传说》，重庆出版社 2005 年版。

林惠祥：《文化人类学》，东方出版社 2013 年版。

黎熙元：《现代社区概论》，中山大学出版社 2007 年版。

梁漱溟：《人生的三路向——宗教、道德与人生》，当代中国出版社 2010 年版。

梁漱溟：《中国文化要义》，上海人民出版社 2011 年版。

梁漱溟：《乡村建设理论》，商务印书馆 2015 年版。

李桂梅：《冲突与融合：中国传统家庭伦理的现代转向及现代价值》，中南大学出版社 2002 年版。

刘怀玉：《现代性的平庸与神奇》，中央编译出版社 2006 年版。

李泽厚：《中国古代思想史论》，生活·读书·新知三联书店 2009 年版。

李福源：《因园史话》，团结出版社 2016 年版。

李亦园、杨国枢：《中国人的性格》，中国人民大学出版社 2012 年版。

林语堂：《吾国与吾民》，湖南文艺出版社 2012 年版。

梁方健、郑杰文：《齐文化丛书（17）》，齐鲁书社 1997 年版。

牛铭实：《中国历代乡规民约》，中国社会出版社 2014 年版。

齐晓安：《东西方生育文化比较研究》，中国人口出版社 2006 年版。

孙本文：《社会学原理》，商务印书馆 1935 年版。

沈丽华、钱玉莲：《中国吉祥文化》，内蒙古人民出版社 2005 年版。

田成有：《乡土社会中的民间法》，法律出版社 2005 年版。

韦政通：《中国文化与现代生活》，中国人民大学出版社 2005 年版。

吴理财：《当代中国农民文化生活调查》，知识产权出版社 2011 年版。

王长金：《传统家训思想通论》，吉林人民出版社 2005 年版。

王铭铭：《社会人类学与中国研究》，广西师范大学出版社 2005 年版。

王沪宁：《当代中国村落家族文化》，上海人民出版社 1991 年版。

乌丙安：《民俗学原理》，长春出版社 2014 年版。

吴宁：《日常生活批判》，人民出版社 2007 年版。

许烺光：《祖荫下》，南天书局有限公司 2001 年版。

岳永逸：《忧郁的民俗学》，浙江大学出版社 2014 年版。

杨庆堃：《中国社会中的宗教》，四川人民出版社 2016 年版。

杨方泉：《塘村纠纷：一个南方村落的土地、宗族与社会》，中国社会科学出版社 2006 年版。

杨中芳：《如何理解中国人》，重庆大学出版社 2009 年版。

杨国枢：《中国人的心理》，中国人民大学出版社 2012 年版。

杨美惠：《礼物、关系学与国家》，赵旭东译，江苏人民出版社 2009 年版。

衣俊卿：《现代化与日常生活批判》，人民出版社 2005 年版。

阎云翔：《礼物的流动：一个中国村庄中的互惠原则与社会网络》，上海人民出版社 2000 年版。

阎云翔：《私人生活的变革》，上海书店出版社 2009 年版。

于建嵘：《底层立场》，上海三联书店 2011 年版。

赵秀玲：《中国乡里制度》，社会科学文献出版社 2002 年版。

周晓虹：《传统与变迁——江浙农民的社会心理及其近代以来的嬗变》，生活·读书·新知三联书店 1998 年版。

翟学伟：《人情、面子与权力的再生产——情理社会中的社会交换方式》，北京大学出版社 2013 年版。

钟敬文：《民俗学概论》，上海文艺出版社 1998 年版。

郑小江：《中国辟邪文化》，当代世界出版社 2008 年版。

张晋藩：《中国法律的传统与近代转型》，法律出版社 2009 年版。

朱晓阳：《小村故事：地志与家园》，北京大学出版社 2011 年版。

张士闪：《乡民艺术的文化解读》，山东人民出版社 2006 年版。

庄孔韶：《银翅——中国的地方社会与文化变迁》，生活·读书·新知三联书店 2016 年版。

周积明：《湖北文化史》，湖北教育出版社 2006 年版。

赵宇飞：《中国人的文化自信》，孔学堂书局 2014 年版。

赵旭东：《权力与公正：乡土社会的纠纷与权威多元》，天津古籍出版社 2003 年版。

中文论文

蔡虹：《农村土地纠纷及其解决机制研究》，《法学评论》2008 年第 2 期。

蔡磊：《民俗志的学术定位和书写》，《西北民族研究》2009 年第 1 期。

崔应令：《婆媳关系与当代乡村和谐家庭的构建》，《武汉大学学报》（哲学社会科学版）2007 年第 2 期。

陈柏峰：《代际关系变动与老年人自杀——对湖北京山农村的实证研究》，

《社会学研究》2009 年第 4 期。

陈玉玲：《法理秩序与礼治秩序的冲突与调适：论事实婚姻制度》，《东南学术》2007 年第 6 期。

陈锋、杨振强：《传统与嬗变：农村青年夫妻家庭暴力问题研究——以甘肃省 M 县 L 村为例》，《中国青年研究》2016 年第 4 期。

陈辉：《"过日子"与农民自杀》，《中国农业大学学报》（社会科学版）2017 年第 1 期。

陈翠玉：《跨界合作：国家法与习惯法的关系图景——以西南少数民族婚姻纠纷解决实践为例》，《理论与改革》2015 年第 1 期。

董立山：《农村土地纠纷的类型化梳理与解决机制研究——基于惠州市农村土地纠纷的调查》，《湖南科技大学学报》（社会科学版）2013 年第 16 卷第 1 期。

邓正来：《"生存性智慧"与中国发展研究论纲》，《中国农业大学学报》（社会科学版）2010 年第 27 卷第 4 期。

范成杰：《代际关系的价值基础及其影响——对江汉平原农村家庭养老问题的一种解释》，《人口与发展》2012 年第 5 期。

范成杰：《代际关系的下位运行及其对农村家庭养老影响》，《华中农业大学学报》（社会科学版）2013 年第 1 期。

冯骥才：《春运是一种文化现象》，《民主》2010 年第 2 期。

龚为纲：《中国农村分家模式的历史变动——基于 1990、2000 年全国人口普查原始数据的分析》，《青年研究》2012 年第 4 期。

龚继红、范成杰、巫锡文：《"分而不离"：分家与代际关系的形成》，《华中科技大学学报》（社会科学版）2015 年第 5 期。

高永平：《中国传统财产继承背后的文化逻辑——家系主义》，《社会学研究》2006 年第 3 期。

葛忠明：《叙事分析是如何可能的》，《山东大学学报》（哲学社会科学版）2007 年第 1 期。

郭亮：《农村土地纠纷的类型及原因》，《重庆社会科学》2009 年第 11 期。

高其才：《习惯法的当代传承与弘扬——来自广西金秀的田野考察报告》，《法商研究》2017 年第 34 卷第 5 期。

高丙中：《作为一个过渡礼仪的两个庆典——对元旦与春节关系的表述》，《中国人民大学学报》2007 年第 1 期。

桂胜、吴珊：《试论对联产生的社会成因及功能》，《人文论丛》2002 年。

贺雪峰：《公私观念与农民行动的逻辑》，《广东社会科学》2006 年第 1 期。

贺雪峰：《农村家庭结构的变化及其影响——辽宁大古村调查》，《中共宁波市委党校学报》2007 年第 6 期。

贺雪峰：《农村家庭代际关系的变动及其影响》，《江海学刊》2008 年第 4 期。

贺雪峰：《农村代际关系论：兼论代际关系的价值基础》，《社会科学研究》2009 年第 5 期。

贺雪峰、郭俊霞：《试论农村代际关系的四个维度》，《社会科学》2012 年第 7 期。

黄家亮：《法社会学视野中的农村宅基地纠纷：村规民俗与法律秩序——冀北米村个案研究》，《学习与实践》2009 年第 1 期。

黄家亮：《乡土场域的信任逻辑与合作困境：定县翟城村个案研究》，《中国农业大学学报》（社会科学版）2012 年第 29 卷第 1 期。

胡湛、彭希哲：《中国当代家庭户变动的趋势分析——基于人口普查数据的考察》，《社会学研究》2014 年第 3 期。

胡仕勇、李洋：《农村老年人家庭养老满意度的影响因素分析》，《中国农村经济》2012 年第 12 期。

胡海鹏、熊嘉：《农民文化生活的失衡与调适——基于湖北安徽农村文化生活的实证分析》，《厦门特区党校学报》2010 年第 1 期。

李楠、甄茂生：《分家析产、财富冲击与生育行为：基于清代至民国初期浙南乡村的实证分析》，《经济研究》2015 年第 50 卷第 2 期。

李琬予、寇彧、李贞：《城市中年子女赡养的孝道行为标准与观念》，《社会学研究》2014 年第 29 卷第 3 期。

李永萍：《"养儿防老"还是"以地养老"：传统家庭养老模式分析》，《华南农业大学学报》（社会科学版）2015年第14卷第2期。

刘燕舞：《农村夫妻关系与家庭结构的变动》，《西南石油大学学报》（社会科学版）2009年第3期。

刘燕舞：《农村家庭养老之殇——农村老年人自杀的视角》，《武汉大学学报》（人文科学版）2016年第4期。

刘应杰：《解开婆媳关系的结》，《社会》1996年第12期。

廖明君、彭兆荣：《现代社会中的乡土知识与民间智慧——彭兆荣访谈录》，《民族艺术》2001年第1期。

刘娟：《北京市夫妻关系研究》，《人口与经济》1994年第3期。

李萍：《当前我国农村离婚率趋高的社会学分析》，《中国青年研究》2011年第5期。

李博柏：《试论我国传统家庭的婆媳之争》，《社会学研究》1992年第6期。

李宁：《乡贤文化和精英治理在现代乡村社会权威和秩序重构中的作用》，《学术界》2017年第11期。

陆益龙：《纠纷管理、多元化解机制与秩序建构》，《人文杂志》2011年第6期。

陆益龙：《乡村社会变迁与转型性矛盾纠纷及其演化态势》，《社会科学研究》2013年第4期。

刘铁梁：《民俗志研究方式与问题意识》，《北京师范大学学报》（社会科学版）1998年第6期。

刘晓春：《从"民俗"到"语境中的民俗"——中国民俗学研究的范式转换》，《民俗研究》2009年第2期。

吕微：《"过渡礼仪"理论概念与实践模型的描述与建构——对话张举文：民俗学经典理论概念的实践使用》，《民间文化论坛》2016年第1期。

麻国庆：《分家：分中有继也有合——中国分家制度研究》，《中国社会科学》1999年第1期。

穆光宗：《老龄人口的精神赡养问题》，《中国人民大学学报》2004年第 4 期。

莫玮俏、史晋川：《农村人口流动对离婚率的影响》，《中国人口科学》2015 年第 5 期。

牛绍娜、陈延斌：《优秀家风培育与社会主义核心价值观建设》，《湖南大学学报》（社会科学版）2017 年第 31 卷第 1 期。

潘鸿雁、孟献平：《家庭策略与农村非常规核心家庭夫妻权力关系的变化》，《新疆社会科学》2006 年第 6 期。

强世功：《"法律不入之地"的民事调解——一起"依法收贷"案的再分析》，《比较法研究》1998 年第 3 期。

钱理群：《梁漱溟乡村建设思想及其当代价值》，《中国农业大学学报》（社会科学版）2016 年第 33 卷第 4 期。

苏力：《齐家：父慈子孝与长幼有序》，《法制与社会发展》2016 年第 22 卷第 2 期。

石智雷：《多子未必多福——生育决策、家庭养老与农村老年人生活质量》，《社会学研究》2015 年第 30 卷第 5 期。

史向军、冯炬：《冲突与调适：社会变迁中的农民婚姻生活方式》，《求索》2013 年第 5 期。

田北海、雷华、钟涨宝：《生活境遇与养老意愿——农村老年人家庭养老偏好影响因素的实证分析》，《中国农村观察》2012 年第 2 期。

田成有：《乡土社会中的国家法与民间法》，《思想战线》2001 年第 5 期。

谭万霞：《村规民约：国家法与民族习惯法调适的路径选择——以融水苗族村规民约对财产权的规定为视角》，《法学杂志》2013 年第 34 卷第 2 期。

唐灿、马春华、石金群：《女儿赡养的伦理与公平——浙东农村家庭代际关系的性别考察》，《社会学研究》2009 年第 24 卷第 6 期。

吴飞：《梁漱溟的"新礼俗"——读梁漱溟的〈乡村建设理论〉》，《社会学研究》2005 年第 5 期。

吴飞：《论"过日子"》，《社会学研究》2007 年第 6 期。

吴秋菊：《国家法的双重应用与村庄纠纷调解——基于华北 L 村的考察》，《云南行政学院学报》2015 年第 5 期。

万江红、赖晓轩：《家庭养老背景下子女赡养行为的基本特征和影响因素——基于湖北省 1047 个城乡居民样本的实证分析》，《学习与实践》2015 年第 8 期。

王跃生：《20 世纪三四十年代冀南农村分家行为研究》，《近代史研究》2002 年第 4 期。

王跃生：《集体经济时代农民分家行为研究——以冀南农村为中心的考察》，《中国农史》2003 年第 2 期。

王跃生：《当代中国城乡家庭结构变动比较》，《社会》2006 年第 3 期。

王跃生：《家庭结构转化和变动的理论分析——以中国农村的历史和现实经验为基础》，《社会科学》2008 年第 7 期。

王跃生：《中国家庭代际关系的理论分析》，《人口研究》2008 年第 4 期。

王跃生：《中国城乡家庭结构变动分析——基于 2010 年人口普查数据》，《中国社会科学》2013 年第 12 期。

王建民：《转型时期中国社会的关系维持——从"熟人信任"到"制度信任"》，《甘肃社会科学》2005 年第 6 期。

王德福：《角色预期、人生任务与生命周期：理解农村婆媳关系的框架》，《中华女子学院学报》2011 年第 1 期。

王磊：《分家对老年人死亡风险的影响——基于中国多世代人口数据库（双城）》，《人口学刊》2014 年第 36 卷第 6 期。

温丙存、陈霄：《农村纠纷解决体系的金字塔——新型城镇化背景下的个案分析》，《中国农村观察》2016 年第 3 期。

许琪：《扶上马再送一程：父母的帮助及其对子女赡养行为的影响》，《社会》2017 年第 37 卷第 2 期。

徐勇：《农民理性的扩张："中国奇迹"的创造主体分析——对既有理论的挑战及新的分析进路的提出》，《中国社会科学》2010 年第 1 期。

笑冬：《最后一代传统婆婆？》，《社会学研究》2002 年第 3 期。

谢晖：《当代中国的乡民社会、乡规民约及其遭遇》，《东岳论丛》2004年第4期。

谢晖：《论民间法与纠纷解决》，《法律科学》（西北政法大学学报）2011年第6期。

杨善华：《中国当代城市家庭变迁与家庭凝聚力》，《北京大学学报》（哲学社会科学版）2011年第2期。

杨善华、孙飞宇：《作为意义探究的深度访谈》，《社会学研究》2005年第5期。

杨善华、贺常梅：《责任伦理与城市居民的家庭养老——以"北京市老年人需求调查"为例》，《北京大学学报》（哲学社会科学版）2004年第1期。

姚远：《对中国家庭养老弱化的文化诠释》，《人口研究》1998年第5期。

姚远：《对家庭养老概念的再认识》，《人口研究》2000年第5期。

鄢盛明、陈皆明、杨善华：《居住安排对子女赡养行为的影响》，《中国社会科学》2001年第1期。

易伍林：《复制与嬗变：当代婆媳关系的社会学分析》，《淮北煤炭师范学院学报》（哲学社会科学版）2010年第5期。

姚俊：《"不分家现象"：农村流动家庭的分家实践与结构再生产——基于结构二重性的分析视角》，《中国农村观察》2013年第5期。

左际平：《从婚姻历程看中国传统社会中家庭男权的复杂性》，《妇女研究论丛》2012年第3期。

赵世瑜：《传承与记忆：民俗学的学科本位——关于"民俗学何以安身立命"问题的对话》，《民俗研究》2011年第2期。

赵旭东、张洁：《乡土社会秩序的巨变——文化转型背景下乡村社会生活秩序的再调适》，《中国农业大学学报》（社会科学版）2017年第2期。

翟学伟：《关系与谋略：中国人的日常计谋》，《社会学研究》2014年第29卷第1期。

翟学伟：《关系研究的多重立场与理论重构》，《江苏社会科学》2007年第3期。

张静：《个人与公共：两种关系的混合变形》，载赵旭东：《乡土中国研究的新视野：国际社会学论坛暨社会学系十年庆论文集》2005年。

张勃：《坚守与调适：城市化进程中清明节的传承与变迁》，《文化遗产》2016年第1期。

张雪霖：《阶层分化、社会流动和农村离婚新秩序——以鲁西北C村离婚经验为例》，《中国青年研究》2016年第12期。

张友琴：《城市化与农村老年人的家庭支持——厦门市个案的再研究》，《社会学研究》2002年第5期。

朱东丽：《婆媳冲突的社会学分析》，《西北农林科技大学学报》（社会科学版）2007年第1期。

朱冬亮：《当前农村土地纠纷及其解决方式》，《厦门大学学报》（哲学社会科学版）2003年第1期。

朱兵强：《民间理性与纠纷解决》，《法学评论》2012年第4期。

朱炳祥：《惠及凶神恶煞：一种民间宗教态度——"大理周城白族村田野调查系列"之一》，《中南民族大学学报》（人文社会科学版）2008年第5期。

学位论文

柴楠：《中国民俗文化的宣泄功能研究》，辽宁大学2006年。

李向振：《城边村日常生活与生计策略的民俗志研究》，山东大学2016年。

李然：《传说、庙会与村落生活》，山东大学2006年。

陆保良：《村落共同体的边界变迁与村落转型》，浙江大学2012年。

宋丽娜：《人情的社会基础研究》，华中科技大学2011年。

王新民：《民间信仰与民众生活研究》，中央民族大学2011年。

项晓赟：《乡土社会中的智慧与情感——台州地区民间"做会"研究》，

山东大学 2016 年。

杨冰：《神灵、庙宇与村落生活：对一个鲁中山村民间信仰的考察》，山东大学 2007 年。

张翠霞：《神坛女人：大理白族村落"莲池会"女性研究》，中央民族大学 2013 年。

张青：《习俗与家族的再生产》，山东大学 2013 年。

中译著作

［奥］阿尔弗雷德·许茨：《社会实在问题》，浙江大学出版社 2011 年版。

［法］埃米尔·涂尔干：《宗教生活的基本形式》，商务印书馆 2011 年版。

［匈］阿格妮丝·赫勒：《日常生活》，衣俊卿译，重庆出版社 1990 年版。

［法］阿诺尔德·范热内普：《过渡礼仪》，商务印书馆 2010 年版。

［美］爱德华·希尔斯：《论传统》，上海世纪出版集团 2009 年版。

［美］保罗·康纳顿：《社会如何记忆》，上海人民出版社 2000 年版。

［美］保罗·拉比诺：《摩洛哥田野作业反思》，商务印书馆 2008 年版。

［美］杜赞奇：《文化、权力与国家》，江苏人民出版社 2009 年版。

［美］费正清：《美国与中国》，世界知识出版社 2000 年版。

［美］格尔茨：《文化的解释》，韩莉译，译林出版社 2008 年版。

［英］E.霍布斯鲍姆、T.兰格：《传统的发明》，顾航、庞冠群译，译林出版社 2004 年版。

［美］克利福德·格尔茨：《地方性知识》，中央编译出版社 2004 年版。

［美］罗哈尔等：《社会心理学》，机械工业出版社 2015 年版。

［美］C.赖特·米尔斯：《社会学的想象力》，陈强、张永强译，生活·读书·新知三联书店 2016 年版。

［英］拉德克利夫·布朗：《原始社会的结构与功能》，中国社会科学出版社 2009 年版。

［美］露丝·本尼迪克特：《文化模式》，王炜等译，生活·读书·新知三联书店 1988 年版。

［英］罗伯特·莱顿：《他者的眼光》，华夏出版社 2005 年版。

［美］明恩溥：《中国人的气质》，北京理工大学出版社 2010 年版。

［德］马克斯·韦伯：《儒教与道教》，安徽人民出版社 2012 年版。

［法］莫斯：《礼物：古式社会中交换的形式与理由》，商务印书馆 2016 年版。

［美］马歇尔·萨林斯：《文化与实践理性》，上海人民出版社 2002 年版。

［英］马林诺夫斯基：《文化论》，中国民间文艺出版社 1987 年版。

［美］玛乔丽·肖斯塔克：《妮萨：一名昆族女子的生活与心声》，中国人民大学出版社 2017 年版。

［美］欧达伟：《中国民众思想史论》，董晓萍译，中央民族大学出版社 1995 年版。

［法］皮埃尔·布尔迪厄、［美］华康德：《反思社会学导引》，李猛、李康译，商务印书馆 2015 年版。

［法］皮埃尔·布迪厄：《世界的苦难》，张祖建译，中国人民大学出版社 2017 年版。

［英］齐格蒙特·鲍曼、蒂姆·梅：《社会学之思》，李康译，社会科学文献出版社 2010 年版。

［美］施坚雅：《中国农村的市场和社会结构》，史建云、徐秀丽译，中国社会科学出版社 1998 年版。

［德］斐迪南·滕尼斯：《共同体和社会》，林荣远译，商务印书馆 1999 年版。

［英］维克多·特纳：《仪式过程：结构与反结构》，黄剑波等译，中国人民大学出版社 2006 年版。

［美］西奥多·贝斯特：《邻里东京》，上海译文出版社 2008 年版。

［日］滋贺秀三：《家族法原理》，张建国、李力译，商务印书馆 2013 年版。

［英］詹姆斯·乔治·弗雷泽：《金枝》，赵昀译，安徽人民出版社 2012 年版。

其他

博山区地方史志办公室编：《博山区情手册（内部资料）》2017年。

政协博山区委员会编：《博山民俗（内部资料）》2013年。

淄博市博山区地名委员会办公室编：《博山地名趣闻录》，山东省新闻出版局1987年。

赵旭东：《人类学家要捕捉文化转型中的不变性》，《中国民族报》2018年3月16日第11版。

张智：《曾国藩家书·治家篇禀父母·述家和福自生》，中国画报出版社2012年版。

央视四套大型纪录片《记住乡愁》第三季第四集、第四十一集。

英文文献

Allport, F.H., *Social Psychology*, Boston: Houghton—Mifflin, 1924.

Andrew J. Chern, *Public &Private Families: An Introduction*. Mc Graw-Hill, 2002.

Baker, Hugh D.R., *A China Lineage Village: Sheung Shui*. Stanford University Press, 1979.

David Popenoe, *Disturbing the Nest: Family Change and Decline in Modern Societies*. New York: Aldine de Gruyter, 1988.

Goode, E, *Paranormal Beliefs: A Sociological Introduction, Prospect Heights*. Illinois: Waveland Press, 2000.

Hoebel, E Adamson, *The Law of Primitive Man: A Study in Comparative Legal Dynamics*. New York: Harvard University Press., 1983.

James Bohman, *New Philosophy of Social Science: Problem of Indeterminancy*, Cambridge: The MIT Press, 1993.

John MacDowell, *Mind and World (with a new introduction)*, Cambridge: Harvard University Press, 1996.

Jerry D. Moore, *Visions of Culture: An Introduction to Anthropological Theories and Theorists, Second Edition* ,Walnut Creek: Altamira Press.,*2004*.

Jun Jing, *The Temple of Memories: History, and Morality in a Chinese Village*, Stanford University Press.,1996.

Kipnis, Andrew B, *Producing Guanxi: Sentiment, Self, and Subculture in a North China Village*. Duke University Press,1997.

Lefebvre. H., *Everyday Life in the Modern World*. Trans.by Sacha Rabinovitch. New Brunswick: Transaction Publishers,1984.

Lynch Kenneth, *Rural-Urban Interaction in the Developing World*. London: London and New Rork,2005.

Lin, Chun, *The Transformation of Chinese Socialism*, Durham and London: Duke University Press,2006.

Margery Wolf, *,the House of Lim: A Study of Chinese Farm Family* ,Englewood, Cliffs. NJ: Prentice-Hall,1968.

Popkin, Samuel L., *The Rational Peasant: The Political Economy of Rural Society in Vienam*. Berkeley: University of California Press,1979.

Stark, R.&W.S. Bainbridge, *A Theory of Religion* .New York: Lang,1987.

Steven Sangren, *History and Magical Power in a Chinese community*, Stanford: Stanford University Press,1987.

Victor Turner and Edward M. Bruner ed., *The Anthropology of Experience*, Urbana and Chicago: University of Illinois Press,1986.

Yang, Mayfair Mei-hui, *Gifts, Favors, and Banquets: The Art of Social Relationships in China*. NY: Cornell University Press,1994.

Yang, C.K., *Religion in Chinese Society: A study of Contemporary Functions of Religion and Some of Their Historical Factors*. CA: University of California Press,1961.

后　　记

　　每当论文毫无头绪时，我曾无数次想象写后记的这一刻，想象自己怀着无比激动和兴奋的心情为这篇并不成熟的论文画上句号，那一刻，我定要记录下是何年何月何日的几时几分几秒，以便让那一刻成为我生命中历史性的一刻。一想到这里，便像重新获得了超能力，继续埋头于人们日常生活的一地鸡毛当中。而此时此刻，当我真正坐在电脑前，准备完成我向往已久的后记时，那些自设的仪式感仿佛并没有很活跃，亦没有想象中的欣喜若狂。平静，自从着手这篇论文以来从未有过的平静，便是此时此刻我内心最真实的感受。

　　人说子不嫌母丑，事实上，子是否真的不嫌母丑也许尚未可知，但我想，母是一定不嫌子丑的。这篇论文我为其母，其为我子，虽是丑子，无奈血缘相依，这份天然情谊自然总也割舍不掉。但情感归情感，该有的反思是一定不能少的。匆匆的调查，匆匆的下笔，写也匆匆，改也匆匆，这些匆匆汇聚起来，便形成了这个不足月的早产儿。生来带有种种问题，于我来说，实在是个遗憾。冰冻三尺非一日之寒，若非自身能力不足，积累不够，又如何造成这种种的"匆匆"呢？罢了，丑儿已成，多说无益，惟愿今后还能有机会继续完善它、修正它。

　　人是一种奇怪的动物，做到自己认识自己的确不是一件容易的事。有时也会自问，为何我会千里迢迢来到珞珈山求学，既享受着珞珈山深厚的文化底蕴，又忍受着异乡求学的孤独？我的导师对"缘"颇有研究，这亦是我很感兴趣的话题，"缘"的张力实在太大，可密可疏，可近可远，正所谓有缘千里来相会，无缘对面不相逢。"缘"，或可作为一个万能公式，尤其可以解答那些生活中三言两语无法道明的问题。就像为什么我会在这儿，或许是珞珈山与我有个前世之约，要来还樱花一个今生之吻，总之，我来了，并且一待就是六年，珞珈山的角角落落里有我走过的深深浅浅的脚印。

初识恩师桂胜教授时，乍一看，老师的样貌身材颇有北方人的潇洒与豪气，瞬间拉近了我与老师的距离，心里不禁有些窃喜，再一张口，浓浓的乡音却让我犯了难。刚入学时，我曾一度为此而忧心，每每上老师的课，总要竖起耳朵仔细聆听，那种紧张感不亚于入学面试的场景。相处下来发现，老师是一位十分平易近人、智慧幽默的学者，这篇论文从选题到定稿，老师花费了大量的时间和心血，不论时间早晚，前后数次与我交流沟通，总是耐心指导和解释。我常常被老师极其认真负责的态度所打动，又常常为自己天资愚笨而羞愧。想起有一次在课题组撰写调研报告时，老师陪伴我们字斟句酌反复修改报告里的每一个字，甚至每一个标点符号，从清早一直工作到深夜，那种投入和专注着实让人肃然起敬。生活里，老师亦极具人文关怀，尤其对学生们总是关爱有加，细心照顾每一位学生的感受。能够进入老师门下学习，实乃三生有幸，老师与师母这些年给予我的帮助和关心，远非这一纸后记所能承载，这份亲人般的师生情谊，我将永远铭记在心。

同时，我诚挚地感谢湖北大学历史文化学院周积明教授、艺术学院周丽玲教授对我学业上、生活上的种种关怀和帮助。我常在想，平凡如我，何其有幸能够结识这么多严谨治学、亦师亦友的可亲可敬的老师们？与他们相处，常常让我感到家人般的温暖，这对于身在异乡的我而言，实在是弥足珍贵。衷心希望两位老师能够在今后的生活和工作中身体健康，事事如意，生活幸福。

感谢徐炜教授百忙之中引荐我们赴罗田踩点调研，虽然在罗田只停留了数日，但这短暂的记忆却美好而温馨，一如罗田板栗般香甜绵软，衷心祝愿徐老师在以后的日子中身体健康，诸事顺心。感谢李向振老师

后　记

一直以来对本研究的关注和帮助，李老师的风趣幽默和博学多才一直是我学习的榜样，希望李老师工作顺利，阖家美满。感谢温柔聪慧的陆朋学姐总是不厌其烦地回答我种种琐碎的问题；感谢身在扬州的杨雪学姐对我论文的帮助和对我的关心；感谢身在苏州的硕士室友张娟远程协助我论文的完成；感谢身在上海的硕士室友斯竹林对我耐心的疏导和劝慰；感谢身在金华的邱洋海学长对我的支持和帮助；感谢我的硕士学妹章伟建、郑倩对我调研的支持；感谢我的好邻居秦丽萍博士与我朝夕相处的陪伴；感谢我远在山东的好朋友卢德瑞给予我论文的建议和帮助；感谢博山文化研究院李福源院长对本论文的大力协助和支持；感谢晓村村民对我的理解和支持。如果说读博是一场修行，我很庆幸有这么多关心我、支持我的老师们、朋友们与我一起分享和经历这其中的酸甜苦辣，于我来说，他们将是我一生的财富。感谢陪伴我博士生涯的每一位朋友，相逢是缘，愿年轻的我们继续昂首阔步，用努力和汗水书写人生的画卷。

家，既是每个人心中最柔软的港湾，又是心底里最坚实的铠甲，在外求学数十载，得意时、失意时、欢喜时、沮丧时，最先想要与之分享的永远是我最挚爱的家人。感谢我的父母给予我一个温暖幸福的家，在充满阳光和爱的氛围中成长，我将更有勇气和信心去面对人生中的一切喜与悲。谢谢你们的包容，谢谢你们的理解，谢谢你们为我默默付出的一切，你们的健康永远是我最大的心愿，我将满载你们的爱与希望，乘风破浪，砥砺前行！

回首这几年，得亦有之，失亦存之，也曾一路高歌，也曾黯然泪下，一路得到，一路失去。多希望自己练就那份得之坦然，失之淡然的豁达与洒脱，奈何却总以物喜，总以己悲。也罢，接受自己吧，无论得失与成败，无论出色或平庸，人生路漫漫，让这个痛并快乐着的成长历程，多一点缤纷的色彩未尝不是一件好事。纵有对我亲爱的老师们、朋友们深深的眷念，纵有对珞珈山一草一木的留恋，纵有尚未说出口的千言万语，纸短情长，今后的每一个日子中，惟愿我们一切安好，明媚如初！

人生下一个转角，期待更美的彩虹！